感谢"福建省高校特色新型智库：创新与知识产权研究中心"和"厦门大学'双一流'学科建设"基金的支持

中外知识产权评论

Chinese and International Intellectual Property Review

2021年·总第6卷

主　编　林秀芹

厦门大学出版社　国家一级出版社
XIAMEN UNIVERSITY PRESS　全国百佳图书出版单位

图书在版编目（CIP）数据

中外知识产权评论. 2021年·总第6卷 / 林秀芹主
编. -- 厦门：厦门大学出版社，2022.8
ISBN 978-7-5615-8637-2

Ⅰ．①中… Ⅱ．①林… Ⅲ．①知识产权－世界－文集
Ⅳ．①D913.04－53

中国版本图书馆CIP数据核字(2022)第102590号

出 版 人	郑文礼
责任编辑	李 宁
美术编辑	蒋卓群
技术编辑	许克华

出版发行 厦门大学出版社

社 址	厦门市软件园二期望海路 39 号
邮政编码	361008
总 机	0592-2181111 0592-2181406(传真)
营销中心	0592-2184458 0592-2181365
网 址	http://www.xmupress.com
邮 箱	xmup@xmupress.com
印 刷	厦门市明亮彩印有限公司

开本	787 mm×1 092 mm 1/16
印张	11.5
插页	2
字数	280 千字
版次	2022 年 8 月第 1 版
印次	2022 年 8 月第 1 次印刷
定价	68.00 元

本书如有印装质量问题请直接寄承印厂调换

厦门大学出版社
微信二维码

厦门大学出版社
微博二维码

目　　录

◇**名家视角**

商标"巴别塔"：国际、美国和欧共体商标法中的

　　淡化概念………………………………………〔荷〕马丁·森夫特莱本著　王太平译(1)

我国与"一带一路"沿线国家知识产权合作机制构建研究 ……………林秀芹　周克放(29)

◇**实务争鸣**

人工智能生成物可版权性的法律判断方法辨析 ……………………魏晓东　吴　松(44)

百威投资(中国)有限公司诉鑫义(厦门)国际贸易有限公司侵害商标权纠纷案

　　——平行进口商标侵权认定及保全审查 …………………………………谢爱芳(59)

◇**热点追踪**

论知识产权侵权中的销售利润损失的认定 ………………………………………朱　冬(77)

高收益专利创新方向及其影响因素实证研究 ……………………巫丽青　乔永忠(92)

反向行为保全在知识产权案件中的适用………………………………鲍一鸣　孟奇勋(109)

SEP全球费率裁判中国际礼让原则的展开 ……………………………王　轩　代晓焜(123)

论深层链接行为著作权侵权认定标准……………………………………………张靖辰(135)

大数据商业秘密保护的理论基础 ……………………………………………王陈炜铭(150)

论网络直播著作权侵权领域替代责任规则的引入………………………………张奉祥(169)

◇**附录**

《中外知识产权评论》格式规范…………………………………………………………(179)

Contents

◇ **Opinions of Famous People**

The Trademark Tower of Babel—Dilution Concepts in International, US and EC
　　Trademark Law ··· Martin Senftleben(1)
Research on the Construction of Intellectual Property Cooperation Mechanism between
　　China and the Countries along the "Belt and Road"······ Lin Xiuqin　Zhou Kefang(29)

◇ **Practical Experience**

Analysis of Legal Judgment Methods for the Copyrightability of
　　Artificial Intelligence Products ·················· Wei Xiaodong　Wu Song(44)
Parallel Import Trademark Infringement Identification
　　and Preservation Review ····························· Xie Aifang(59)

◇ **Hot Spot**

Study on the Determination of Loss of Sales Profits in Intellectual
　　Property Infringement ······························· Zhu Dong(77)
Empirical Research on the Innovation Direction of High-Income Patent
　　and Its Influencing Factors ··············· Wu Liqing　Qiao Yongzhong(92)
Reverse Act Preservation in Intellectual
　　Property Disputes ··················· Bao Yiming　Meng Qixun(109)
The Application of International Comity Principle in Global SEP
　　Licensing Rates Judgment ··············· Wang Xuan　Dai Xiaokun(123)
Research on the Standard of Copyright Infringement Determination of
　　Deep Links ························· Zhang Jingchen(135)
Trade Secrets Protection of Big Data: The Theoretical Basis ··········· Wang-Chen Weiming(150)
Research on the Introduction of Vicarious Liability Rules in the Field of
　　Copyright Infringement of Webcast ··············· Zhang Fengxiang(169)

名家视角

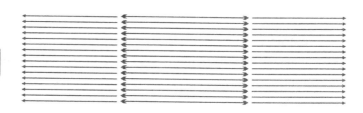

商标"巴别塔"：国际、美国和欧共体商标法中的淡化概念

■［荷］马丁·森夫特莱本著　王太平译*

摘　要：淡化是现代商标法试图调整的最具争议和最复杂的现象之一。[1] 在国际的、美国的和欧共体的反淡化制度背景下，即使就诸如适格保护对象的定义和作为保护的主要目的的显著性和声誉的维持之类的基本观念上，也能发现观念上的不一致。毫不奇怪的是，这些观念上的难点对保护对象和反淡化保护目的之间的关系产生影响。然而，澄清事实的企图提供了进一步观念挑战的线索。从实际情况来看，淡化原理提出的这种未回答的问题是商标权是否应该扩张为总体上的财产权。[2]

关键词：反淡化；商标法；美国；欧共体

---

* 马丁·森夫特莱本，男，阿姆斯特丹自由大学知识产权教授，海牙鸿鹄律师事务所（Bird&Bird）法律顾问。本文是其基于 2008 年 3 月 15 日在剑桥大学知识产权与信息法律中心（CIPIL）举办的"商标淡化：终结（所有）混乱"会议上所做的演讲。王太平，男，广东外语外贸大学华南国际知识产权研究院教授、博士生导师。

① Beebe, A Defense of the New Federal Trademark Anti-dilution Law, 16 *Fordham Intellectual Property*, *Media & Entertainment Law Journal* 1143, 2006, p.1144 说到商标学说中最混乱的概念。参阅 McCarthy, Dilution of a Trademark: European and United States Law Compared, 94 *The Trademark Reporter* 1163, 2004, pp.1163-1166.

② 关于这个问题的起源，Beebe, A Defense of the New Federal Trademark Anti-dilution Law, 16 *Fordham Intellectual Property*, *Media & Entertainment Law Journal* 1143, 2006, p.1144 说到商标学说中最混乱的概念。参阅 McCarthy, Dilution of a Trademark: European and United States Law Compared, 94 The Trademark Reporter 1163, 2004, pp.1146-1147.

The Trademark Tower of Babel
—Dilution Concepts in International, US and EC Trademark Law

Martin Senftleben

Abstract：Dilution is one of the most controversial and complex phenomena that modern trademark law attempts to regulate. In the context of international, American and EC anti-dilution regimes, conceptual inconsistencies can be found even on such basic concepts as the definition of eligible objects of protection and maintenance of salience and reputation as the primary purpose of protection. Not surprisingly, these conceptual difficulties have consequences for the relationship between the object of protection and the purpose of anti-dilution protection. However, attempts to clarify the facts provide clues to further conceptual challenges. As a practical matter, the unanswered question raised by the dilution principle is whether trademark rights should be extended to property rights in general.

Key Words：anti-dilution；Trademark Laws；US；EC

引 言

商标法允许企业和一个用于在市场上提供商品或服务的具有显著性的标志建立独占联系。从经济学角度来看,这种中枢机制至关重要。通过在商标权固有的限制范围之内将该标志独占地分配给特定企业,①商标法提供了在相关个别标志内进行实质投资所必需的法律保障。通过广告,消费者可以将特定生活方式或态度与商标相关联。此外,保持高质量的产品将确保消费者满意度并提升额外的积极联想的层次。因此,标志发挥着平台的作用,如果营销策略是成功的,企业就可以用平台来培育消费者头脑中的积极形象、联想和预期。②将这些"元数据"附加到商标的过程可以称为相关标志的"规划",它可以推动创建特定的品

---

① 例如,商标权并不超出在贸易中使用受保护的标志。专业性原则进一步将商标独占性限制在特定商品或服务上。

② Cf. Griffiths, A Law-and-Economic Perspective on Trade Marks, in: Bently, Davis & Ginsburg (eds.), *Trade Marks and Brands—An Interdisciplinary Critique* 241, 255, Cambridge University Press, 2008; Brown, Advertising and the Public Interest: Legal Protection of Trade Symbols, 108 *Yale Law Journal* 1619, 1999, pp. 1619-1620; Fezer, Entwicklungslinien und Prinzipien des Markenrechts in Europa—Auf dem Weg zur Marke als einem immaterialguterrechtlichen Kommunikationszeichen, 2003 *GRUR* 457, pp.461-462; Casparie-Kerdel, Dilution Disguised: Has the Concept of Trade Mark Dilution Made Its Way into the Laws of Europe?, 2001 *EIPR* 185, pp.185-186; Lehmann, Die wett-bewerbswidrige Ausnutzung und Beeintrachtigung des guten Rufs bekannter Marken, Namen und Herkunftsangaben—Die Rechtslage in der Bundesrepublik Deutschland, 1986 *GRUR Int*. 6, pp.14-17.

牌形象。^①

概括出来的步骤反映了商标发展的三个不同阶段:在商标法的帮助下最初的标志保留("标志保留")、通过广告和质量控制的标志的规划("标志规划"),以及最终花在前两步的时间和金钱结果的潜在的珍贵品牌形象的创造("品牌形象创造"),可以很容易划出一条这些步骤和商标功能之间的线。^② 商标法为企业提供了建立和某个标志的独占性联系的机会,这是标志保留的最初过程,因为它旨在通过保护商标的识别功能来保护消费者免受混淆的损害并确保市场的透明度:当看到受保护的标志时,消费者应能够清楚地将拥有商标的企业识别为在该商标下提供的商品或服务的商业来源。在实体商标法中,显著性的要求和这种基础功能相一致。^③ 然而,当识别功能受到威胁时,独占性商标权的使用方式比单纯的理论分类更为重要:它们发挥着使商标所有人能够排除竞争者使用相同或近似标志(在相同或类似商品或服务上)的有点儿防御性的用途。因此,在考虑标志保留的机制和相应的商标的识别功能时,防止混淆性使用发挥着中心作用,并表现为授予独占权的核心理由。

在分析标志规划的后续步骤时,迄今为止绘制的清晰画面就变得模糊不清了。诚然,广告和质量控制可以放在识别功能的背景中。由于商标使消费者能够识别个性化市场中的不同报价,因此使用特定商标的企业有理由担心消费者因无法达到基于前次购买基础上形成的预期而对不满意的产品质量的反应。因此,企业不太可能不努力将产品质量保持在恒定水平上,这种现象通常被称为商标的质量功能。^④ 同样,如果消费者不能在市场中识别广告产品,基于商标的广告将毫无意义。因此,可以说标志的保留和商标的识别功能是以后对受保护标志进行投资的先决条件,特别是以广告和质量控制的形式。正是由于商标法的这些特征,商标所有者的投资才被引导并定向到它们各自的商标,从而指向投资旨在的标志。尽

① Schroeder, Brand Culture: Trade marks, Marketing and Consumption, in: Bently, Davis & Ginsburg(eds.), *Trade Marks and Brands—An Interdisciplinary Critique* 241, 255, Cambridge University Press, 2008, p.161.

② 关于商标功能的理论,参阅 Kur, Funktionswandel von Schutzrechten: Ursachen und Konsequenzen der inhaltlichen Annaherung und-Oberlagerung von Schutzrechtstypen, in: Schricher, Dreier & Kur(eds.), Geistiges Eigentum im Dienst der Innovation 23, Baden-Baden 2001, pp.24-30; Kamperman Sanders & Maniatis, A Consumer Trade Mark: Protection Based on Origin and Quality, 1993 *EIPR* 406; Strasser, The Rational Basis of Trademark Protection Revisited: Putting the Dilution Doctrine into Context, 10 *Fordham Intellectual Property*, *Media & Entertainment Law Journal* 375, 2000, pp.378-390.

③ ECJ, 3 December 1981, case 1/81, Pfizer v. Eurim-Pharm, para.8,提出了商标基本功能的公式,即通过使消费者或最终用户能够没有任何混淆可能地区分该产品和具有另一个来源的产品,从而保证该商标产品的来源的同一性(the identity)。参阅 Gielen, Merkenrecht, in: Gielen (ed.), Kort begrip van het intellectuele eigendomsrecht 201, Deventer 2007, pp.206-207; Brown, Advertising and the Public Interest: Legal Protection of Trade Symbols, 108 *Yale Law Journal* 1619, 1999, pp.1619-1620, pp.1638-1641.对于识别功能的经济方法,参阅 Strasser, The Rational Basis of Trademark Protection Revisited: Putting the Dilution Doctrine into Context, 10 *Fordham Intellectual Property*, *Media & Entertainment Law Journal* 375, 2000, pp.379-382.

④ Cf. Brown, Advertising and the Public Interest: Legal Protection of Trade Symbols, 108 *Yale Law Journal* 1619, 1999, pp.1634-1635; Van Den Bergh & Lehmann, Informationsoko-nomie und Verbraucherschutz im Wettbewerbs-und Warenzeichenrecht, 1992 *GRUR Int.* 588, pp.591-592.

管如此,满足于参考识别功能的标志规划的分析不可避免地仍然是不完全的。它忽略了商标和产品促销的真正目的:品牌形象的创造。① 然而,商标发展的最后一步意味着一种实质上的变化,不仅有关功能理论,而且独占性商标权的运用也发生了重大变化。②

品牌形象的创造超越了将企业识别为市场上商品或服务的商业来源的经典商标功能,它表明商标可能不仅仅是来源于标记。品牌形象的建立表明它们能够充当复杂的涉及特定生活方式、行为或态度的附加信息的载体。从这个角度来看,商标可以作为与消费者交流的中心。③ 它们总结了在标志规划过程中微妙地传达给消费者的信息。作为唤起整个联想束的标志,商标开始对消费者"说话"。与此通信功能相对应的实质条件并非显著特征。仅仅将相关标志与市场上使用的其他标志区分开是不够的。相比之下,商标只有在附着了一些附加(广告)信息的情况下,才以概述的意义说话。④ 在实体商标法中,名声或声誉条件更恰当地反映了这一构想。此外,应注意,在与消费者沟通和品牌形象创建两方面,独占性商标权的运用方式大不相同。在这种情况下,重点不在于预防。一旦商标代表特定的品牌形象,禁止竞争对手混淆性使用相同或相似的标志似乎是副产品,而不是使用独占权的主要目的。品牌所有者对商标权特别感兴趣是因为它们提供了利用品牌形象并收回在其创建过程中投

① Schroeder, Brand Culture: Trade marks, Marketing and Consumption, in: Bently, Davis & Ginsburg(eds.), *Trade Marks and Brands—An Interdisciplinary Critique* 241, 255, Cambridge University Press, 2008,p.161; Lehmann, Die wett-bewerbswidrige Ausnutzung und Beeintrachtigung des guten Rufs bekannter Marken, Namen und Herkunftsangaben—Die Rechtslage in der Bundesrepublik Deutschland, 1986 *GRUR Int.* 6, p.15.

② Vaver, Brand Culture: Trade Marks, Marketing and Consumption—Responding Legally to Professor Schroeder's Paper, in: Bently, Davis & Ginsburg (eds.), *Trade Marks and Brands—An Interdisciplinary Critique* 241, 255, Cambridge University Press, 2008, p.7; Fezer, Entwicklungslinien und Prinzipien des Markenrechts in Europa—Auf dem Weg zur Marke als einem immaterialguterrechtlichen Kommunikationszeichen, 2003 *GRUR* 457, pp.463-464.

③ Gielen, Merkenrecht, in: Gielen (ed.), Kort begrip van het intellectuele eigendomsrecht 201, Deventer 2007, pp.206-207,该文提到了商标的现代意义。参阅 De Haas, La "contrefaçon" de la marque notoire en droit comparé américain, européen et français: une leçon américaine encore mal comprise, 2003 *Propriétés Intellectuelles* 137, pp.140-141; Strasser, The Rational Basis of Trademark Protection Revisited: Putting the Dilution Doctrine into Context, 10 *Fordham Intellectual Property*, *Media & Entertainment Law Journal* 375, 2000, pp.378-390, pp.382-386; Brown, Advertising and the Public Interest: Legal Protection of Trade Symbols, 108 *Yale Law Journal* 1619, 1999, pp.1619-1620; Lemley, The Modern Lanham Act and the Death of Common Sense, 108 *Yale Law Journal* 1687, 1690 *and* 1693, 1999; Lehmann, Die wett-bewerbswidrige Ausnutzung und Beeintrachtigung des guten Rufs bekannter Marken, Namen und Herkunftsangaben—Die Rechtslage in der Bundesrepublik Deutschland, 1986 *GRUR Int.* 6, pp.14-15.

④ Cf. Schroeder, Brand Culture: Trade marks, Marketing and Consumption, in: Bently, Davis & Ginsburg (eds.), *Trade Marks and Brands—An Interdisciplinary Critique* 241, 255, Cambridge University Press, 2008, p.161; Strasser, The Rational Basis of Trademark Protection Revisited: Putting the Dilution Doctrine into Context, 10 *Fordham Intellectual Property*, *Media & Entertainment Law Journal* 375, 2000, pp.386-388; Brown, Advertising and the Public Interest: Legal Protection of Trade Symbols, 108 *Yale Law Journal* 1619, 1999, pp.1634-1635 and 1640-1644 中提到独占性的商标权具有商业吸引力和说服性广告功能。

入的大量资金的机会。换句话说,独占性的商标权在品牌形象管理和商标的相应传播功能中充当着开发权的角色。①

总之,对标志保留、标志规划和品牌形象创建三个发展阶段的分析提供了商标法中两个主要保护利益的证据:第一,保护制度中的利益,该保护制度使企业可以与商标建立独占联系,标志使用在商品或服务上,一旦联系建立,就可以保护这种联系。从经济角度看来,该保护子制度可以被视为投资于受保护标志的前提,因为它提供了必需的法律安全性。在现代商标法中,这种首要的保护利益主要是由针对混淆的保护概念来满足的——具有显著特征作为主要的实质条件,而商标权则具有相当的防御性,目的是防止混淆性使用相同或近似的标志。然而,第二,存在于保护制度中的利益,该制度可以使企业从以其商标代表的特定品牌形象中收获投资的成果。从经济角度来看,这种保护制度将主要针对投资于受保护标志的结果。基于公平竞争的标准,可以说通过花在促销活动上的时间和金钱获得的结果应该归功于商标所有人。② 但是,不清楚以何种方式以及在何种程度上,商标法应满足第二种保护权益。通过保护企业与其商标之间的独占性联系,上述混淆子制度也自动为商标所有者保留了广告和促销活动所产生的商标价值。当适用广泛的混淆概念(包括从属关系和赞助方面的混淆)时,这种相当间接的保护反射是特别强大的。③ 然而,除了类似商品和服务的领域外,商标法中的第二个保护子制度不可避免地成为关注焦点:针对淡化的保护概念。④很明显,该子制度内符合保护条件的商标(在国际上、美国和欧共体商标法中定义为驰名商标、著名商标和有声誉的商标)可能是针对商标所有者以后可以利用的品牌形象的创建进行

---

① Fezer,Markenrecht 827,3rd ed.,Munich,2001 认为,保护驰名商标的根本目的是,加强保护将商标作为企业市场成就加以利用的商业可能性。Moskin,Victoria's Big Secret:Whither Dilution Under the Federal Dilution Act?,93 *The Trademark Reporter* 842,2004,pp.843-844.商标权从基于防止直接转移竞争对手之间销售的侵权理论的权利扩张到基于承认商标本身具有经济价值的一套更广泛的权利。

② 至于在这种情况下的洛克式论证的运用,参阅 Scott,Oliver & Ley-Pineda,Trade Marks as Property:A Philosophical Perspective,in:Bently,Davis & Ginsburg(eds.),*Trade Marks and Brands—An Interdisciplinary Critique* 241,255,Cambridge University Press,2008,p.285,pp. 297-305.

③ Beebe,A Defense of the New Federal Trademark Anti-dilution Law,16 *Fordham Intellectual Property*,*Media & Entertainment Law Journal* 1143,2006,pp.1161-1162;McCarthy,Dilution of a Trademark:European and United States Law Compared,94 *The Trademark Reporter* 1163,2004,pp.1170-1172.

④ 关于商标法中的混淆子制度和淡化子制度之间的区别,参阅 Casparie-Kerdel,Dilution Disguised:Has the Concept of Trade Mark Dilution Made Its Way into the Laws of Europe?,2001 *EIPR* 185,pp.193-194.该文区分了一方面基于商标识别的企业商誉的损害的混淆,与另一方面基于作为商誉符号的该商标的独特性的损害的淡化。然而,也请参阅 Quaedvlieg,Verwaterd of verward,een kwestie van bekendheid?,in:Visser & Verkade (eds.),Een eigen,oorspronkelijk karakter—Opstellen aangeboden aan prof. mr. Jaap H. Spoor 275,DeLex,Amsterdam,2007.

投资的结果。毫不奇怪,对于属于淡化原理范围内的商标,商标权人经常主张开发和摊销权益。①

　　本文以上述经济利益为出发点,试图对国际、美国和欧共体商标法中反淡化保护对象和目的的概念轮廓进行梳理。在此背景下,排他性商标权在实践中被战略性地用作品牌创建和开发的基础,这一见解将为质疑所分析的淡化概念的一致性提供机会。

一、保护对象

　　符合保护条件的对象问题涉及防止淡化的基本概念之一。必须满足哪些条件才有资格获得淡化法规提供的强化保护? 在接下来的章节中,这个问题将会涉及国际、美国和欧共体的商标法。

(一)国际法:驰名商标

　　在国际立法意义上,驰名商标在两个方面享有特别保护:第一,在防止混淆方面,它们不受国家注册条件的限制。在相同或类似商品和服务范围内,《巴黎公约》第 6 条之 2 和《TRIPs 协议》第 16 条第 2 款规定了拒绝或取消注册的义务,并禁止使用与国家主管当局认为驰名的商标容易混淆的近似标志。第二,在《TRIPs 协议》第 16 条第 3 款规定的其他特定条件下,驰名商标的保护扩展到的不相同和不相类似的商品或服务。该规定旨在超越专业性原则加强对驰名商标的保护。为了对符合驰名商标的国际标准的对象作出澄清,人们可能会倾向于咨询国内法渊源。在应用的第一个即注册豁免领域,许多国家法律直接引用了《巴黎公约》第 6 条之 2,从而使国家法院有机会具体化国际标准。通常,这是通过在有关国家所有地区的普通消费者中建立相对较高的认识和认可水平来实现的。② 相反,国际层面提供的指导不一定支持这种国家做法。根据《TRIPs 协议》第 16 条第 2 款的规定,WTO 成员应

---

　　① Moskin, Victoria's Big Secret: Whither Dilution Under the Federal Dilution Act?, 93 *The Trademark Reporter* 842, 2004, pp.856-857, 该文作者坚持拥有类似于版权或专利的财产权。参阅 Fezer, Entwicklungslinien und Prinzipien des Markenrechts in Europa—Auf dem Weg zur Marke als einem immaterialguterrechtlichen Kommunikationszeichen, 2003 *GRUR* 457, p.464 and p.467; Casparie-Kerdel, Dilution Disguised: Has the Concept of Trade Mark Dilution Made Its Way into the Laws of Europe?, 2001 *EIPR* 185, p.188; Brown, Advertising and the Public Interest: Legal Protection of Trade Symbols, 108 *Yale Law Journal* 1619, 1999, p.1620. 事实上,创立总体财产权的风险似乎是淡化原理所固有的。它可以追溯到早期的概念,如 Schechter 的商标独特性概念。参阅 Schechter, The Rational Basis of Trademark Protection, 40 *Harvard Law Review* 813, 1927, pp.824-833; Beebe, A Defense of the New Federal Trademark Antidilution Law, 16 *Fordham Intellectual Property*, *Media & Entertainment Law Journal* 1143, 2006, pp. 1146-1147 and p.1174.

　　② Gielen, Merkenrecht, in: Gielen(ed.), Kort begrip van het intellectuele eigendomsrecht 201, Deventer 2007, p.378. 关于在比较适用于根据《巴黎公约》第 6 条之 2 的注册豁免这一高标准和在反淡化保护主题事项的定义上采用利基认知方法时出现了不一致之处;McCarthy, Dilution of a Trademark: European and United States Law Compared, 94 *The Trademark Reporter* 1163, 2004, pp.1174-1175; Pollaud-Dulian, Marques de renommée—Histoire de la dénaturation d'un concept, 2001 *Propriétés intellectuelles* 43, pp.48-51; Kur, Die notorisch bekannte Marke im Sinne von Art. 6bis PV-Ü und die bekannte Marke im Sinne der Markenrechtsrichtlinie, 1994 *GRUR* 330.

考虑相关领域的公众对商标的认识。可以说,这表明普通消费者之间的认识不是必需的。

WIPO 关于保护驰名商标规定的联合建议①(《驰名商标联合建议》)证实了这一发现。巴黎公约大会和 WIPO 大会通过了该建议书。作为国际软法,②它对会员国没有约束力。然而,作为国际共识的表达,其法律权威几乎不可否认。③ 关于相关部门公众的问题,在《驰名商标联合建议》第 2 条中得到了澄清。该条认为,只有相关产品的一个特定目标群体——实际的和/或潜在的消费者、参与分销渠道的人员或其他相关商业圈——的认可应该被认为足以满足驰名商标的国际标准。因此,毫无疑问,不需要证明普通消费者的认可。

根据国际规则,利基认知就是足够的,这引起了进一步的疑问,即在寻求防止淡化的保护时是否应采用该标准。如上所述,"驰名商标"一词在国际立法中出现在两种不同的情况下:《巴黎公约》第 6 条之 2④ 和《TRIPs 协议》第 16 条第 2 款的注册豁免以及超出了类似商品和服务的《TRIPs 协议》第 16 条第 3 款的加强保护范围。⑤ 后者的规定通常被视为商标淡化原理的国际认可。对特定种类的驰名商标的引用以及对不同商品和服务领域的保护范围的扩展均支持这种理解。但是,该规定中的其他条件似乎为替代方法留出了空间。《TRIPs 协议》第 16 条第 3 款规定的保护条件是,在不同商品或服务上使用混淆性近似的标志,如果表明该商品或服务与注册商标所有人之间存在联系,并且该注册商标所有人的利益可能会因这种使用而损坏。不一定需要将此语言理解为在国内商标法中必须建立一个或多或少独立的针对淡化的保护子制度。《TRIPs 协议》第 16 条第 3 款中并未明确提及淡化原理的典型要素,诸如商标显著性的损害或不正当利用其声誉。因此,可以想象,从该条款中产生的国际义务是在国家一级通过提供广泛的混淆概念来履行的,该混淆概念转化了"不相

---

① WIPO publication No.833,Geneva,2000,online available at wipo int/pulications/en/details.jsp? id=346&plang=En. Cf. Kur,Die WIPO-Vorschlage zum Schutz bekannter und be-ruhmter Marken,1999 *GRUR* 866.

② Cf. Hilgenberg,A Fresh Look at Soft Law,1999 *European Journal of International Law* 499; Thürer,Soft Law-eine neue Form von Volkerrecht?,1985 *Zeitschrift fur Schweizerisches Recht* 429; Wengler,Nichtrechtliche Staatenvertrage in der Sicht des Volkerrechts und des Verfassungsrechts,1995 *Juristenzeitung* 21.

③ Cf. Wichard,The Joint Recommendation Concerning Protection of Marks,and Other Industrial Property Rights in Signs,on the Internet,in:DREXL & KUR (eds.),*Intellectual Property and Private International Law*,Vol. 24 *IIC Studies* 257,263,Oxford and Portland,Oregon,2005;Höpperger & Senftleben,Protection Against Unfair Competition at the International Level—The Paris Convention,the 1996 Model Provisions and the Current Work of the World Intellectual Property Organization,in:Hilty & Henning-Bodewig (eds.),Law Against Unfair Competition—Towards a New Paradigm in Europe?,Vol.1 MPI Studies on Intellectual Property,Competition and Tax Law,Springer,Berlin/Heidelberg,2007.

④ Bodenhausen,Guide to the Application of the Paris Convention for the Protection of Industrial Property,WIPO publication No. 611,Geneva,2004,90.《巴黎公约》第六条之 2 的目的在于防止与本国著名商标有构成混淆之虞的商标使用及注册,尽管该著名商标并未在本国注册。

⑤ 关于 TRIPs 条款的评论,参阅 Kur,TRIPs and Trademark Law,in:Beier & Schricker (eds.),From GATT to TRIPs—The Agreement on Trade-Related Aspects of Intellectual Property Rights 93,Weinheim,1996,pp.107-108;Gervais,*The TRIPs Agreement:Drafting History and Analysis*,2nd ed.,London,2003.

同不相类似"商品或服务与（驰名）注册商标所有者之间就附属或主办关系混淆的联系公式。① 因此，在国家层面，国际利基认识标准将与广泛的针对混淆的保护制度有关，但不一定与针对淡化的额外保护制度有关。

在这方面，上述联合建议确认，驰名商标标准实际上可能根据使用的背景而有所不同。《驰名商标联合建议》第 4 条第 1 款对商标淡化学说的承认比《TRIPs 协议》第 16 条第 3 款更明确。除提及驰名商标和将保护范围扩展至不相同商品或服务之外，该条款还规定了以下条件：使用"可能以不公平的方式损害或淡化"或"不公平地利用驰名商标的显著性"。有趣的是，《驰名商标联合建议》明确指出，就这些案件而言，一个成员国可能要求该驰名商标为全部公众所熟知。在涉及更明确类别的商标淡化和盗用案件中，可以搁置一般的利基认知标准，而由全部公众认知的更高标准替代。

因此，可以得出结论，在防止淡化方面，驰名商标的国际标准是灵活的。如果《TRIPs 协议》第 16 条第 3 款可以被理解为正式承认商标淡化原理，即《TRIPs 协议》第 16 条第 3 款和《驰名商标联合建议》第 2 条第 2 款中规定的标志建议了一个较低的标准，根据该标准，仅以商标销售的产品的一个特定目标群体（消费者、分销商或其他商业圈）的利基认知就足够了。相反，如果《TRIPs 协议》第 16 条第 3 款被理解为确立了一种不太具体的国际义务，也可以通过提供防止混淆的广泛概念来实现，那么《驰名商标联合建议》第 4 条第 1 款就为在淡化案件中要求全部公众认知的更严格的标准留了余地。换句话说，针对淡化保护的资格问题留给了国家政策制定者。

（二）美国法：著名商标

美国商标法所包含的淡化概念并不涉及驰名商标。取而代之的是，根据 2006 年《商标淡化法》②，著名商标有资格获得针对模糊或玷污的淡化保护。根据《商标淡化法》第 2 条的规定，如果某商标被美国普通消费者广泛认可为商标所有人的商品或服务来源，则该商标就是著名的。因此，在专门公众（例如以该商标出售的产品的特定目标群体）中的小众名声是不够的。③

---

① 关于宽泛的混淆概念（集中于竞争性商品或服务），参阅 Beebe, A Defense of the New Federal Trademark Anti-dilution Law, 16 *Fordham Intellectual Property*, *Media & Entertainment Law Journal* 1143, 2006, pp.1161-1162; Strasser, The Rational Basis of Trademark Protection Revisited: Putting the Dilution Doctrine into Context, 10 *Fordham Intellectual Property*, *Media & Entertainment Law Journal* 375, 2000, pp.397-402; Casparie-Kerdel, Dilution Disguised: Has the Concept of Trade Mark Dilution Made Its Way into the Laws of Europe?, 2001 *EIPR* 185, p.189; McCarthy, Dilution of a Trademark: European and United States Law Compared, 94 *The Trademark Reporter* 1163, 2004, pp.1170-1172.

② H.R. 683, 109th Cong. (2006). 关于《商标淡化修订法》（TDRA）的起源，参阅 McCarthy, McCarthy on Trademark and Unfair Competition, PP. Secs. 24:93-24:96, 4th ed., update of June 2008; Beebe, A Defense of the New Federal Trademark Anti-dilution Law, 16 *Fordham Intellectual Property*, *Media & Entertainment Law Journal* 1143, 2006, pp.1151-1156.

③ Sec. 43(c)(2)(A) of the 1946 Trademark Act, 15 U.S.C. 1125, as amended by Sec. 2 TDRA. Cf. McCarthy, McCarthy on Trademark and Unfair Competition, pp.Secs. 24:104-24:105, 4th ed., update of June 2008; Beebe, A Defense of the New Federal Trademark Anti-dilution Law, 16 *Fordham Intellectual Property*, *Media & Entertainment Law Journal* 1143, 2006, p.1157.

（三）欧共体法：有声誉商标

欧共体反淡化立法中使用的技术术语既非驰名商标，也非著名商标。欧共体第 89/104 号商标指令第 5 条第 2 款指的是在成员国享有声誉的商标。指令本身对通过引入该标准而确立的条件保持沉默。然而，欧洲法院，在 General Motors 诉 Yplon 案中提供了指导：在先商标必须已经获得了好名声的公众是与该商标有关的公众，也就是说，根据销售的产品或服务，不论该公众是全部的还是更专业的公众，如某个特定部门的交易者。[①] 此外，当在先商标所覆盖的商品或服务有关的公众中有相当一部分人知道该商标时，就必须认为达到了所要求的认知程度。[②]

首先，这一澄清表明，欧洲法院将提到的声誉解释为需要一定程度的认知。这一解释不仅被欧共体指令的其他语言版本所证实，如荷兰语和德语版本所称的一个已知的标志，[③]它也符合国际和美国法律所采取的方法。其次，欧洲法院明确表示，它认为有关产品的个别目标群体的认知是足够的，即使在特定产品或服务的情况下，这个目标群体可能是专门的公众。因此，欧洲法院倾向于一种利基声誉方法。Chevy 案的进一步裁决证实了这一结论。关于商标声誉的必要的领土扩张，该法院澄清在这方面没有任何定义（指令第 5 条第 2 款），不能要求商标在成员国的整个地区享有声誉，仅存在于它的一个实质部分中就足够了。[④]

（四）结论

总而言之，以上分析的所有法律制度都基于对商标认知或公众认可度的评估，来确定有资格被保护免受淡化的商标。然而，除了这种公认的通用方法外，该分析还揭示了所需认知或认可的程度的差异。国际法律框架鼓励采用利基认知的方法，根据该方法，为商标下营销的产品的消费者、分销商或其他商业界的特定目标群体认知就被认为是足够的。但是，在反淡化保护方面，国家立法机关享有规定在全部公众中认知的标准的自由。对美国和欧共体商标法的分析表明，它们使用了这种自由。美国立法者选择了为普通大众认知的更高标准，而欧洲法院则采用利基认知的方法，着眼于欧共体成员国中相当大一部分潜在专门公众的认知。因此，对于欧洲法院而言，利基声誉已经足够，而根据联邦反淡化法，美国法院不太可能接受利基名声。由于在定义有资格获得保护的客体方面存在差异，因此防止淡化的门在美国仅略微打开，而在欧共体则广泛打开。

---

① ECJ，14 September 1999，case C-375/97，General Motors v. Yplon（Chevy），para.24，available online at http://curia.europa.eu/.

② 14 September 1999，case C-375/97，General Motors v. Yplon（Chevy），para.26，available online at http://curia.europa.eu/.

③ 14 September 1999，case C-375/97，General Motors v. Yplon（Chevy），para.20，available online at http://curia.europa.eu/.

④ 14 September 1999，case C-375/97，General Motors v. Yplon（Chevy），para.28，available online at http://curia.europa.eu/.

二、保护目的

美国和欧共体商标法明确规定了防淡化保护的目的。美国保护制度的第一个分支——通过模糊淡化——旨在保护著名商标免受其显著性的损害。第二个分支是通过污损淡化，以防止损害著名商标的声誉。[①] 欧共体商标法再次体现了作为两个不同的保护[②]目的的显著性的维护和声誉的维护。第 89/104 号指令第 5 条第 2 款指的是在使用有声誉商标不正当地利用或损害商标的显著性或声誉时的保护。[③] 这能够很容易地得出显著性和显著特征与声誉和声望之间的界线。

国际法律框架尚不够明确。《TRIPs 协议》第 16 条第 3 款广义地指损害驰名商标所有人的利益，但未指明保护的特定目的。[④] 在特别涉及防止淡化的保护的《驰名商标联合建议》第 4 条第 1 款中增加了这种情形，即使用驰名商标可能损害、以不公平的方式淡化或以不公平的方式利用该商标的显著特征。根据第 4 条第 1 款的注释，该规定旨在涵盖可能损害驰名商标在市场上的唯一地位的使用。搭驰名商标的便车是进一步的例子。在对"商誉"一词的广义理解[⑤]的基础上，可以将对显著性解释为包括美国和欧共体立法意义上的驰名商标的声望。然而，该措辞也为限制性解释留出了空间，将其范围限制在维护显著性上。在下面的小节中，一方面显著性/显著特征的维护，以及另一方面声誉/声望/商誉的维护将详细讨论。该分析以欧共体商标法为起点，对国际法和美国法的参考扩大了视野。

（一）声誉

欧共体防止淡化的保护制度中对声誉的内涵可以追溯到国内法的先例，如 1975 年比荷卢三国法院的具有里程碑意义的 Claeryn/Klarein 案判决。该法院处理了一种情况，这种情况是使用了与驰名商标相似的标志，对商标所有者造成损害可能会由侵犯商标的潜在购买

---

① Sec. 43(c)(2)(B) and (C) of the 1946 Trademark Act, 15 U.S.C. 1125, as amended by Sec. 2 TDRA. Cf. McCarthy, McCarthy on Trademark and Unfair Competition, 4th ed., update of June 2008, pp.Secs.24:69-24:70.

② 本文不着重讨论模糊、玷污、搭便车等不同的侵权行为。因此，中性条件的保全是用来表示淡化原理通过禁止几种侵权行为的方式，达到保护显著性和声誉的一般目的。

③ Advocate General Jacobs, ECJ case C-408/01, Adidas-Salomon v. Fitnessworld Trading, Opinion of 10 July 2003, paras. 36-40, available at http://curia.europa.eu. Cf. Fezer, Markenrecht 827, 3rd ed., Munich, 2001, pp.829-832; Gielen, Merkenrecht, in: Gielen (ed.), Kort begrip van het intellectuele eigendomsrecht 201, Deventer 2007, pp.206-207.

④ Kur, TRIPS and Trademark Law, in: Beier & Schricker (eds.), From GATT to TRIPs—The Agreement on Trade-Related Aspects of Intellectual Property Rights 93, Weinheim 1996, pp.289-296.

⑤ 有关包含商标声誉定义的例子，请参阅 Brown, Advertising and the Public Interest: Legal Protection of Trade Symbols, 108 *Yale Law Journal* 1619, 1999, p.1652.商誉是对不能分配给有形资产的利润潜力的资本化评估。

欲望而引起。[①] 根据该判决,可以将"声望"一词理解为反映了商标的吸引力。[②] 因此,反淡化保护的声望分支可以维护由于促销活动而与商标相关联的积极联想。有鉴于此,美国第二巡回上诉法院澄清说,污损的必要条件是发现原告的商标将遭受负面联想……因此污损的本质是……商标的积极和消极联想之间的置换。[③]

基于这种理解,可以很容易地将商标声望保护放在第一部分的画面的背景中:它涉及上述商标发展的最后阶段——作为标志规划投资的结果,只有在商标所有人成功地在商标上附加了一种积极形象的阶段。结果,带有消费者期望的品牌形象的商标本身成为产品(或至少产品的重要组成部分)并获得真正的吸引力。它反映了特定的品牌价值,并可能构成商标所有者的企业的重要资产。[④] 在这种情况下,对于所涉及的利益可能毫无疑问。在标志规划期间,对商标的投资旨在开发最终的品牌形象。商标所有者所做努力的基础营销策略通常是产品多样化,促销活动投资旨在建立能够或多或少地普遍应用的品牌形象。为了收回对品牌形象创建的投资,作为形象载体的商标被附加到各种或多或少相关的商品和服务上。[⑤] 因此,提出第一节中提出的问题的时机已经成熟:作为将商标法中所述的开发利益包括在内的工具而提供防止淡化保护的声望分支是否合适?品牌形象的开发是否应添加到商标法的传统目标之中,如公平竞争、市场透明和保护消费者?

在寻求澄清这一潜在扩张问题的商标法的现状时,首先应该指出的是,用于保护声望的

---

① Benelux Court of Justice, 1 March 1975, case A74/1, Claeryn/Klarein, published in Nederlandse Jurisprudentie 472, 1975; Ars Aequi 664, 1977; Bijblad bij de Industriele Eigendom 183, 1975. Cf. Casparie-Kerdel, Dilution Disguised: Has the Concept of Trade Mark Dilution Made Its Way into the Laws of Europe?, 2001 *EIPR* 185, pp.189-190.

② Advocate General Jacobs, ECJ case C-408/01, Adidas-Salomon v. Fitnessworld Trading, Opinion of 10 July 2003, para.38, available at http://curia.europa.eu/.文中声明,损害商标声誉的概念……描述的情况是——由于它被置于众所周知的比荷卢法院的 Claeryn/Klarein 案判决——使用侵权标志的商品引起了公众的注意,从而影响了该商标的吸引力。

③ Hormel Foods Corp.v. Jim Hensen Productions, Inc., 73 F.3d 497, 37 U.S.P.Q.2d 1516,1523,2d Cir. 1996; New York Stock Exchange, Inc. v. New York, New York Hotel, LLC, 293 F.3d 550, 62 U.S. P.Q.2d 1260,2d Cir. 2002. Cf. McCarthy, McCarthy on Trademark and Unfair Competition,4th ed., update of June 2008, p. Sec. 24:89; Beebe, A Defense of the New Federal Trademark Anti-dilution Law, 16 *Fordham Intellectual Property*, *Media & Entertainment Law Journal* 1143, 2006, p.1150.

④ Scott, Oliver & Ley-Pineda, Trade Marks as Property: a Philosophical Perspective, in: Bently, Davis & Ginsburg(eds.), *Trade Marks and Brands—An Interdisciplinary Critique* 241, 255, Cambridge University Press, 2008, p.296; Brown, Advertising and the Public Interest: Legal Protection of Trade Symbols, 108 *Yale Law Journal* 1619, 1999, p.1619; Lemley, The Modern Lanham Act and the Death of Common Sense, 108 *Yale Law Journal* 1687, 1690 and 1693, 1999, pp.1706-1707; Jaffey, Merchandising and the Law of Trade Marks 240, IPQ, 1998, pp.250-251 .

⑤ Cf. Stadler Nelson, The Wages of Ubiquity in Trademark Law, 88 *Iowa Law Review* 731, 2003; Beebe, A Defense of the New Federal Trademark Anti-dilution Law, 16 *Fordham Intellectual Property*, *Media & Entertainment Law Journal* 1143, 2006, p.1161; Lehmann, Die wett-bewerbswidrige Ausnutzung und Beeintrachtigung des guten Rufs bekannter Marken, Namen und Herkunftsangaben—Die Rechtslage in der Bundesrepublik Deutschland, 1986 *GRUR Int*.6, p.15.

现存商标权不能被视为总体财产权。① 相比著作权法和专利法中授予开发权的原型,驰名商标的所有人不能仅仅因为这种使用等同于复制有声望的、品牌化的商标就能阻止其他商人使用近似标志。如上所述,《欧盟商标指令》第5条第2款要求证明不正当利益或损害。美国《2006年商标淡化修订法》规定了损害条件。② 商标所有者要克服的这些附加障碍将声望保护领域的当前商标权与经典意义上的开发权区分开来。为了确定是否还有朝着商标总体财产权采取进一步措施的空间,可提出几个基本问题:在概述的营销策略框架内使用某标志仍然符合商标使用条件吗? 品牌形象开发权是否建立在足够强大的理论基础上? 商标法是否提供足够的限制基础,以在开发权与竞争社会、文化和经济需求之间取得适当的平衡? 在以下小节中,将解决这些问题。

1. 和商标使用的关系

欧洲法院在 Arsenal 诉 Reed 一案中表示,只有在第三方对商标的使用影响或可能影响商标功能的情况下,特别是它向消费者保证商品来源的基本功能的情况下,才能行使商标专用权。③ 根据这一判决,关于商标使用范围和边界的讨论可能与商标功能理论保持一致。欧洲法院建议,商标使用可能被理解为主要用于表明商品或服务的商业来源。上面已经就标志保留——标志发展的初始阶段的背景下讨论了商标的这种识别功能。然而,目前关于声望保护的辩论集中在标志规划和品牌形象创造的进一步阶段。它涉及商标的沟通功能。商标使用的概念涵盖后一种功能的程度很难确定,特别是欧洲法院使用的商标的基本功能的措辞……似乎为这种功能的纳入留出了空间。

但是,实际上,欧洲法院只是提出将商标的识别功能的保留作为同时维护标志的通信功

---

① Second Circuit of the US Court of Appeals, Nabisco, Inc. v. PF Brands, Inc., 191 F.3d 208, 51 U. S.P.Q. 2d 1882, 2d Cir. 1999.在许多情况下,驰名商标的在后使用可能不会降低商标在淡化法下识别和区分产品的能力。因此,我们同意第四巡回法院的观点,淡化法不创造总体财产权。参阅 McCarthy, McCarthy on Trademark and Unfair Competition, 4th ed., update of June 2008, p.Sec. 24:120; Beebe, A Defense of the New Federal Trademark Anti-dilution Law, 16 *Fordham Intellectual Property*, *Media & Entertainment Law Journal* 1143, 2006, p.1147; Moskin, Victoria's Big Secret: Whither Dilution Under the Federal Dilution Act?, 93 *The Trademark Reporter* 842, 2004, p.857.

② Sec. 43(c)(2)(C) of the 1946 Trademark Act, 15 U.S.C. 1125, as amended by Sec.2 TDRA. 参阅 McCarthy, McCarthy on Trademark and Unfair Competition, 4th ed., update of June 2008, pp.Secs. 24: 115-24:118.至于欧共体的情况, Fezer, Markenrecht 827, 3rd ed., Munich 2001, pp.829-832; Gielen, Merkenrecht, in: Gielen (ed.), 参阅 Kort begrip van het intellectuele eigendomsrecht 201, Deventer 2007, pp.289-296.

③ ECJ, 12 November 2002, case C-206/01, Arsenal v. Reed, para. 51. Cf. also ECJ, 23 February 1999, C-63/97, BMW v. Ronald Deenik, para. 38; ECJ, 23 October 2003, Adidas-Salomon v. Fitnessworld Trading, para. 38; ECJ, 11 September 2007, C-17/06, Celine, para.27.上述所有案件可在 http://cuia.europa.eu/获取。关于美国的商标使用要求,参阅 Dinwoodie & Janis, Dilution's (Still) Uncertain Future, 105 Michigan Law Review First Impressions 98, 2006, pp.100-102.

能的方式。① 在国际上可以找到这种谨慎方法的另一个例子。WTO 负责对农产品和食品商标和地理标志进行欧共体保护的小组指出，考虑商标所有者在保护其商标显著性方面的合法利益也将考虑商标所有者在源于商标享有的声誉和商标代表的质量的商标的经济价值中的利益。② 实际上，标志保留的初始阶段以及商标与特定企业之间的独占性联系的持续保存确保了，随后的促销活动过程中在消费者心目中建立的所有积极联想将指向正确的商标——商标所有者为促销活动付出的标志。换句话说，通过保留显著性作为商标开发投资的基础，商标法也有助于维护由此产生的品牌形象和品牌价值。但是，这个答案绕开了而不是解决了商标法是否留有空间来满足对开发品牌形象的利益。它仅反映了商标法的当前的不清楚的状态，在这种状态中，尽管事实上并非旨在用于此目的，但商标权实际上被用作开发权。

2. 理论基础

知识产权领域授予开发权的典型基本原理，一方面是激励理论，另一方面是奖励理论。③ 根据功利主义激励理由，利用知识产权的机会完全留给了创造者，目的是鼓励创造性作品并确保为社会整体福利提供足够的知识产品。几乎没有证据表明社会上需要任何品牌形象的创建来证明这一理由的合理性以及对品牌形象创造者的额外激励。④ 相比之下，有人可能会争辩说，商标传达的诱人的生活方式信息会分散对产品的真实品质的注意力，从而

---

① Dyrberg & Skylv, Does Trade Mark Infringement Require that the Infringing Use Be Trade Mark Use and if SO, What Is Trade Mark Use?, 2003 *EIPR*, 229, 232. 文中详细探讨了欧洲法院处理商标使用问题的方法，Kur, Confusion over Use? —Die Benutzung als Marke im Lichte der EuGH-Rechtsprechung, 2008 *GRUR Int.* 1.

② 基于美国申诉的 WTO 文件 WT/DS174/R。另一份几乎相同的报告——WTO 文件 WT/DS290/R——处理了澳大利亚的一项平行申诉。对这些报告的讨论，参阅 Senftleben, Towards a Horizontal Standard for Limiting Intellectual Property Rights? —WTO Panel Reports Shed Light on the Three-Step Test in Copyright Law and Related Tests in Patent and Trademark Law, 37 *IIC* 407, 2006.

③ 关于这些基本原理在商标上应用的讨论，参阅 Strasser, The Rational Basis of Trademark Protection Revisited: Putting the Dilution Doctrine into Context, 10 *Fordham Intellectual Property*, *Media & Entertainment Law Journal* 375, 2000, pp.421-425.

④ Scott, Oliver & Ley-Pineda, Trade Marks as Property: a Philosophical Perspective, in: Bently, Davis & Ginsburg(eds.), *Trade Marks and Brands—An Interdisciplinary Critique* 241, 255, Cambridge University Press, 2008, p.285, pp. 296-297. 该文考虑了产品差异化、促进消费者选择和鼓励购买，但拒绝功利主义的论点。参阅 Griffiths, A Law-and-Economic Perspective on Trade Marks, in: Bently, Davis & Ginsburg (eds.), *Trade Marks and Brands—An Interdisciplinary Critique* 241, 255, Cambridge University Press, 2008, p.264; Lemley, The Modern Lanham Act and the Death of Common Sense, 108 *Yale Law Journal* 1687, 1690 *and* 1693 (1999) pp. 1694-1696; Brown, Advertising and the Public Interest: Legal Protection of Trade Symbols, 108 *Yale Law Journal* 1619, 1999, pp.1622-1634. 关于消费者保护，参见美国最高法院采取的立场，Moseley v. V Secret Catalogue (Victoria's Secret), 537 US 418, 2003. 与传统侵权法不同，禁止商标淡化并非普通法发展的产物，也不是由保护消费者的利益所驱动的。

使消费者的购买决策变得不那么客观,并剥夺了商人获得客观最佳报价的相应市场成功机会。① 潜在的经济论点,如促进成熟市场中的竞争和产品受欢迎度的提高,被社会和文化上对单词和短语私有化的关注抵消了。②

自然法奖励的论点几乎无法提供更强有力的支持。③ 诚然,正是商标所有者在建立特定品牌形象上花费了时间和金钱。因此,对公正和正义的感觉表明,这些努力的结果应归功于商标权人。但是,将品牌形象与其他智力创作(例如文学和艺术作品或技术发明)进行比较时,商标所有者是否应获得与作者和发明人同等程度的奖励却令人怀疑。作品和发明经过有限的保护后便进入了公共领域,并以此方式为人类的知识财产做出了贡献,而带有特定品牌形象的商标可以由商标所有人无限期地通过不断更新注册来永久垄断。因此,对品牌形象创造的投资是一项个人的、自私的营销决策,商标所有者无法期望获得整个社会的回报。因此,开发权的两种经典理由(激励论点和报酬论点)都不适用于品牌形象。④

在没有经典理由的情况下,商标法本身可能会为品牌形象开发权确定充分的理由。专利法中突出体现的公开理由是这种固有理由的一个例子。关于商标声誉的保护,可以从正在讨论的法律传统中提炼出两个主要理由。污损论点旨在保护驰名商标免受积极联想的侵蚀,而这在美国商标法中尤为突出。⑤《欧盟商标指令》明确反映了抑制不公平搭便车对商

---

① Brown, Advertising and the Public Interest: Legal Protection of Trade Symbols, 108 *Yale Law Journal* 1619, 1999, pp.1635-1637.该文指出,那些热心消费者的古典经济学家做梦也没想到,消费者会在一堆令人目瞪口呆的符号的轰击下作出决定。不过,也可以参阅 Van Den Bergh 和 Lehmann 所作的经济分析 Van Den Bergh & Lehmann, Informationsoko-nomie und Verbraucherschutz im Wettbewerbs-und Warenzeichenrecht, 1992 *GRUR Int.*588,591-592, pp.589-593.

② Strasser, The Rational Basis of Trademark Protection Revisited: Putting the Dilution Doctrine into Context, 10 *Fordham Intellectual Property*, *Media & Entertainment Law Journal* 375, 2000, pp.389-390 and pp.412-414. Lemley, The Modern Lanham Act and the Death of Common Sense, 108 *Yale Law Journal* 1687, 1690 *and* 1693, 1999, pp.1694-1698; Cooper Dreyfuss, We Are Symbols and Inhabit Symbols, so Should We Be Paying Rent? Deconstructing the Lanham Act and Rights of Publicity, 20 *Columbia-VLA Journal of Law & Arts* 123, 128, 1996.

③ 对洛克论证模型的分析,参阅 Scott, Oliver & Ley-Pineda, Trade Marks as Property: a Philosophical Perspective, in: Bently, Davis & Ginsburg(eds.), *Trade Marks and Brands—An Interdisciplinary Critique* 241, 255, Cambridge University Press, 2008, p.285, pp.297-305.

④ 参阅 McCarthy, McCarthy on Trademark and Unfair Competition, pp.Secs. 24:68-24:120, 4th ed., update of June 2008; Beebe, A Defense of the New Federal Trademark Anti-dilution Law, 16 *Fordham Intellecal Property*, *Media & Entertainment Law Journal* 1143, 2006, p.1159.文中论述,法院不应给予反淡化行为保护以回报,即提升广告支出,正如法院也不应当对于原告在尽力使其商标变得知名方面的善意予以保护一样。

⑤ Tushnet, Gone in Sixty Milliseconds: Trademark Law and Cognitive Science, 86 *Texas Law Review* 507, 2008, pp.524-525; Beebe, A Defense of the New Federal Trademark Anti-dilution Law, 16 *Fordham Intellectual Property*, *Media & Entertainment Law Journal* 1143, 2006, pp. 1164-1165; Brown, Advertising and the Public Interest: Legal Protection of Trade Symbols, 108 *Yale Law Journal* 1619, 1999, pp.1652-1654.

标吸引力的附加理由。① 美国在盗用方面的保留主要是由于担心竞争空间,特别是对于市场上的新来者而言。② 然而,有人认为,搭便车是美国法律中污损主流的隐性暗流。③

在目前,关于包括搭便车在内的两种法律制度之间的分歧不是决定性的。但是,必须指出的是,如上所述,在两种法律传统中,具体的侵权标准源于潜在的目标,并且这些条件——在欧共体法中获得不正当利益或造成损害,以及美国立法中的损害——将声誉保护领域的商标权和总体财产权相区分。例如,在对损害或损害可能性进行大量测试的基础上,越容易满足这些条件,④商标声望的保护就越接近于品牌形象开发权。然而,防止污损的理由和防止搭便车的主张并没有加强对商标权扩张的支持,反而巩固了现状。这两个目标都植根于不正当竞争法,因此鼓励对不正当优势、损害或伤害进行逐案分析。⑤ 相反,品牌形象开发权将有必要放弃这些特定条件,以允许商标所有人基于纯粹复制其有声望的标志而主张保护。因此,防止污损和/或搭便车的目的并未为将当前的声望保护转变为品牌形象开发制度

---

① 因此,利用不公平优势构成了《欧盟商标指令》第 5 条第 2 款中关于侵权的具体条件。另见 Art. 4 of Directive 2006/114/ EC on misleading and comparative advertising. 参阅 Fezer，Markenrecht 827, 3rd ed.，Munich, 2001，pp.829-832；Gielen，Merkenrecht，in：Gielen（ed.），Kort begrip van het intellectuele eigendomsrecht 201，Deventer 2007，pp.289-292；Griffiths，A Law-and-Economic Perspective on Trade Marks，in：Bently，Davis & Ginsburg（eds.），*Trade Marks and Brands—An Interdisciplinary Critique* 241，255，Cambridge University Press，2008，pp. 262-264；Lehmann，Die wett-bewerbswidrige Ausnutzung und Beeintrachtigung des guten Rufs bekannter Marken，Namen und Herkunftsangaben—Die Rechtslage in der Bundesrepublik Deutschland，1986 *GRUR Int.* 6，p.15.如上所述,WIPO 联合建议的解释性注释 4.5 中也提到了免费搭车驰名商标商誉的风险。

② Lemley，Property，Intellectual Property，and Free Riding，83 *Texas Law Review* 1031，2005；Bone，A Skeptical View of the Trademark Dilution Revision Act，11 *Intellectual Property Law Bulletin* 187，2007，p.194.很难想象在搭便车案件中,被告没有使用商标的合法理由。另见 England and Wales Court of Appeal，L'Oreal SA v. Bellure NV，2007 *EWCA Civ* 968，para.139:新来者将希望能够复制和改进商标。

③ Franklyn，Debunking Dilution Doctrine：Toward a Coherent Theory of the Anti-free-rider Principle in American Trademark Law，56 *Hastings Law Journal* 117，2004，p.129.虽然美国的淡化法声称是关于防止淡化损害的,但它实际上是关于防止搭著名商标的便车。由于淡化声称的目的与隐藏的目标之间的不匹配,它是一种笨拙且基本上不连贯的理论工具。

④ 至于美国在 2006 年采纳 TDRA 之前关于淡化可能性的讨论,参阅 US Supreme Court，Moseley v. V Secret Catalogue（Victoria's Secret），537 US 418，2003；Beebe，A Defense of the New Federal Trademark Anti-dilution Law，16 *Fordham Intellectual Property*，*Media & Entertainment Law Journal* 1143，2006，pp.1151-1156 ；McCarthy，Dilution of a Trademark：European and United States Law Compared，94 *The Trademark Reporter* 1163，2004，pp.1166-1169；Moskin，Victoria's Big Secret：Whither Dilution Under the Federal Dilution Act？，93 *The Trademark Reporter* 842，2004，pp.848-855.深入分析见 Simon，The Actual Dilution Requirement in the United States，United Kingdom and European Union：A Comparative Analysis，12：2 *Boston University Journal of Science and Techno-logy Law*，2006，available at http://www.bu. edu/law/central/jd/organizations/journals/scitech/volume122/documents/Simon_WEB_000.pdf.

⑤ 参阅 Tushnet，Gone in Sixty Milliseconds：Trademark Law and Cognitive Science，86 *Texas Review* 507，2008，pp.561-566；McCarthy，Proving a Trademark Has Been Diluted：Theories or Facts？，41 *University of Houston Law Review* 101，2004.该文主张支持法庭对证据严格要求。

铺平道路。商标法中并没有固有的引入总体财产权的足够强的理由。

3. 限制性基础

此外,应该注意的是,商标法不一定提供了足够的限制性基础设施。知识产权的其他领域,如版权法和专利法,规定了一整套服务于社会、文化和经济需要的限制。关于品牌形象,可以特别划一条赶得上版权限制的界限。如上所述,带有特定品牌形象的商标可以被视为与消费者沟通的焦点。从这个角度来看,驰名商标可以被认定为一种特殊的、接近于受著作权保护的通信产品。①

具有引用、滑稽模仿和新闻报道的限制,版权法试图为言论自由提供喘息的空间。② 在商标法中,相关的规定常常无处寻找。在国际层面可以清楚地看到这种差别。而《伯尔尼公约》第2条第8款、第2条之二第(1)(2)项、第10条第1款、第10条之二第(1)(2)项为言论自由保留了空间,国际商标法仅仅在《TRIPs协议》第17条提供了一个开放的公式,其中包含正当使用描述性术语的例子,但没有提及涉及诸如商标滑稽模仿目的的言论自由形式的使用。③ 美国和欧共体的商标制度说明了不同国家的做法。美国的TDRA明确排除了识别和滑稽模仿、批评或评论著名商标所有人或著名商标所有人的商品或服务,以及所有形式的新闻报道和新闻评论作为淡化的可诉性。④ 相比之下,欧共体立法则将言论自由的足够空间问题留给了商标指令第5(2)条的正当理由的模糊公式。⑤ 由于服务于商标声誉保护的现

---

① 必须承认,商标所传递的信息具有一种更少限定的特征。参阅 Cornish & Llewelyn, Intellectual Property: Patents, Copyright, *Trade Marks and Allied Rights* 571, 6th ed., London, 2007.

② Geiger, Droit'dàuteur et droit du publicà l'information, Paris, 2004, pp.131-134; Senftleben, Copyright, Limitations and the Three-Step Test 24-30 (The Hague/London/New York 2004); Guibault, Copyright Limitations and Contracts 28-47, The Hague/London/Boston 2002.关于基本权利和自由在知识产权法中的作用,参阅 Geiger, Fundamental Rights, a Safeguard for the Coherence of Intellectual Property Law?, 35 *IIC* 268, 2004.

③ 关于《TRIPs协定》第17条的适用参见包含根据该条而允许商标和地理标志共存制度的小组报告的 WTO Documents WT/DS174/R and WT/ DS290/R. 这些报告可以在 www.wto.org 获得。对这些报告的深入分析,见 Senftleben, Towards a Horizontal Standard for Limiting Intellectual Property Rights? — WTO Panel Reports Shed Light on the Three-Step Test in Copyright Law and Related Tests in Patent and Trademark Law, 37 *IIC* 407, 2006, p.407.

④ Sec. 43(c)(3) of the 1946 Trademark Act, 15 U.S.C. 1125, as amended by Sec. 2 TDRA. 参阅 McCarthy, McCarthy on Trademark and Unfair Competition, 4th ed., update of June 2008, pp. Secs. 24: 90, 24:123-24:128; Tushnet, Gone in Sixty Milliseconds: Trademark Law and Cognitive Science, 86 *Texas Law Review* 507, 2008, pp.554-561.关于美国商标法上的一般合理使用抗辩,见 the decision of the US Supreme Court in KP Permanent Make-Up, Inc. v. Lasting Impression I, Inc., 543 US, 125 S. Ct. 542, 2004. 参阅 Brinkmann & Schruers, The Supreme Court's Allowance that Consumer Confusion May Be Invoked to Defeat Fair Use, 95 *Trademark Reporter* 838, 2005; Machat, The Practical Significance of the Supreme Court Decision in KP Permanent Make-Up, Inc. v. Lasting Impression I, Inc., 95 *Trademark Reporter* 825, 2005; Moskin, Frankenlaw: The Supreme Courts Fair and Balanced Look at Fair Use, 95 *Trademark Reporter* 848, 2005.

⑤ 因此,应根据基本权利来解释这一公式,如《欧洲人权公约》第10条对言论自由的保障。参阅 Gielen, Merkenrecht, in: Gielen(ed.), Kort begrip van het intellectuele eigendomsrecht 201, Deventer 2007, pp.383-384; Fezer, Markenrecht 827, 3rd ed., Munich, 2001, p.832.

行商标权事实上被用作开发权,在目前,人们可能已经怀疑后一种方法是否恰当。

在进一步转向品牌形象利用权的情况下,服务于言论自由的明确限制显得不可或缺。[①] 在这方面,必须考虑驰名商标和受版权保护的通信产品之间的相似之处。它是共享的传播功能,这种传播功能是品牌形象与经典信息产品之间的纽带。从这个角度来看,品牌形象利用权可以看作是著作权的相邻权利制度的一个要素,由于其根源,该制度仍深植于商标法框架之中。[②] 处于品牌所有者的利用利益核心的收回投资的目标与潜在的总体商标财产权和版权邻接权之间的这种相似性并不矛盾。相比之下,通过引入新的邻接权来满足摊销利益的做法并不罕见。在这方面,EC96/9 数据库指令可以作为一个例子。[③]

由于已经在版权和商标制度之间画了这条线,如此设想并非不合理,即成为类似于版权法授予的利用权制度一般的品牌形象利用权制度的发展趋势,应该能带来言论自由相关义务的觉醒,类似于版权法中关于言论自由义务的觉醒一般。在以言论自由为目的的使用方面,商标法的限制性基础,换句话说,应当与著作权法确立的限制制度相协调。与版权制度中的邻接权一样,[④]品牌形象利用权在引用、戏仿、新闻报道等方面也应受到限制。由于驰名商标被用作一种交流手段,相互竞争的表达利益必须满足适当的限制。

与著作权制度的平行表明,总体商标财产权是一种超越商标法经典领域的例外因素。但是,商标保护分系统不受反淡化分系统发展的影响,而与不正当竞争法保持密切联系。

4. 结论

综上所述,声誉保护问题的讨论揭示了商标权的理论设计与实际使用之间的矛盾,可理解为商标的特殊的新的引力。虽然保护声誉的目的是在个案的基础上防止玷污和搭便车,但涉及对品牌形象进行大量投资的营销策略导致有关商标权以退化的形式作为事实上的利用权使用。理论与实践之间的差距在法院判决中凸显出来,法院试图将品牌形象的保护作为商标基本识别功能的一个方面。通过对品牌形象利用战略的商标保护采用限制性方法可以使问题更加明确。无论如何,有必要通过引用、戏仿和新闻报道限制来保护言论自由。包

---

① Lemley,The Modern Lanham Act and the Death of Common Sense,108 *Yale Law Journal* 1687,1690 and 1693,1999,p.1969,pp.1710-1713.

② 无论如何,商标法和版权法领域的重叠正在增加。参阅 Grosheide,Zwakke werken,in:Verkade & Visser(eds.),Intellectuele ei-genaardigheden:Opstellen aangeboden aan mr Theo R. Bremer 121,Deventer 1998;Verkade,The Cumulative Effect of Copyright Law and Trademark Law:Which Takes Precedence?,in:Kabel & Mom(eds.),Intellectual Property and Information Law——Essays in Honour of Herman Cohen Jehoram 69,Den Haag/London/Boston 1998;Hugenholtz,Over cumulatie gesproken,2000 Bijblad bij de intellectuele eigendom 240;Senftleben,De samenloop van auteurs-en merkenrecht——een internationaal per-spectief,2007 Tijdschrift voor auteurs-,media-en informatierecht 67;Ohly,Areas of Overlap Between Trade Mark Rights,Copyright and Design Rights in German Law,2007 *GRUR Int*.704.关于国际层次的这种讨论,参阅 WIPO document SCT/16/5,Trademarks and Their Relation with Literary and Artistic Works,available at http://www.wipo.int/edocs/mdocs/sct/en/sct_16/sct_16_5.pdf.

③ Recitals 10-12 of EC Directive 96/9 of March 11,1996,涉及数据库的保护。参阅 Hugenholtz,Directive 96/9/EC,in:Dreier & Hugenholtz(eds.),Concise European Copyright Law,307,Kluwer Law International 2006;Spoor,Verkade & Visser,Auteursrecht——Auteursrecht,naburige rechten en databan-kenrecht 607,3rd ed.,Deventer 2005.

④ 例如 Art. 16 of the 1996 WIPO Performances and Phonograms Treaty.

括欧共体立法在内的许多商标法对这些目的没有明确的限制,这是目前形势不明的最突出的缺点。如果选择未来的品牌形象使用权路径,①商标限制性基础应与相关版权限制相协调。美国将限制言论自由写入淡化制度的做法可以作为这方面的一个例子。

(二)显著特征

关于反淡化保护的第二个目的,即保护显著性,欧洲法院在 Lloyd v. Loint 案中提供了指导。

商标的显著性是指商标在企业与其产品之间所形成的联系的强度。它可以被理解为反映了商标的区分能力。这一概念在涉及混淆的保护子制度框架以及商标所有者在市场上提供的特定商品或服务的保护子制度中是有意义的。参照第一节之陈述,可以说,商标的区分能力是一种关于最初步骤的符号保留和接下来的该符号和其所有人之间的独占联系的维持的有效的标准。在这种情况下,商标权人可以垄断使用某一特定标志的市场范围,以及商标法禁止竞争对手使用令人混淆的类似标志的范围,在逻辑上取决于商标的区分能力。商标的显著性越强,产生混淆的可能性就越大,类似商品或服务的范围也就越广。②

然而,在此背景下,涉及淡化的商标保护子系统中显著性的再次出现是否也构成了一个有效的标准问题。③ 作为商标保护子系统中有关混淆的核心要素,显著性与商标所有人寻求保护的商品和服务有关,并因而与特定的商品和服务有着不可分割的联系。相比之下,淡化原则超越了专业性原则,将保护范围扩大到不同的商品和服务。在这种情况下,商标的区分能力是否重要还不清楚。一个标志具有特别强的区分特定商品或服务的能力,这一事实不一定能得出这样的推论,即即使在不同商品或服务的偏远市场也值得保护。不可避免地,问题就出现了:是否有某种程度的差异可以证明放弃有关商品和服务之间的相似性要求是合理的。

1. 独特性

传统上,这个问题的答案是肯定的。这种观点认为,商标的广泛使用为扩大到不同商品或服务的使用提供了理由。如果商标有一种很强的对公众的心理控制,以至于当看到它的时候,消费者立刻想起商标所有者提供的产品,对商标的显著性的损害将来自与其他商品或

---

① 事实上,这似乎并不现实。Lemley, The Modern Lanham Act and the Death of Common Sense, 108 *Yale Law Journal* 1687, 1690 *and* 1693, 1999, p.1697.法院似乎正在用一种将商标视为财产权的概念取代传统的商标法理论基础。在这种概念中,商标权人被赋予对商标的强大权利,而不太考虑这种权利的社会成本。

② ECJ, 11 November 1997, case C-251/95, Puma v. Sabel, para.24, and ECJ, 29 September 1998, case C-39/97, Canon Kabushiki Kaisha v. Metro-Goldwyn-Mayer, para.19. Both decisions are available at http://curia.europa.eu. 参阅 Griffiths, A Law-and-Economic Perspective on Trade Marks, in: Bently, Davis & Ginsburg(eds.), *Trade Marks and Brands—An Interdisciplinary Critique* 241, 255, Cambridge University Press, 2008, pp.260-262.就美国的可比情况而言,参阅 Beebe, A Defense of the New Federal Trademark Anti-dilution Law, 16 *Fordham Intellectual Property*, *Media & Entertainment Law Journal* 1143, 2006, pp.1161-1162.

③ McCarthy, McCarthy on Trademark and Unfair Competition, 4th ed., update of June 2008, p.Sec. 24:118.该文指出,在淡化原理背景下,显著性这一术语有不同的含义(使用它可能会削弱著名标志的强度)。

服务有关的该商标的任何使用。即使在完全不同的产品上使用,也会对商标的显著性产生侵蚀作用,因为在消费者的头脑中会建立起一种附加的联系。[1] 在这方面,谢克特在他1927年发表于《哈佛法律评论》的著名文章中警告说,商标或名称在非竞争性商品上的使用,会逐渐削弱或分散其特性,并在公众心目中占有一席之地。[2] 他坚持认为,商标越显著或独特,它在公众意识中的印象就越深,而有更大的需要防止损害或离解它已经使用商品相关的特定产品的联系。[3] 不同于只有一个特定的产品与该商标相联系,消费者将不得不再三考虑并根据背景决策,在这种背景中,该商标表现出指向不同产品的作用。[4] 从经济学的角度来看,这种在该标志所接受的附加含义和最初与某一特定产品的紧密联系之间区分的过程被认为是适得其反的,因为它提高了消费者的搜索成本。[5]

这个论点并不缺乏一定的说服力。然而,问题仍然是如何才能获得所描述的显著性的不同寻常的程度。在这方面,谢克特指出商标的销售能力取决于它对公众的心理控制力,不仅取决于它所使用的商品的价值,同样取决于它自身的独特性和唯一性……而且,商标的保护程度反过来又取决于通过其所有者的努力或聪明才智,它实际上在很大程度上是独一无

① 参阅 McCarthy, McCarthy on Trademark and Unfair Competition, 4th ed., update of June 2008, p.Sec. 24:73; Gielen, Merkenrecht, in: Gielen(ed.), Kort begrip van het intellectuele eigendomsrecht 201, Deventer 2007, pp.292-295; Casparie-Kerdel, Dilution Disguised: Has the Concept of Trade Mark Dilution Made Its Way into the Laws of Europe?, 2001 *EIPR* 185, pp.186-187; Strasser, The Rational Basis of Trademark Protection Revisited: Putting the Dilution Doctrine into Context, 10 *Fordham Intellectual Property*, *Media & Entertainment Law Journal* 375, 2000, pp.409-410.

② Schechter, The Rational Basis of Trademark Protection, 40 *Harvard Law Review* 813, 1927, p.825.

③ Schechter, The Rational Basis of Trademark Protection, 40 *Harvard Law Review* 813, 1927, p.825.

④ Beebe, A Defense of the New Federal Trademark Anti-dilution Law, 16 *Fordham Intellectual Property*, *Media & Entertainment Law Journal* 1143, 2006, p.1148;模糊概念的基本思想是,被告使用与原告商标相似或相同的商标将模糊原告商标和传统上与原告商标相连的商品或服务之间的联系。关于模糊的淡化的认知科学方法,参阅 Tushnet, Gone in Sixty Milliseconds: Trademark Law and Cognitive Science,86 *Texas Law Review* 507, 2008, pp.519-522;Jacoby, The Psychological Foundations of Trademark Law: Secondary Meaning, Genericism, Fame, Confusion and Dilution,91 *The Trademark Reporter* 1013, 2001, pp.1046-1051.

⑤ Strasser, The Rational Basis of Trademark Protection Revisited: Putting the Dilution Doctrine into Context, 10 *Fordham Intellectual Property*, *Media & Entertainment Law Journal* 375, 2000, pp.379-380; Beebe, A Defense of the New Federal Trademark Anti-dilution Law, 16 *Fordham Intellectual Property*, *Media & Entertainment Law Journal* 1143, 2006, p.1148; Tushnet, Gone in Sixty Milliseconds: Trademark Law and Cognitive Science, 86 *Texas Law Review* 507, 2008, pp.517-519; Griffiths, A Law-and-Economic Perspective on Trade Marks, in: Bently, Davis & Ginsburg (eds.), *Trade Marks and Brands—An Interdisciplinary Critique* 241, 255, Cambridge University Press, 2008, pp.246-250. 关于将商标作为信息载体的广泛的经济方法,进一步参考 Van Den Bergh & Lehmann, Informationsoko-nomie und Verbraucherschutz im Wettbewerbs-und Warenzeichenrecht, 1992 *GRUR Int*.588, 591-592, pp.589-593.

二的,而不同于其他商标。① 随着独特性范畴的引入,Schechter 指出了任意的和想象的商标与普通的或半描述性的商标之间的区别。有趣的是,他认为随意选择的商标特别脆弱:如果柯达可以用在浴缸和蛋糕上,马自达可以用在相机和鞋子上,或者丽思卡尔顿可以用在咖啡上,这些商标肯定会不可避免地在日常用语中消失。② 在目前的情况下,强调固有显著性并非没有价值。一个强商标事实上构成了一个坚实的沟通基础,因此,有利于标志规划和品牌形象的创建。然而,强商标和弱商标之间的区别似乎并不是谢克特最令人感兴趣的领域。相反,它被作为另一种方式提出,在这种方式下,那些不愿欣然接受商标淡化概念的法院永远不可能——更不会最终达成充分的保护制度。③

然而,对于目前的调查来说,分析谢克特关于独特商标的最后一个例子和他的淡化理论的直接应用是特别有趣的。Schechter 指的是德国法院的一项判决,在这项判决中,驰名商标 Odol 的所有者成功地抵制将该词用于钢铁产品的注册上。特别是 Schechter 指出,法院认为驰名商标将失去销售力,如果每个人都用它作为他的商品的名称,被告选择了驰名商标,因为通过原告的努力这个商标已经获得了一个特别有利的威望,当采用一个有吸引力的词时,原告已经为其商品创造了需求,而如果标志的意义弱化的话,原告和其他漱口水制造商竞争的能力将受损。④ 令人惊讶的是,主要的担忧反映在这些报价似乎并没有在 Odol 符号和钢铁产品之间建立一个额外的联系,而是不公平地搭因 Odol 公司所作的努力而附加在该标志上的有利威望的便车。然而,与商标相关的有利声望是指它的吸引力或销售力(法院这样称呼它),而不是它的区分能力。因此,声誉而不是显著性是谢克特的例子的核心。于是,他的独特性理论被证明是一个混合概念,混合了显著性和声誉。⑤

2. 和声誉的联系

回顾第一节中对商标发展的不同阶段的描述,我们就会明白,为什么特别强的显著性与商标的声誉有着不可分割的联系,根据传统的淡化理论可以在不同的产品上给予保护。如上所述,在标志规划阶段,商标发挥着广告和推广活动平台的作用。消费者不仅要理解商标所代表的生活方式,还要理解商标所有者及其商品和服务。由于后一种信息随着生活方式

---

① Schechter, The Rational Basis of Trademark Protection, 40 *Harvard Law Review* 813,1927,p.831.

② Schechter, The Rational Basis of Trademark Protection, 40 *Harvard Law Review* 813,1927,p.830.

③ Schechter, The Rational Basis of Trademark Protection, 40 *Harvard Law Review* 813,1927,p.826.

④ Schechter, The Rational Basis of Trademark Protection, 40 *Harvard Law Review* 813,1927,p.832.

⑤ 直到今天,美国法院的判决也反映了这种模糊性。例如,在 Ringling Bros. and Barnum & Bailey Combined Shous 诉 Utah Division of Travel Development 案中,美国第四联邦巡回上诉法院解释了 1995 年美国联邦商标淡化法,通过明确将淡化定义为减弱著名商标识别和区分商品或服务的能力,该《联邦法案》明确了州法律可能不明确的内容:它所针对的最终伤害是商标的销售能力,而不是商标本身的显著性。另参阅 Beebe, A Defense of the New Federal Trademark Anti-dilution Law, 16 *Fordham Intellectual Property, Media & Entertainment Law Journal* 1143,2006,p.1145.在 Schechter 看来,商标的独特性值得保护,因为它产生了销售力。

信息是不断重复的,因此,无论是品牌形象,还是该标志与商标所有人的产品之间的联系,都会牢牢地占据消费者的头脑。[1] 在符号规划过程中的促销活动也会自动地增强商标的显著性。因此,一旦一个特定的品牌形象被创造出来,这个商标就不太可能变得非常与众不同。然而,商标的显著性的强化,似乎只是一种副产品,而不是符号规划的目的。如上所述,这正是品牌形象塑造的目的。因此,一个商标的所谓独特性并不一定是商标本身固有的特定品质。相比之下,一个商标在成功的符号规划之后,会因为它所附加的品牌形象而显得独特。因此,反淡化制度的显著性分支所寻求保护的,与其说是一个独特的商标,不如说是一个附加在商标上的独特的品牌形象。因此,它几乎不增加反淡化保护的名声分支。

特别地,在考虑到诸如上述产品多元化的营销战略时,保护驰名商标不受与其他产品的额外联系所产生的侵蚀作用的需要,结果只不过是花言巧语而已。商标所有人利用商标所附的有利品牌形象,逐渐扩大商标的使用范围,这与以下论点相矛盾:在反淡化保护的背景下,一个驰名商标与一个具体产品之间的唯一联系值得特别注意。由于商标所有人自己致力于建立与其他产品的联系,他几乎不可能不关心商标在消费者心中与特定产品的直接联系。[2] 商标信誉是商标所有人实施商标使用策略的基础。因此,不是商标与特定产品的直接联系而是商标与良好品牌形象的直接联系对商标所有人至关重要。在符号保留的初始阶段,商标与特定商品或服务之间的原始联系甚至会被认为是进一步发展商标的障碍,而不是需要保留的特征。原因在于开发前景:商标所有者在松绑与特定产品联系上越成功,商标本身成为一个独立产品的程度越大,商标的应用领域和商标所有人利用附着在该商标上的品牌形象的机会越普遍。[3]

因此,在淡化学说的背景下,作为一种明确的保护目的,显著性已经过时。例如,似乎没有实质性的理由反对把奔驰用在浴缸、蛋糕、相机、鞋子和咖啡上,只要分析仅限于显著特征。消费者很快就会学会区分奔驰汽车、奔驰浴缸、蛋糕等。[4] 不明显的是,允许在不同商品或服务上使用相同或近似标志驰名商标的强显著性比常规商标根据专业性原则使用遭受了更多负面

① Brown, Advertising and the Public Interest: Legal Protection of Trade Symbols, 108 *Yale Law Journal* 1619, 1999, pp.1641-1643.

② Stadler Nelson 提出的自我淡化的概念,见 Stadler Nelson, The Wages of Ubiquity in Trademark Law, 88 *Iowa Law Review* 731, 2003, p.731.

③ Schroeder, Brand Culture: Trade marks, Marketing and Consumption, in: Bently, Davis & Ginsburg(eds.), *Trade Marks and Brands—An Interdisciplinary Critique* 241, 255, Cambridge University Press, 2008, p.161; Strasser, The Rational Basis of Trademark Protection Revisited: Putting the Dilution Doctrine into Context, 10 *Fordham Intellectual Property*, *Media & Entertainment Law Journal* 375, 2000, pp.386-388; Lemley, The Modern Lanham Act and the Death of Common Sense, 108 *Yale Law Journal* 1687, 1690 and 1693, 1999, pp.1708-1709.

④ Tushnet, Gone in Sixty Milliseconds: Trademark Law and Cognitive Science, 86 *Texas Law Review* 507, 2008, pp.527-532 and pp.536-542.该文指出,商标所处的环境可能是这方面的中心。此外,必须考虑到再确认的效果,甚至可能加强原始商标的强度。

影响:奔驰标志区分汽车的能力仍然完好无损。[1] 在马克·梅赛德斯的名声被考虑进这个等式之前,有被逐渐削弱和分散危险的独特的、非凡的显著性并未显露出来。然而,一旦考虑到商标的吸引力,对形势的评估就会发生重大变化。即使是在高质量的浴缸、蛋糕等对梅赛德斯标志没有任何负面内涵的情况下,似乎也有理由把这种使用看作是不公平地搭该汽车公司在消费者心中建立的积极质量联想和特别的吸引力的便车。[2] 这些积极的联想——而不是梅赛德斯这个词本身的吸引力——是不同商品或服务的生产者被梅赛德斯这个标志所吸引的原因。一个商标的良好声誉会促使其他交易者故意选择相同或近似的标记。[3] 如果没有这个商标的非凡的吸引力,就不会有"成百蜜蜂"或"上千小伤口"导致的重大伤害的危险。不必恐惧高数量的潜在的搭便车者。因此,真正的危险不在于削弱或分散商标的区分能力(显著性),而在于搭便车和逐渐侵蚀商标的吸引力(声誉)。[4] 因此,淡化学说应注重声誉。

(三)结论

商标法中有两个保护子制度,一方面防止混淆,另一方面又防止淡化。显著特征对于涉及混淆的保护子制度至关重要。在这种情况下,它构成了与特定商品和服务密不可分的保护标准和保护目的。如果不考虑使用标志的商品或服务,就很难确定其显著特征。此外,关于混淆的可能性和商品或服务的类似性,混淆保护的范围越广,所涉及商标的显著性越高。

---

① 见 Morrin & Jacoby 进行的实证研究,Morrin & Jacoby, Trademark Dilution: Empirical Measures for an Elusive Concept, 19 *Journal of Public Policy & Marketing* 265, 274, 2000.非常强大的品牌似乎不会被淡化,因为它们的记忆联系非常强大,消费者很难改变它们,或者很难用相同的品牌名称创建新的品牌。参阅 Beebe, A Defense of the New Federal Trademark Anti-dilution Law, 16 *Fordham Intellectual Property*, *Media & Entertainment Law Journal* 1143, 2006, pp.1149-1150, 1162-1163; Casparie-Kerdel, Dilution Disguised: Has the Concept of Trade Mark Dilution Made Its Way into the Laws of Europe?, 2001 *EIPR* 185, p.192; and Strasser, The Rational Basis of Trademark Protection Revisited: Putting the Dilution Doctrine into Context, 10 *Fordham Intellectual Property*, *Media & Entertainment Law Journal* 375, 2000, p.410. 前述三文同意驰名商标损害其产品识别功能的风险实际上是不存在的。然而, 另见 Gielen, Merkenrecht, in: Gielen(ed.), Kort begrip van het intellectuele eigendomsrecht 201, Deventer 2007, pp.292-293.该文警告对强商标的显著的腐蚀作用。

② Strasser 举出的奥迪汽车和口红的例子,参阅 Strasser, The Rational Basis of Trademark Protection Revisited: Putting the Dilution Doctrine into Context, 10 *Fordham Intellectual Property*, *Media & Entertainment Law Journal* 375, 2000, pp.411-412. Lehmann, Die wett-bewerbswidrige Ausnutzung und Beeintrachtigung des guten Rufs bekannter Marken, Namen und Herkunftsangaben—Die Rechtslage in der Bundesrepublik Deutschland, 1986 *GRUR Int.* 6, p.15.

③ McCarthy 使用的比喻(见 McCarthy, McCarthy on Trademark and Unfair Competition, 4th ed., update of June 2008, p.Sec. 24:120)描述了集中针对著名商标的较小侵害的累积效应的滑坡理论。参阅 Beebe, A Defense of the New Federal Trademark Anti-dilution Law, 16 *Fordham Intellectual Property*, *Media & Entertainment Law Journal* 1143, 2006, p.1163.

④ 淡化的支持者所提出的论点(见 Tushnet, Gone in Sixty Milliseconds: Trademark Law and Cognitive Science, 86 *Texas Law Review* 507, 2008, p.522)指出,如果淡化性使用使消费者对某一商标陌生化,消费者可能会失去基于熟悉而产生的积极情感联想,从而减少选择标的产品的理由。这个论点关注的是积极的联想和吸引力,而不是区分商品或服务的基本能力。至于搭便车的情况见 Franklyn, Debunking Dilution Doctrine: Toward a Coherent Theory of the Anti-free-rider Principle in American Trademark Law, 56 *Hastings Law Journal* 117, 129, 2004, p.129。

不可避免地,当将其放在淡化原理的背景下时,这种保护目的会导致概念上的不平衡。为了证明这其中的合理性,传统的淡化理论提出了这样的论点,即在消费者心目中,消费者头脑中驰名商标与特定产品的直接关联将因商标使用于不同类产品而被破坏。人们担心的是,与其他商品或服务的额外联系会逐渐削弱或分散商标的唯一性。然而,对这种推理方式的进一步分析表明,不是驰名商标与特定商业来源的唯一联系,而是其与特定品牌形象的唯一联系,构成了该论点所关注的首要问题。保护驰名商标吸引力和防止不公平搭便车的目的由此以保护显著性的表现形式再现。反淡化保护制度中的显著性分支据此被证明是商誉保护主题的变体。如上所述,它已过时。诸如产品多样化之类的营销策略证实,驰名商标与特定产品之间的联系并不是商标所有者的首要关注。相比之下,营销策略依赖于尽可能广泛应用的良好的品牌形象的维护。

放弃参考驰名商标在淡化案件中的区分能力不仅会导致法院判决更加清晰,还将具有制度优势。在取消显著性作为淡化保护的独特目的的那一刻,商标法中两个保护子制度之间的任务分配便应运而生了。[①] 尽管确信显著特征的维护会留给涉及混淆的保护子制度,有关淡化的保护子制度则着重于保护驰名商标的声望。反淡化制度的后一个目的是证明保护范围应扩展到不同的商品或服务上,这与驰名商标所有人的营销策略相对应,并满足其保护需求。

三、保护对象与保护目的之间的关系

在前面几节中,已经阐明了保护对象和反淡化保护的目的。最后,本文提出了保护对象与保护目的的关系问题。这个问题可以从不同的角度来探讨。一项抽象的评估集中于讨论中的术语的定义和功能上,并设法确定它们结合的一般潜在优点,从而不可避免地忽视个别的国家概念。相比之下,一项具体的评估则提出了这样一个问题:在给定的保护体系中,某一特定对象与反淡化保护目的之间的联系是否恰当。在接下来的小节中,将从这两个角度来分析保护对象与反淡化保护目的之间的关系。

(一)抽象评估

正如上文所指出的,用于描述防止淡化的保护对象的技术术语因立法而异。"驰名商标""著名商标""有声誉商标"等术语在国际、美国和欧共体法律中均有涉及。然而,尽管在术语上存在这些差异,但在确定商标是否有资格获得反淡化保护时,适用一种共同的标准:在上述分析的所有体系中,都要求公众具有一定程度的认知或认可。[②] 由于提及了"一定程度",这一标准具有定量的内涵。因此,出现了这样的问题:具有反淡化保护资格的对象所应符合的主要定量标准是否能够与具有显著特征和作为保护目的而享有的声誉形成足够强的联系。

---

① 不同的方法强调两个保护子制度之间的相互作用,并在它们的功能和理由之间分出界限,见 Quaed-vlieg, Verwaterd of verward, een kwestie van bekendheid?, in: Visser & Verkade (eds.), Een eigen, oorspronkelijk karakter——Opstellen aangeboden aan prof. mr. Jaap H. Spoor 275, DeLex, Amsterdam 2007, pp.287-298。

② 如上所述,在国际、美国和欧共体法律中需要不同程度的认知或认可。下一节将对这些差异进行重点阐述,对保护对象与反淡化保护的目的之间的关系进行具体评估。

至于商标的显著性,如果把它理解为商标的区分能力,充分的联系就意味着下面的论点是有效的:人们对商标的了解越多,它的显著性就越高。事实上,这种关系的有效性是毋庸置疑的。对商标显著性的损害取决于对商标的认识。如果商标与特定企业的商品或服务在消费者心中没有产生联系,商标的显著性几乎不可能受到损害。不出意料的是,在促销活动过程中,非显著性符号有可能获得第二含义:当公众被教导将某一特定符号视为商业来源的标识符时,该符号的显著性就将不再被否定。在这种情况下,公众的认识几乎等同于法庭判决的显著性。在佳能案中,欧洲法院强调了商标的声誉——反映欧共体法律中商标知识的技术术语和商标的显著性之间不可分割的联系。法院解释说,具有高度显著性的商标,无论是其本身还是其在市场上的声誉,都享有更广泛的保护……且提到一种情况,即商标非常相似,而在先商标,尤其是其声誉,是高度显著的。①

在声誉方面,与认识或承认的相当定量标准之间的充分联系还不太清楚。如上所述,声誉反映了商标的吸引力。因此,下面的公式表明了一种有效的关系:人们对商标了解得越多,商标在消费者心中引发的联想就越积极。在判例法中,这一系列想法也被讨论过。例如,欧洲法院在贝纳通诉 G-Star 案中的裁决涉及这样一种情况,即商标在申请注册之前,作为随着展示有关产品的具体特征的广告宣传活动而被承认为独特的标志的结果而获得吸引力。② 然而,法院描述的被认可为显著标志的方式仅仅证实了上述假设,即商标显著性的强化是旨在建立品牌形象的促销活动的副产品,不是证明公众的认知和吸引力之间的紧密联系。相比之下,仅仅是认知并不一定意味着积极的联想和吸引力。由于媒体曝光了一种危险的制造错误,商标便可能会被广泛知晓。在这种情况下,广泛的认知是由于丑闻,将扼杀任何贴有该商标的产品的需求,而不是增强其吸引力。

因此,我们可以得出这样的结论:仅仅用定量的方法来衡量公众的认识或承认水平,并不能充分地反映商标的声誉。因此,在决定一个商标是否具有反淡化保护的资格时,不应简单地问是否有足够的相关公众知道并认可该商标。声誉的维护是反淡化保护的核心,而显著性并没有发挥独立的作用。如果将主要与显著性有关的定量因素纳入讨论焦点,则淡化制度就有不平衡的风险。声誉的特殊重要性使它必须包含质量因素。③

这种性质的因素在有关的标准目录中并非不存在。根据《驰名商标联合建议》第 2(1)条的规定,除各种其他标准外,还应考虑商标推广的持续时间、范围和地理区域以及与商标相关的价值。TDRA 包括商标广告和宣传的持续时间、范围和地理范围,以及商标下提供的商品或服务的销售额、数量和地理范围等因素。④ 根据欧洲法院对 Chevy 的裁决,应考虑

① ECJ, 29 September 1998, case C-39/97, Canon Kabushiki Kaisha v. Metro-Goldwyn-Mayer, paras. 18-19.

② ECJ, 20 September 2007, case C-371/06, Benetton v. G-Star, para.21, available at http://curia.europa.eu.

③ Cf. Fezer, Markenrecht 827, 3rd ed., Munich,2001, pp.827-828;Sack, Sonderschutz bekannter Marken 1995 *GRUR* 81, 86;Kur, Die notorisch bekannte Marke im Sinne von Art. 6bis PVÜ und die bekannte Marke im Sinne der Markenrechtsrichtlinie, 1994 *GRUR* 330, 333.

④ Sec. 43(c)(2)(A) of the 1946 Trademark Act, 15 U.S.C. 1125, as amended by Sec. 2 TDRA. Cf. McCarthy, McCarthy on Trademark and Unfair Competition, 4th ed., update of June 2008, p.Sec. 24:106.

商标所占的市场份额和企业为推广该商标所作投资的规模。[1] 对市场份额和促销活动的考虑使评价更接近于吸引力方面。然而,它以一种间接的方式处理商标声誉问题。为了确定商标声誉的存在,实际上有必要问一问,商标的推广是否成功地在消费者的头脑中留下了积极的联想,市场份额是否由于该商标提高了购买的愿望。[2] 因此,我们应该关注商标所唤起的品牌形象是否对消费者有吸引力。这个问题直接关系到商标的声誉。因此,对保护对象与反淡化保护目的之间的关系的抽象评估表明,确定保护对象的标准必须重新校准。根据目前的分析,对商标的评估不应局限于是否有足够多的公众知道和承认该商标的问题。应该问的是,商标是否吸引消费者并使他们倾向于购买。

(二)具体评估

关于获得保护的资格的个别标准,上面已经确定了不同的方法。美国著名商标的标准要求得到普通消费者的广泛认知,而小众声誉的表现足以满足欧共体的声誉标准。这种利基方法似乎相当不平衡。例如,用于手术刀的商标可能会进入欧共体反淡化保护的领域,因此,在原则上,有资格获得针对律师长袍使用的保护,尽管两个消费者群体之间的潜在重叠似乎可以忽略不计。进一步接受只在某一欧共体成员国的很大一部分地区知道的商标扩大了概念上的差距。如果这些刀只在巴伐利亚州销售,而长袍只在下萨克森州销售呢?在这些情况下,侵权标准,如造成损害或不公平利用,就必须用来重新建立保护对象和保护目的之间的平衡。换句话说,通过利基声誉方法打开的那扇门必须在侵权标准的帮助下关闭。

就其优点而言,小众声誉引发了这样一个问题:广泛获得反淡化保护是否可取?在这方面可能发挥作用的考虑因素是多方面的。例如,可以在防止淡化的保护和驰名商标的进一步特权之间划一条界线,即从《巴黎公约》第 6 条之 2 开始豁免国家注册要求。如果小众声誉在第 6 条之 2 被认为是不充分的,在淡化案件中接受小众声誉可能显得不一致,因为它们凌驾于专业性原则之上,对商标制度有更深刻的影响。[3] 此外,依照上面的例子的手术刀具和律师长袍,可能主张,就或多或少与原始商标的市场密切相关的细分市场,只有针对利基声誉的淡化在实践中才是有效的。[4] 在这个方面,一种包括从属或赞助的广泛的混淆概念

---

[1] ECJ, 14 September 1999, case C-371/06, General Motors v. Yplon (Chevy), para.27.

[2] Cf. McCarthy, Dilution of a Trademark: European and United States Law Compared, 94 *The Trademark Reporter* 1163, 2004, p.1173.该文强调,欧洲法院指出的因素仅仅是商标使用范围的间接证据,而不是相关公众的精神状态或认知的直接证据。然而,与 McCarthy 的观点相反,对定性标准的关注似乎并不一定需要调查证据。

[3] McCarthy, Dilution of a Trademark: European and United States Law Compared, 94 *The Trademark Reporter* 1163, 2004, p.1175; Pollaud-Dulian, Marques de renommée—Histoire de la dénaturation d'un concept, 2001 *Proprietes intellectuelles* 43, pp.44-45.

[4] 在美国关于 Lexis 和 Lexus 商标一案[Mead Data Cent., Inc. v. Toyota Motor Sales, USA, Inc., 875 F.2d 1026, 10 U.S.p.Q.2d 1961(2d Cir. 1989)]中,法院认为,用于计算机数据库的 Lexis 商标在构成 Lexus 汽车潜在市场的相关公众中,不具备所需的知名度和强度。参阅 McCarthy, McCarthy on Trademark and Unfair Competition, 4th ed., update of June 2008, p.Sec.24:105.

可能被认为足以提供保护。^① 最后,在欧共体中,利基声誉的接受可能是出于实际考虑而不是概念上的优势。在区域共同市场和规模相差很大的国家次级市场中,利基方法提供了同等的淡化保护,因为它是最小公分母。可以说,在欧共体的小成员国中,建立一个全国性的声誉标准所需的努力较少。相比之下,对于来自小国的品牌来说,在整个共同体的声誉可能是难以企及的。^② 然而,总的来说,目前的分析表明,至少在不像欧共体成员国的共同市场那么分散的统一市场中,普通消费公众认知的美国标准是更为一致的。它有助于在保护对象和反淡化保护目的之间建立适当的平衡。^③

(三)结论

对对象与反淡化保护目的之间关系的分析产生了两个重要洞见。首先,作为保护资格标准的公众中的认识或认可主要与驰名商标的显著性有关。然而,防止淡化的核心目标是维护商标声望。因此,在决定商标的保护资格时,不应简单地询问是否有足够的相关公众知道并认可该商标。相比之下,重点应放在商标是否能吸引消费者并促使他们购买的问题上。其次,对美国和欧共体反淡化制度的比较表明,识别保护对象的利基认知方法是有问题的,因为它为反淡化保护提供了广泛的途径,之后必须借助侵权标准加以限制。在针对对象与反淡化保护目的之间取得平衡时,普通公众的广泛认知被证明是一个更加相互连贯的门槛。总而言之,商标引起的品牌形象是否吸引普通消费者这一问题应该是确定一个对象是否有资格受反淡化保护的核心。

结 论

出于多种原因,将商标淡化原理视为“巴别塔”似乎是有道理的。

首先,使用不同的术语来标识有资格免遭淡化的对象:国际法是指驰名商标;美国法律讲著名商标;最终,欧共体法律确立了具有声誉的商标标准。不论术语如何不同,商标的保护资格通常取决于公众的了解或认可的特定程度。然而,基于这一共同点,在所分析的商标制度中发展出了不同的标准。在美国法律否决了利基认知的概念,并要求普通公众广泛认知的同时,欧共体法律采用在欧共体成员国中相当大一部分潜在专门公众接受认识的利基认知的方法。因此,根据美国和欧共体法律,不同类别的商标都可以使用反淡化保护。

---

① McCarthy, McCarthy on Trademark and Unfair Competition, 4th ed., update of June 2008, p.Sec. 24:105; Beebe, A Defense of the New Federal Trademark Anti-dilution Law, 16 *Fordham Intellectual Property*, *Media & Entertainment Law Journal* 1143, 2006, pp.1161-1162. 关于商标法中混淆保护与淡化保护的相互作用,见 Quaedvlieg, Verwaterd of verward, een kwestie van bekendheid?, in: Visser & Verkade (eds.), Een eigen, oorspronkelijk karakter—Opstellen aangeboden aan prof. mr. Jaap H. Spoor 275, DeLex, Amsterdam 2007, p.275。

② 无论如何,在现行欧共体立法下,无法建立关于全欧共体声誉的要求。《欧共体商标指令》第 5(2) 条指的是在成员国拥有声誉的商标。

③ McCarthy, Dilution of a Trademark: European and United States Law Compared, 94 *The Trademark Reporter* 1163, 2004, pp. 1172-1177; Pollaud-Dulian, Marques de renommée—Histoire de la dénaturation d'un concept, 2001 *Proprietes intellectuelles* 43, pp.51-53.

其次，美国和欧共体法律明确规定了防止淡化的两个目的，一方面是维护显著性，另一方面是维护商标声望。但是，将显著特征作为保护的明确目的已经过时了。它基于这样的论点，即因与其他商品或服务的额外联系，商标的唯一性将逐渐减少或分散。然而，实际上，关注的重点不是驰名商标与特定商品或服务的唯一联系，而是其与特定品牌形象的唯一联系。由于品牌形象的维护属于反淡化保护的声誉分支之内，因此维护显著特征的目的被证明是同一主题的多余重复。抛弃之可促进在两个商标保护子制度之间的任务的清楚分配：虽然可以将显著性维护专门分配给该确保防止混淆的子制度，但是商标声望的维护仍然是防止淡化保护制度的唯一目的。

最后，反淡化保护的对象与目的之间的关系需要重新考虑。作为保护资格的总体标准的公众的认知或认可主要与驰名商标的显著性有关。在这种情况下，考虑的定性因素，如市场份额和促销活动，只会与声望建立间接联系。由于显著性已经过时，而声望是反淡化保护的核心目标，因此确定保护对象的标准应与声望相吻合。在这种情况下，识别保护对象的利基认知方法是不可取的，因为它们为淡化保护提供了广泛的途径，之后必须借助侵权标准对其加以限制。

总之，可以建议以下稳定"巴别塔"的措施：不是过于重视单纯定量意义上的公众认知或认可，商标唤起的品牌形象是否吸引普通公众的问题应该是确定有资格进行反淡化的保护对象的中心。至少在比欧共体成员国的共同市场更统一的一体市场中，专门市场中的吸引力应被认为是不充分的。由于构成反淡化保护基础的核心目的是维护商标的声誉，因此应避免参考显著性。

这种澄清说明了淡化原理的主要应用领域：它有助于维护品牌形象，该品牌形象是由于对促销活动进行投资而已经被附加到商标上去的。在这种背景下，很明显商标法正处在十字路口。[1] 考虑到淡化原理的理论基础以及品牌形象开发权的正当性弱点，通过限制性地适用伤害、损害和不公平利益的侵权标准而将商标权退化为开发工具的趋势似乎是可取的。否则，商标法将逐渐释放其概念轮廓。[2] 此外，可以想象，产业界强烈希望收回品牌形象的

---

[1] 由 Tushnet 得出的结论，见 Tushnet, Gone in Sixty Milliseconds：Trademark Law and Cognitive Science，86 *Texas Law Review* 507，2008，pp.561-566.

[2] Griffiths, A Law-and-Economic Perspective on Trade Marks, in：Bently, Davis & Ginsburg (eds.), *Trade Marks and Brands—An Interdisciplinary Critique* 241, 255, Cambridge University Press, 2008, p.265；McCarthy, McCarthy on Trademark and Unfair Competition, 4th ed., update of June 2008, p.Sec. 24:120；Beebe, A Defense of the New Federal Trademark Anti-dilution Law, 16 *Fordham Intellectual Property*，*Media & Entertainment Law Journal* 1143, 2006, p.1159；Brown, Advertising and the Public Interest：Legal Protection of Trade Symbols, 108 *Yale Law Journal* 1619, 1999, pp.1658-1659；Van Den Bergh & Lehmann, Informationsoko-nomie und Verbraucherschutz im Wettbewerbs-und Warenzeichenrecht, 1992 *GRUR Int.* 588, 591-592, p.598. Cf. Moskin, Victoria's Big Secret：Whither Dilution Under the Federal Dilution Act?, 93 *The Trademark Reporter* 842, 2004, p.844.作者承认，在一个长期存在的以侵权为基础的权利体系上植入一套新的、特别有限的以财产为基础的权利体系是很尴尬的。

投资,最终将转向品牌形象开发权。① 在这种情况下,应该记住,可以在带有特定品牌形象的商标与版权法的对象之间进行比较。由于驰名商标是与消费者沟通的重点,因此它们接近受版权保护的通信产品。与版权法中授予的独占权类似的,未来可能授予的品牌形象开发权,②应该伴随有与版权法中规定的义务相当的义务。对于服务于表达自由的限制而言,这尤其重要。

---

① 至于更广泛的知识产权财产化趋势,参阅 Spoor, De gestage groei van merk, werk en uitvinding, Zwolle 1990; Lemley, Romantic Authorship and the Rhetoric of Property, 75 *Texas Law Review* 873, 895-904,1997; Lehmann, Eigentum, geistiges Eigentum, gewerbliche Schutzrechte—Property Rights als Wettbewerbsbeschrankungen zur Forderung des Wettbewerbs, 1983 *GRUR Int*. 356。

② 参阅 Moskin, Victoria's Big Secret: Whither Dilution Under the Federal Dilution Act?, 93 *The Trademark Reporter* 842, 2004, p.857.作者认为,要有效保护著名商标的经济价值,就必须承认类似于版权或专利的财产权。

我国与"一带一路"沿线国家知识产权合作机制构建研究*

■林秀芹　周克放**

摘　要：中国与"一带一路"沿线国家建立知识产权合作机制是后 TRIPs 时代开展国际经济贸易和知识产权合作的必由之路。知识产权合作机制的构建应契合我国与"一带一路"沿线国家的合作现状及现实需求,并且在分析、总结现有知识产权合作机制的优点及不足的基础上,提出相应的构建建议。从构建原则上来看,应遵循独立性下的共同发展原则、包容性原则和普惠性原则。在参与合作机制的构建主体方面,应让沿线主权国家发出自己的声音、让已有的国际知识产权组织参与进来、让市场主体提出需求与建议。在"一带一路"知识产权合作规则渊源方面,"一带一路"倡议的基本理念、已有国际知识产权规则和参与方的国内立法都应当有所体现;在合作机制的构建方面,考虑开展"三步走"战略:第一步,要与沿线国家达成双边或小多边知识产权合作协定,以"备忘录"、"合作协议"或"联合声明"等形式达成一致;第二步,将检验成熟的知识产权双边或小多边合作规则纳入双方经贸协议中,让其在国际经贸往来实践中发挥作用,探索通过复边协议的方式吸引更多沿线国家加入;第三步,将经过经贸协议检验的知识产权合作规则进行整合,形成具有普惠性、高适应性的"一带一路"知识产权合作机制。"一带一路"知识产权合作机制既可以是独立于经贸合作机制的专门性机制,也可以是附于经贸合作机制之内的知识产权专章。在具体合作内容上,前期可以考虑将专利合作审查、地理标志合作保护和驰名商标估计保护等这些已经具有较多国际经验的知识产权国际合作作为重点合作对象。

关键词："一带一路"倡议;知识产权;合作机制

Research on the Construction of Intellectual Property Cooperation Mechanism between China and the Countries along the "Belt and Road"

Lin Xiuqin　Zhou Kefang

Abstract：The establishment of an intellectual property cooperation mechanism between China and the countries along the "Belt and Road" is the only way for international

---

* 基金项目:本文系林秀芹教授主持的 2019 年国家知识产权局软科学研究项目"我国与'一带一路'沿线国家知识产权合作机制构建研究"(SS19-A-03)项目报告精简版。

** 林秀芹,女,厦门大学法学院教授、博士生导师,厦门大学知识产权研究院院长,中国法学会知识产权法学研究会副会长,厦门大学"一带一路"研究院研究员,两岸关系和平发展协同创新中心研究员;周克放,男,厦门大学知识产权研究院博士研究生。

economic trade and intellectual property cooperation in the post-TRIPs era. The construction of an intellectual property cooperation mechanism should conform to the status quo and actual needs of cooperation between China and the countries along the "Belt and Road", and on the basis of absorbing the existing intellectual property cooperation mechanism, corresponding construction suggestions should be put forward. In terms of construction principles, the principles of common development under independence and inclusiveness should be followed. In terms of the bodies participating in the construction of the cooperation mechanism, the sovereign states along the route should be allowed to have their own voices, the existing WIPOs to participate and market players to put forward their needs and suggestions. In terms of the origin of the "Belt and Road" and Road IP cooperation rules, the basic concepts of the Belt and Road Initiative, existing international IP rules and the domestic legislation of participants should all be reflected. In terms of the construction of the cooperation mechanism, consider launching a "three-step" strategy: The first step is to reach bilateral or small-sized multilateral intellectual property cooperation agreements with countries along the route, using "memorandums", "cooperation agreements" or "joint declarations". In the second step, we will incorporate the mature rules of bilateral or small-sized multilateral cooperation on intellectual property rights into the bilateral economic and trade agreements, so that they can play a role in the practice of international economic and trade exchanges, and explore ways to attract more countries along the route through multilateral agreements. The third step is to integrate the intellectual property cooperation rules that have been tested by economic and trade agreements to form an inclusive and highly adaptable "Belt and Road" intellectual property cooperation mechanism. The "Belt and Road" intellectual property cooperation mechanism can be either a specialized mechanism independent of the trade cooperation mechanism, or an intellectual property chapter attached to the trade cooperation mechanism. In terms of specific cooperation content, in the early stage, international cooperation in intellectual property rights that has accumulated much experience can be considered as key cooperation objects, such as cooperation in patent examination, geographical indication protection, and well-known trademark estimation protection.

Key Words: the Belt and Road initiative; intellectual property; cooperation mechanism

引　言

　　我国当前所处的时期正值"一带一路"倡议发展的关键时期。后 TRIPs 时代的到来意味着我们再不能仅仅依靠几个已有的国际知识产权公约来解决所有国际知识产权合作问题。"一带一路"倡议的发起意味着我国将以更开放的姿态和更负责任的作为承担起大国责任、发出中国声音、惠及沿线国家。在"一带一路"沿线国家中,尽管大部分国家已经加入了具有共识性的一些知识产权公约,但仍然有不少国家在版权、专利和商标等领域采取更为保守的国内法保护方法,更有甚者缺乏知识产权的专门立法。已有国际知识产权规则在知识产权保护问题上发挥了重要作用,但因为某些历史或地理的原因,这些国际知识产权规则很难体现发展中国家的根本利益。以《巴黎公约》《伯尔尼公约》和保护商标的马德里体系对国际知识产权基本规则进行了较为完整的规定,TRIPs更进一步将这些规则与贸易结合起来,加入执行条款,构建起国际知识产权秩序。国际知识产权秩序由此维持了多年,发达国家未曾放弃从中通过优势地位获取更多价值,发展中国家亦未曾放弃争取平衡利益的努力。历史的车轮将国际知识产权保护的进程推入后TRIPs时代,在FTA中加入"TRIPs-Plus"条款成为发达国家的惯常做法,而发展中国家为维持与发达国家间的国际贸易以及获取技术支持等只能被动接受高标准的、与本国知识产权利益不符的知识产权保护水平。

就我国而言,知识产权保护在过去的三十几年中发生了翻天覆地的变化,对外贸易亦然。在国家提出"一带一路"倡议后知识产权人应该思考的除了传统的知识产权问题,还应当包括如何在这一历史背景下让中国在国际知识产权秩序构建中发出声音,"一带一路"倡议的基本理念为思考这一问题带来了原则性启发,而沿线国家的知识产权法律制度现状和现有国际知识产权规则则为我们带来了制度需求和经验借鉴。"一带一路"国际知识产权合作机制无法一蹴而就,而是一个不断发展的过程。在这一过程中,需要逐步将原则确定下来,将合作规则完善起来,使参与主体丰富起来,令实际合作开展起来。唯有如此,我国与"一带一路"沿线国家逐步构建起的知识产权合作机制才能更符合构建人类命运共同体的追求,才能更符合大多数国家的根本利益。

一、"一带一路"背景下我国参与国际知识产权合作的现状与需求

基于"一带一路"背景下知识产权国际合作的共性与地域差异,我国与"一带一路"沿线国家展开了一系列的知识产权合作。现有合作是我国构建知识产权合作机制的基础,而未来知识产权发展的需求则是合作机制需要重点关注的因素。

(一)我国参与"一带一路"相关知识产权合作情况简述

1.我国深度参与国际组织知识产权合作

在过去的几十年里,我国加快从知识产权国际规则的跟随者、学习者、遵循者向参与者、推动者甚至引领者转变,成为知识产权国际规则的坚定维护者、重要参与者和积极建设者。[1] 目前,我国参加了由世界知识产权组织(WIPO)管理的条约有19个,其中加入并已生效的有15个,[2]2001年我国加入了世界贸易组织(WTO)管理的《与贸易有关的知识产权协

① 申长雨:《中国依法严格保护知识产权》,http://www.qstheory.cn/dukan/qs/2018-10/15/c_1123554579.htm,下载日期:2020年2月10日。

② WIPO管理的条约,https://www.wipo.int/treaties/zh/ShowResults.jsp? country_id=38C&start_year=ANY&end_year=ANY&treaty_all=ALL&search_what=C,下载日期:2020年4月7日。

议》(TRIPs)。总体来看,我国已经基本加入了几乎所有主要的知识产权国际公约,①这为我国知识产权法律制度的发展完善、推动"一带一路"沿线国家间的知识产权合作奠定了良好的基础。

2.我国参与"一带一路"知识产权重大合作

近些年来,我国政府部门扎实推进与"一带一路"沿线国家的知识产权国际合作,建立起常态化的合作机制,建立中美欧日韩、金砖国家、中非、中国-东盟、中国-维斯格拉德集团等小多边知识产权合作机制,与 30 余个国家和地区开通专利审查高速路,越来越多的外国当事人把中国作为在全球发起知识产权诉讼的优选地。通过梳理近五年我国在"一带一路"知识产权合作中的重大活动,可以清楚地看到我国在参与"一带一路"知识产权合作中的积极主动、脚踏实地和兼容并包。在"一带一路"知识产权合作中,我国与有关各方共同谋划了 8 个务实合作项目,目前这些项目都取得了重要成果。共建"一带一路"国家 2019 年全年在中国专利申请量增长了 9.7%,中国在共建"一带一路"国家提交的专利申请量增加了 8.5%,各方面合作不断深化。② 据不完全统计,2019 年各国知识产权部门或知识产权国际组织领导人来华交流访问的超过 30 人,知识产权国际交流合作非常活跃。截至 2020 年 1 月 14 日,国家知识产权局专利审查高速路(PPH)合作伙伴已经增加到 29 个。③

3. 通过知识产权合作应对新冠疫情

为了有效助力新冠疫情防控科研攻关,落实党和国家领导人关于开展防疫相关合作的重要指示,为国内外用户在抗击疫情中提供专业及时的专利信息服务,国家知识产权局组织中国专利信息中心、专利审查协作北京中心等单位,在原"新型冠状病毒感染肺炎防疫专利信息共享平台"基础上共同开发了英文版平台。中国国家知识产权局和欧洲专利局也于 2020 年 7 月 1 日发布联合声明,表明将全力为受疫情影响者提供支持。具体而言,中国国家知识产权局采取权利恢复、减少证明材料提交、不产生专利年费缴纳滞纳金等措施,欧洲专利局通过延长时限和缴费期限、以视频会议方式举办口头审理,为用户提供更大的灵活性。④

(二)我国参与"一带一路"知识产权合作的需求与展望

1.当前我国面对的国际知识产权合作与竞争形势

由于各国科技和发展水平的不同,对知识产权保护水平的需求不一,知识产权规则之争日益成为经贸谈判的焦点。在 WTO 多边贸易谈判停滞的背景下,近年来区域主义开始盛行,并催生出大量的区域贸易协定。其中,以美国和欧盟为首的发达经济体加大推进自由贸易协定的进程,所形成的自贸协定范式可能深刻变革未来的知识产权规则。此外,知识产权

---

① 申长雨:《中国依法严格保护知识产权》http://www.qstheory.cn/dukan/qs/2018-10/15/c_1123554579.htm,下载日期:2020 年 2 月 10 日。

② 国家知识产权局:《国新办举行 2019 年中国知识产权发展状况发布会》,http://www.cnipa.gov.cn/zscqgz/1147895.htm,下载日期:2020 年 4 月 30 日。

③ 中国政府网:《国家知识产权局就 2019 年主要工作统计数据及有关情况举行新闻发布会》,http://www.gov.cn/xinwen/2020-01/15/content_5469519.htm,下载日期:2020 年 2 月 13 日。

④ 国家知识产权局:《中国国家知识产权局与欧洲专利局关于共同应对新型冠状病毒肺炎疫情的联合声明》,http://www.sipo.gov.cn/zscqgz/1149856.htm,下载日期:2020 年 7 月 2 日。

强国通过双边、区域贸易安排不断提高对知识产权的保护水平。美国、加拿大、墨西哥新签订的《美国-墨西哥-加拿大贸易协定》(USMCA)中,知识产权保护被进一步强化,包括延长版权保护期、生物药品知识产权保护期等,并专门对政府和国有企业等主体侵犯商业秘密的行为进行严格限定。提高知识产权保护水平成为发达经济体在经贸谈判中的普遍要价,争夺知识产权规则主导权的斗争日趋激烈。① 当前,我国尚未形成自贸协定范式,现有协定大体采用 WTO 标准,未来可考虑建立自贸协定知识产权规则范本。在此过程中,应认真分析"超 TRIPs 规则"可能对权利保护与公共利益平衡的影响及其正当性问题,同时处理好法律移植与自主规则创新的关系。②

2."一带一路"背景下我国企业知识产权需求

截至 2019 年,中国企业对沿线国家的投资累计已超过 1000 亿美元,沿线国家对中国的投资也达到了 480 亿美元。③ 巨额的资本流动,往往需要落实到对一些权力的控制层面,于是在这一过程中与资本投入、技术产出密切相关的知识产权问题就成为企业贸易合作中的"承重轴",这也使得我国企业对知识产权问题愈发关注。仅 2019 年,中国当事人在美国作为被告被诉商业秘密侵权的案件就有 25 件。④ 总体来看,当前我国企业在参与"一带一路"的涉外商务活动中,仍存在着"两弱两难"问题:"两弱",是指企业海外知识产权维权意识弱、海外知识产权业务能力弱。部分中小创新型企业对产品或品牌缺乏保护意识,走向国际市场缺乏知识产权风险防控意识。"两难",是指企业海外知识产权维权时寻找资源难、维权过程难。很多国内企业对各国知识产权制度和政策的关注和积累较少,往往是遇到问题后临时启动相关工作,临时抱佛脚。⑤

3.我国对"一带一路"知识产权合作中相关挑战的应对

面对当前国际政治经济形势尤其是中美贸易摩擦下错综复杂的局面,商务部、国家知识产权局等部门提出,对于知识产权国际合作应当积极推进双边、多边知识产权谈判与交流,积极推动知识产权服务和产品走出去,完善知识产权维权机制。针对包括"一带一路"在内的国际交流合作,我国应当及时解决外方在知识产权方面重点关注的问题。当前,我国已与美、欧、日、加、瑞(士)、俄、巴(西)等建立了双边知识产权磋商对话机制。同时,我国还可以积极利用金砖国家知识产权合作机制、世贸组织、亚太经合组织等多边平台,增信释疑、推动合作。在新形势下,还要进一步用好这些机制,必要时建立新的机制,以服务国家大局,推动贸易摩擦的解决。

① 参见《商务部办公厅关于开展知识产权强国战略研究有关工作的复函》。

② 王衡、肖震宇:《比较视域下的中美欧自贸协定知识产权规则——兼论"一带一路"背景下中国规则的发展》,载《法学》2019 年第 2 期。

③ 《中国企业对"一带一路"沿线国家投资累计超 1000 亿美元》,https://baijiahao.baidu.com/s?id=1646019760252013520&wfr=spider&for=pc,下载日期:2020 年 6 月 30 日。

④ 《预警:中国企业应加强海外商业秘密纠纷风险防控》,https://www.worldip.cn/index.php?m=content&c=index&a=show&catid=109&id=1239,下载日期:2020 年 6 月 30 日。

⑤ 余颖:《提高企业海外知识产权纠纷应对能力》,载《经济日报》2019 年 9 月 9 日。

二、国际知识产权合作机制评价与可移植性分析

(一)知识产权保护的中国制度变革与国际合作机制演进

我国知识产权制度发展与我国参与国际合作的历程几乎是一致的,都遵循了被动移植到主动变革,再到发出中国声音的路径。从国内知识产权制度建立的角度看,从20世纪80年代到90年代初,我国先后颁布了《商标法》《专利法》《著作权法》《反不正当竞争法》等法律法规,建立了知识产权保护的基本法律框架。自21世纪以来,修订、完善法律规范,建构公共政策体系,倡导创新文化养成,中国知识产权法治建设出现新的局面。中国仅用三十余年的时间就走完了西方国家知识产权法律发展上百年的历程,法治建设成就举世瞩目。

自《TRIPs协定》之后,国际知识产权合作新模式并未停止出现,以在自由贸易协定(FTA)中加入知识产权条款的形式形成国际知识产权规则(TRIPs-Plus)成为后TRIPs时代的典型表现。国际知识产权制度朝着两个路向演变:一是发展中国家试图通过各个方面的努力矫正TRIPs的利益失衡;二是发达国家构建"TRIPs-Plus"规则,以维护、巩固和扩大其既得利益。①《全面与进步的跨太平洋伙伴关系协定》(CPTPP)等不断涌现。国际知识产权法律制度出现"碎片化"的现象,这种"碎片化"表现为双边、区域、诸边机制与多边机制的并存,使得国际知识产权法律制度内部各要素之间缺乏有机联系与统一性,有关实体规则和执法机制存在不一致。美国实力衰落、减少公共物品的供给是导致"碎片化"的外在原因,而国际法的固有缺陷导致的区域安排与诸边机制则是此现象的内在原因。②

(二)知识产权国际合作的内在逻辑与动因

1.知识产权国际规则的内在逻辑

回溯知识产权国际保护的发展历程,大致可分为以下三个阶段:一是缺乏国际保护规则的国内保护时期;二是自由契约式低水平的国际保护时期;三是贸易规则式高标准的全球保护时期。③国际知识产权合作具有标志性的事件即1883年《巴黎公约》的诞生。在这之前,虽有不少国家制定了商标法和专利法,但对于外国人的保护主要通过双边协议来实现。国际知识产权规则建立之初即为了保护工业革命成果、推动国际贸易,在知识产权国际规则的演变过程中,国家间经贸往来的发展需求,尤其是美国等发达国家的利益诉求,一直充当着知识产权国际规则产生和发展的主要动力。但在TRIPs诞生之前,知识产权国际保护与国际贸易是由两个不同的国际法律体系分别处理的国际事务;在《TRIPs协议》达成之后,知识产权国际保护与国际贸易之间则实现了"知识规则"和"贸易逻辑"的强势结合。④

2.知识产权国际规则确立与演变的动因

在知识产权国际规则确立与演变的进程中,国际贸易格局的演变、国际力量的对比、私

---

① 朱继胜:《"南南联合"构建新型"TRIPs-Plus"规则研究——以中国-东盟自由贸易区为例》,载《环球法律评论》2016年第6期。

② 刘颖:《后TRIPs时代国际知识产权法律制度的"碎片化"》,载《学术研究》2019年第7期。

③ P. Drahos,Thinking Strategically about Intellectual Property Rights,*Telecommunications Policy*,1997,Vol.21,No.3,p.202.

④ 吴汉东:《知识产权国际保护制度的变革与发展》,载《法学研究》第2005年第3期。

人力量的参与三种因素不断推动着规则的体系化与完备化。首先是国际经贸格局的演变对知识产权国际规则的发展具有内在的塑造作用。在当今的国际经贸格局中,国际经贸规则发展已经越发呈现出区域化、拓展化和差异化的特点,[①]这也就为国际知识产权规则的变化甚至于在当前出现"逆全球化"或"碎片化"提供了解释。其次是国际力量对比、国家实力变化直接影响了国际知识产权规则的变化。以美国为首的发达国家在国际知识产权规则的制定中占据着优势地位,以此为基础,制定较高标准的知识产权保护规则并要求发展中国家遵守,进而进行知识产权输出,实现了两方发达国家欲追求的知识产权保护的核心目的。而与此同时,发展中国家也从未停止过争取利益平衡的脚步。[②] 最后是私人力量的参与。国家意志总是国民意志的体现,而对于市场经济环境下的全球贸易局势而言,私人集团在科技、医疗、文化等与知识产权密切相关产业中有重要利益,特别是对于资本主义发达国家而言,资本力量对于国家政策的影响举足轻重。

但总体而言,国家利益是国际知识产权规则建构的根本原因。国家利益本位是为国家主体存在和发展的有益需要,包括国家主体意义上的利益以及本土范围的产业利益、企业利益和社会成员利益;其政策立场是为私人产权制度中的价值目标取向,即通过知识产权促进知识创新,增加国民福祉。可以认为,对知识产权法律的解读不能是一种理论模式,其赖以存在的思想基础是人类共信的法律价值观念和法律信仰,它不应是"西方中心主义",当然也不是狭隘的民族主义。在这里,单一的现代性被多元的现代性所取代,知识产权法律的现代化被认为是文明间相互碰撞、交流、对话的结果。[③]

3.知识产权国际合作类型

通过对知识产权国际合作模式的梳理,可以将知识产权国际合作类型归纳为全球性知识产权合作机制、区域性知识产权合作机制和双边知识产权合作机制三种类型。首先就全球性知识产权合作机制而言,除少数协议外,关于知识产权的多边条约多是由 WIPO 管理的。除建立《WIPO 公约》之外,依照不同条约或协议所调整的范围及规范的内容,可以将多边条约划分为以实质内容为主的条约或协议、[④]主要涉及程序方面事宜的知识产权保护条约[⑤]和知识产权分类的国际条约[⑥]三种类别。其次是区域性知识产权合作机制,此类合作主要指在特定地区有关国家通过地区性的专门国际条约或综合性的贸易、投资协定对知识产权事宜进行调整。近年来通过区域自由贸易协定中的知识产权条款来协调特定区域的知识产权事宜,已经成为一种趋势。最后是双边知识产权合作机制。双边协定主要是通过两个国家或独立关税区通过专门的知识产权合作协议或投资、贸易协定中有知识产权协调的章节来对知识产权事宜进行规定,以促进双边多方面的经贸合作。专门的知识产权协定较少,如 1992 年的《中美知识产权

① 张晓君:《国际经贸规则发展的新趋势与中国的立场》,载《现代法学》2014 年第 3 期。

② H Reichman J,Intellectual Property in the Twenty-First Century:Will the Developing Countries Lead or Follow? *Houston Law Review / University of Houston*,2009,Vol.46,No.4,pp.1115-1185.

③ 吴汉东:《中国知识产权法律变迁的基本面向》,载《中国社会科学》2018 年第 8 期。

④ 该类条约规定了不同种类的知识产权保护的基本原则、标准或要求等,以《巴黎公约》为代表。

⑤ 该类条约以便利知识产权在一个以上国家申请或登记为目的,以 PCT 和马德里体系为代表。

⑥ 该类条约出于便利检索的目的,将有关发明、商标和工业设计的资料信息组织为编入索引、可管理的结构等,以《尼斯协定》和《斯特拉斯堡协议》为代表。

保护备忘录》，更多的是那些包含知识产权事宜的双边贸易或投资协定等。

（三）知识产权国际合作模式的可移植性分析

在讨论国际知识产权合作机制可移植性的问题时我们需要思考两个角度的问题：第一，现有知识产权国际合作机制在模式上看有哪些值得借鉴之处，如单边还是多边模式，设立单独的知识产权合作机制还是 TRIPs-Plus 模式等，都是在模式设立上需要讨论的；第二，现有知识产权合作新机制在规则问题上多大程度上突破了传统模式，保护水平如何，在多大程度上值得借鉴。

1.全球性知识产权合作机制的可移植性评价

全球性知识产权合作机制可以分为以《巴黎协定》为代表的 TRIPs 产生前的传统知识产权国际合作机制与 TRIPs 协定。前者以其成员的广泛性、保护范围的多样性以及保护形式的多样性取得制度优势，能够很好地协调全球范围内的知识产权合作。后者以其制度优势和结合贸易的功能性优势在全球范围内得以落实。在构建新形式的知识产权合作机制时，应当认识到，全球性知识产权合作机制几乎不可能在短期内建立，而是随着国际贸易形式的长期发展形成的。自 1883 年《巴黎公约》诞生以来，全球性知识产权合作机制仍然屈指可数，并且即便存在多个全球性合作机制，这些机制也因各有功能方面的侧重点而不重复，并且这些全球性机制的形成并非一蹴而就，而是在诸多区域性合作经验的基础上逐步形成的。这意味着我们在寻求建立中国与"一带一路"沿线国家的知识产权合作机制的过程中，并不必然要求迅速建立起规模过大的合作机制，但同时也有必要认识到，如果能在构建"一带一路"知识产权全球合作机制的过程中起到引领和主导作用，那么未来建立起的全球性知识产权合作机制必然能够在最大限度上符合中国主张，发出中国声音。

2.双边或多边知识产权合作机制的可移植性评价

区域性知识产权合作机制一般有两种主要的表现方式，其一为在 FTP 中进行规则性约定，其二为就知识产权具体工作进行协调。此类型的合作机制包括《全面与进步跨太平洋伙伴关系协定》（CPTPP）和《东盟关于知识产权保护合作的框架协议》等。CPTPP 中的知识产权条款是具有典型意义的区域知识产权合作模式。而无论是国际知识产权合作机制的达成还是区域性知识产权合作机制的达成，条款的移植是常态，如《欧洲专利公约》的某些内容和《北美自由贸易协定》第 17 章的一些条款被纳入 TRIPs 协定中，CPTPP 的知识产权章节在客体范围、权利保护期限、知识产权执法、司法力度等标准上明显超越了 TRIPs 以及诸多 FTA 的规定，具有 TRIPs-Plus 条款的性质。① 从借鉴意义上看，我们应当认识到此类协议在谈判进程中的长期艰巨性；而在内容方面，则有必要考虑全方位的知识产权条款，并考虑保护水平与 TRIPs 协定的关系。而《东盟关于知识产权保护合作的框架协议》以及其后在东盟内部制定的配套政策很好地推动了东盟地区知识产权合作，并且由于该框架协议属于专门针对知识产权的协议，因此在所有有关知识产权问题上均进行了合作，东盟内部的发展中国家和发达国家并存，由发达国家更多地承担人才培养、数据库建设等工作，而发展中国家则更多地侧重于内部规则制定于落实，这样的合作模式能够起到较好的借鉴作用。

---

① 郭雨洒：《TPP 最终文本之 TRIPs-Plus 条款探究》，载《电子知识产权》2016 年第 1 期。

三、我国与"一带一路"沿线国家知识产权合作机制构建的原则与思路

知识产权合作机制的构建是一项系统性工程,需要在充分考察现有合作情况的基础之上,结合国际知识产权合作机制的构建经验,提出相应的构建原则及构建思路。

(一)我国与"一带一路"沿线国家知识产权合作机制构建的基本原则

1.独立性前提下的共同发展原则

"一带一路"沿线国家在政治、经济和文化等领域存在着显著的差异,利益关系复杂且相互交织,处理好个体利益和共同利益的关系是促成知识产权与标准化国际合作的重要前提。要充分尊重各国选择与本国经济、科技发展相耦合的知识产权保护制度和技术标准体系的自主权,鼓励各方本着求同存异的基本原则,摒弃以邻为壑、零和游戏的狭隘思维,就知识产权与技术标准的保护及纠纷处理问题展开双边或多边谈判。要推动沿线国家间实现发展战略相互对接、优势互补,以寻找各方利益的"最大公约数",提高沿线国家的凝聚力和向心力。TRIPs 的制度缺陷在一定程度上导致了南北国家之间的利益失衡。在后 TRIPs 时代,尤其是进入 21 世纪以后,发达国家为了自身利益最大化,在多边体制未达目的的情况下,运用"体制转换"策略,由多边体制转向双边和区域体制,凭借双边与区域自由贸易协定,以极富侵略性的"TRIPs-Plus"规则,谋求进一步提高知识产权的保护标准。[①] 这显然是一种只顾自我发展而牺牲发展中国家利益的行为,对于我国而言,在推动建立"一带一路"知识产权国际合作机制的过程中,要以尊重个体利益和寻求共同利益为基本原则。

2.包容性下的和而不同原则

(1)包容性——和而不同、求同存异

面对不公正、不平等的国际政治现实,中国逐步摸索出一套具有东方智慧的发展模式,坚持平等协商基础上的互利合作,综合利用援助、投资和贸易手段,解决制约发展的基础设施瓶颈,发挥发展中国家的优势,实现共赢发展。这一模式内含的平等相待、不分亲疏远近和自主选择、不强加政治意愿的特征体现在我国与沿线各国的具体合作中,展现了"一带一路"倡议的理念优势。

(2)包容性——处理好国家之间竞争与合作的关系

处理好竞争与合作的关系是促成知识产权与标准化国际合作的重要保障。要以竞争与合作代替对抗和冲突,在包容性竞争中寻求联合突破西方发达国家既有技术封锁和垄断的契机,在共生性合作中开展有关知识产权与技术标准的竞争。我们在国内推动先富带动后富,在国际知识产权规则的建立上亦希望能够通过先进国家带动和帮助后发国家的方式来推进合作,而非为了满足自己的竞争利益而不顾后发国家利益,不顾国际合作的方式。

(3)包容性——突出共商共建共享原则

习近平指出,我们要坚持共商共建共享的全球治理观,不断改革完善全球治理体系,推动各国携手建设人类命运共同体。中国对外交往一直强调共商共建共享原则,在经济建设

---

① 朱继胜:《"南南联合"构建新型"TRIPs-Plus"规则研究——以中国-东盟自由贸易区为例》,载《环球法律评论》2016 年第 6 期。

上，我们愿意把中国改革开放的红利与各国分享，愿意同世界共享机遇、共谋发展。"一带一路"建设强调的就是共商共建共享原则，不关门搞小圈子，更没有地缘政治上的目的。所谓知识产权国际规则的共商共建原则，指的是要给予合作国家以话语权而不搞一言堂，由参与各方提出各自的合理需求，根据各个国家和地区的经济发展水平、法治化水平来制定具有弹性的合作机制，避免出现强势国家借国家实力挟持后发国家的现象。

3.普惠性原则

（1）普惠性——处理好知识产权战略合作与垄断的关系

战略合作与垄断是一个两难问题。开放包容、合作共赢是"一带一路"建设发展的重要支撑，而战略合作与垄断往往是相伴而行的，处理好战略合作与垄断的关系是促成知识产权与标准化国际合作的关键。要以开放包容的姿态构建知识产权与标准化国际合作体系，规避对其他国家或地区在知识产权和技术标准上的垄断和封锁行为，推动国际知识产权保护制度和技术标准体系向更加普惠和包容的方向发展。这将有助于阻止逆全球化、单边主义和贸易保护主义思潮的蔓延，维护全球自由贸易体系和开放型世界经济。

（2）普惠性——推进全球知识产权合作规则民主化、法治化建设

中国特色的国际治理方案，明确提出了国际治理民主化、法治化的新思路，强调的是国际规则要由各国共同书写，全球事务由各国共同治理，世界命运由各国共同掌握。传统的国家间行为准则、国际组织的运行机制、国际条约的基本框架，都是以一定历史时期的国际力量格局为基础的。国际社会普遍认为，全球治理体制变革正处在历史转折点上。这个变革要注重提高发展中国家的呼声和发言权，能够反映大多数国家意愿，体现平等、开放、包容的精神。国际事务的处理不能大国说了算，需要各国共同商量着办。今天的世界，再也不能搞"一国独霸"或"几方共治"，那是和历史发展方向相违背的。

（二）我国与"一带一路"沿线国家知识产权合作机制的构建思路

1.知识产权合作机制构建的参与主体

就知识产权合作机制构建的参与主体而言，主要包括国家主体、国际组织主体与市场主体三类。首先是国家主体，在构建中国与"一带一路"沿线国家知识产权合作机制的过程中，将沿线国家视为平等的参与者与合作者，在共商共建中实现共同发展，既要避免出现 TPP 谈判中出现的"密室谈判"现象，又要避免出现"发达国家霸权谈判模式"，倡导公开透明的谈判模式。其次是国际组织主体，"一带一路"不是封闭型的会员俱乐部，而是广泛参与的开放式的朋友圈。国际组织的加入一方面能够增加"一带一路"知识产权合作机制的活力，另一方面能够将更多已经形成规模和运作成熟的经验纳入进来。最后是市场主体，当知识产权对经济发展的影响日益深刻，对国际贸易发展产生举足轻重的作用的时候，以企业为代表的市场主体开始深刻影响知识产权国际规则，建立在"民族国家"基础之上的"实然国际政治秩序"与建立在"自由贸易"基础上的"应然国际经济秩序"在知识经济的冲击下出现了不可调和的矛盾。这种"地域性政治气候"与"国际性经济需求"的冲突正是私人集团参与知识产权国际立法的主要动因。① 让企业加入国际知识产权合作规则的制定中建言献策，能够有效改善我国企业对外贸易过程中的"两弱两难"问题。

---

① 熊琦、王太平：《知识产权国际保护立法中私人集团的作用》，载《法学》2008 年第 3 期。

2.知识产权合作机制构建的规则渊源

（1）"一带一路"倡议的基本理念

在知识产权国际合作方面，习近平主席就互联互通、促进贸易和投资自由、扩大和便利外资市场准入等方面做出指示。中国愿同世界各国加强知识产权保护合作，创造良好创新生态环境，推动同各国在市场化法治化原则基础上开展技术交流合作。[1] 在这一系列理念的基础上形成我国与"一带一路"沿线国家的知识产权合作机制规则，将更符合"一带一路"倡议，发出中国声音，利于共商共建。

（2）参与方加入的知识产权国际公约

应当认识到，无论是国际知识产权合作机制的达成还是区域性知识产权合作机制的达成，条款的移植是常态。除规则的移植需求外，进行"场所转移"和"体制转移"也是将参与方加入的国际知识产权公约纳入规则渊源的原因之一。不同类型的国际知识产权公约的侧重点不同，无论是中国还是沿线国家，都不可能仅仅加入某一个，而应在多个组织或协定间转换，在多个知识产权相关协定之间借鉴，取长补短，如透过与欧盟的合作，获取新的地缘政治基础，间接平衡美国及 CPTPP 框架。同时，进一步利用"南南合作"机制，促使发展中国家享有优势的无形资源能够财产化、国际化。[2] 在构建"一带一路"知识产权国际合作机制的过程中，参与方加入的知识产权国际公约就是我们构建过程中的"最大公约数"，将这些已经较为成熟的规则有侧重有针对性地纳入进来，能够获得参与方的认可，同时也有利于形成国际影响力。

（3）参与方国内立法

无论是 TRIPs 协定还是 CPTPP，都较为全面地对知识产权问题进行了规定，但这些协定或国际规则仍然在较大程度上忽视了发展中国家的利益。参与方国内规则反映了自身的根本需求，如果对他们的需求置若罔闻，那么"一带一路"知识产权国际合作机制的意义将不复存在。"一带一路"沿线国家知识产权制度尽管有诸多共同之处，但在保护客体、注册登记程序、执法问题等方面仍然有诸多需要磨合之处。如果无法将这些问题妥善解决，将很难形成具有可行性的知识产权合作机制。将参与方的国内知识产权规则拿到合作机制构建的工作台上进行讨论，既符合"一带一路"倡议的基本理念，又符合最多数参与国的根本利益。

3.知识产权合作机制构建的思路

我国与"一带一路"沿线国家知识产权合作机制的构建可以考虑实施"三步走"战略，将合作机制的开展分为近期工作、中期工作和长期工作三个阶段。在近期阶段，所要解决的问题侧重于在原则层面和意向层面与沿线国家达成一致。目前我国已经与不少国家或国际组织达成了双边知识产权合作协定。[3] 现阶段可以"备忘录""合作协议"或"联合声明"等形式达成一致，将发展中国家关注却一直未得到平等对待的传统知识、遗传资源、民间文艺等保

① 习近平：《更大力度加强知识产权保护国际合作》，http://www.xinhuanet.com/world/2019-04/26/c_1124419353.htm，下载日期：2020 年 7 月 8 日。

② 易继明、初萌：《后 TRIPs 时代知识产权国际保护的新发展及我国的应对》，载《知识产权》2020 年第 2 期。

③ 如《中华人民共和国政府与东南亚国家联盟成员国政府知识产权领域合作谅解备忘录》《中国国家知识产权局与日本特许厅关于延长专利审查高速路试点的联合意向性声明》等。

护问题予以重点关注,对维护公众健康、保护生物多样性、促进技术转移和知识传播等问题给予更多关注,并以求同存异、共商共建为原则对达成的一致意见进行检验。在中期阶段,则通过一些务实项目的开展促进规则的形成。根据实际需求,在不贸然摒弃已经加入的知识产权国际规则体系的前提下,与沿线国家达成双边或小多边知识产权合作协定。例如针对某一具体领域的,如专利合作审查、地理标志合作保护、驰名商标保护等,借此检验哪些规则可以是共同认可和可实施的,哪些是需要进一步检验或者修改的。在长期阶段,则将经过经贸协议和文化交流框架检验的知识产权合作规则进行整合,形成具有普惠性、高适应性的"一带一路"知识产权合作机制。"一带一路"知识产权合作机制既可以是独立于经贸合作机制的专门性机制,如文化交流协议,也可以是附于经贸合作机制之内的知识产权专章。在保护"门槛"、保护客体、保护期限、执法措施、知识产权经贸等各个方面展开合作。

4.知识产权合作机制构建的工作展开

知识产权国际合作对参与方的经贸往来影响甚大,因此很难一蹴而就,不必苛求参与各方在前期即可达成正式协定。在合作机制形成与发展各个阶段,具体工作均可分为"意向达成—探索实施—效果评价—机制形成"四个阶段。首先,意向达成始于各方有共同的利益需求。"一带一路"倡议首先关注共同利益,为构建人类命运共同体而努力。基于我国与发达国家、发展中国家均有共同的利益追求,因此,我国可以与各个国家就知识产权问题达成有侧重点和针对性的合作意向。其次,意向达成后可采用共同发布"框架协议""谅解备忘录"等形式的非强制性和具有意向性的文件进行宣示性公开。意向达成后即进入探索实施阶段。各方制定实施细则,参与各方或可通过设立由各参与国知识产权主管部门负责人参与的定期会议,或可通过设立常设工作组的形式对具体问题进行议定和信息传达。再次,是效果评价阶段。知识产权国际合作的效果评价主要考察参与国的创新能力有无显著提升、参与国经贸往来有无显著改善两个维度。从量化评价的角度而言,国内专利申请量的增加代表了本国知识产权保护环境的改善,而在对方国家专利申请量的增加则代表本国对于对方国家知识产权保护环境的信任,双方经贸往来的改善则代表了知识产权保护产生的实际经济效益的增加。从实施效果的角度进行知识产权合作效果评价,能够有效反映各方提出的实施细则的实际有效程度。最后是规则制定阶段。规则制定阶段即合作机制的达成阶段,在意向达成、协议实施和效果评价几个阶段中,参与各方对于"一带一路"知识产权合作问题均能够有效反应各自需求、检验共同倡导的标准在本国的实施效果。

(三)我国与"一带一路"沿线国家知识产权合作机制的具体开展

1."一带一路"背景下专利审查合作机制具体开展的建议

首先,就专利申请而言,专利审查合作机制应更注重对技术主体的创新保护。建设专利审查合作机制的重要内容是包含对技术信息共享平台的建立和交流机制的建立。专利审查合作机制的建设是为了能在跨国申请专利问题上给予申请主体更多的正向激励,鼓励技术主体进行技术交流。因此需要通过优化创新激励机制,加强对技术主体的创新保护,通过审查机制的协同优化和审查信息的整合共享,平衡各国在专利审查工作中存在的不同见解,并对专利技术保护水平趋同化、高标准化进行申请前公开告知。

其次,各国就专利问题存在的见解差异和制度差异,应当建立有效的沟通机制,可以考虑联合部分国家发起成立"一带一路"沿线国家专利审查合作组织,建立组织运行的内部章程,包括组织的成立、重要事项决议等方面的规定,其中最重要的是审查协作分工与纠纷解决机制,通过这一组织在"一带一路"沿线国家间进行沟通协调时,要让合作机制的参与者能够主动地参与到合作模式的选择和合作结果的预估当中。针对各国政府在专利审查过程中产生的分歧,可以探求公平合理的合作制度设计,亦可以由前述"一带一路"沿线国家专利审查合作组织牵头,在成员国一致同意的范围内建立一次性专利审查机制,对于存在分歧的部分,则建立成员国内一致意见的审查机制。

再次,专利合作的国际谈判同样涉及技术利益的平衡和国家利益的保护。我国在未来跨国专利审查合作机制的建设和谈判中,应当立足全球格局,强化新时代我国专利强国倡议,提高我国本土专利制度的国际化输出。对于被申请人技术的可保护性,我国专利申请审查机构应立足产业技术发展全局,加快、加大对本土创新技术,特别是核心技术的审查和保护。对于需要跨国申请专利的技术申请,注重对技术背后的产业利益和国家利益进行同步审查,在我国创新技术走出国门的申请审查阶段做好准备。①

最后,加强知识产权学术交流和技术审查经验交流。在技术迭代速度的加快和产业技术升级的浪潮下,涌现出大量专利申请不足为奇,但对于近似技术判断、对现有技术的检索都是专利审查过程中无法绕开的话题。在"一带一路"背景下,在加强专利申请审查合作的同时,各国要加强对知识性问题和审查中出现的程序性问题进行及时归纳交流,实现合作机制的长久发展和平稳运行,保证专利申请审查合作机制能够真正为"一带一路"经贸合作和技术交流提供其应有的制度动力。

2.地理标志合作保护机制的构建建议

在地理标志合作模式的选择方面,应根据不同国家的经济发展及地理标志保护建设情况灵活选择合作模式。根据条款的具体性以及约束力,地理标志保护文本可以分为地理标志合作谅解备忘录、经贸协定中的地理标志保护条款以及专门的地理标志保护协定三种类型。而在合作机制的具体内容上,应从以下几方面着手。

首先,加强技术合作与人员交流。加强技术合作与人员交流,主要包括建设地理标志对话平台与提供技术援助。就建设地理标志对话平台而言,我国目前举办了诸多涉及"一带一路"沿线国家的交流平台,我国可以借助上述经贸平台就地理标志保护问题与"一带一路"沿线国家展开对话与交流。而为相关国家和地区提供地理标志体制机制构建的技术援助是开展"一带一路"地理标志保护国际合作的重要环节。② 我国在地理标志技术援助方面可以采用课题研究、联合培训、互派人员等方式,加强技术合作和人员交流。此外,由于地理标志产品多为农产品,可以将地理标志培训与交流同农业合作相结合,借助地理标志在促进高质量和著名的农产品及传统特色产品销量。

其次,推动双(多)边互认机制的建立。针对地理标志保护机制较为完善的国家或地区,我国可以逐步推动双(多)边地理标志互认机制的建立。但在地理标志互认机制构建过程中,应秉持"分步推进,稳步实施"的原则,逐步开展地理标志互认机制建设。对此,我国应尽

---

① 易继明、初萌:《全球专利格局下的中国专利战略》,载《知识产权》2019 年第 8 期。

② IPOPHL progresses further toward strong local GI protection system,https://www.ipophil.gov.ph/news/ipophl-progresses-further-toward-strong-local-gi-protection-system/,下载日期:2020 年 1 月 4 日。

快形成蕴含中国特色元素的地理标志保护清单。[①] 在总结中国与欧盟地理标志互认机制建设过程的经验基础上，我国与"一带一路"沿线国家的互认机制构建可以分为双方针对地理标志互认签订谅解备忘录，首先尝试对某些公认的、影响力大的地理标志互相承认，总结经验；在此基础上形成初步方案，尝试开始更多的地理标志互认；通过出台经贸协定中的地理标志保护条款或签署地理标志专门协定的方式，确定地理标志互认及合作模式"三步走"。

再次，建立"一带一路"地理标志保真溯源平台。结合"一带一路"国家原产地保护政策的需要和国际贸易的需求，针对大米、茶叶、酒类、茶叶、水果、水产品等大宗"一带一路"贸易的地理标志产品，利用现代信息通信技术、现代物流技术，建立原产地溯源特征识别数据库，结合地理信息系统，开发从原产地种植、养殖、生产、加工、运输、出口、进口、进入超市等地理标志产品保真的全溯源平台。

最后，建立"一带一路"地理标志保护注册体系。实现"一带一路"地理标志保护合作的战略目标需要通过国家首脑会晤或部长会议，沿线国家共同建立并逐步完善全面合作机制，包括地理标志保护领域的合作方式、运行体制、合作规则、运行管理与协调等。建立"一带一路"地理标志保护注册体系，还应明确地理标志保护的原则，保护的地域范围、条件、内容，以及解决争端的机制。

3.驰名商标国际合作保护的制度设计建议

随着驰名商标认定标准在各国得到普遍认同，驰名商标能否实现跨国保护亦应当受到关注。"一带一路"驰名商标保护的国际知识产权合作可以从驰名商标认定的国际合作与驰名商标跨地域保护两个维度展开。在具体举措上，需要考量以下两个维度。

一方面，需在本国认定驰名商标时对该商标在"一带一路"沿线国家的权利情况进行考量。"一带一路"背景下的驰名商标国际保护乃至跨区域保护是一项长期工作，在短期内难以实现一国商标在其他国家或地区的保护，但在驰名商标认定问题上，可以就某一成员国的驰名商标在其他国家认定驰名商标时的认证标准和程序进行商定。

另一方面，应对驰名商标在"一带一路"沿线国家的跨国保护方式进行思考。"一带一路"背景下的驰名商标国际保护如若希望达成一国驰名商标在其他国家得到保护的目标，则需要首先完成驰名商标认定标准的一致，或至少受到对方国家的认可。一个基本思路是，由各国主管机关就驰名商标的跨国保护设定工作组，驰名商标采用对等保护原则，由本国向对方国家提供希望在对方国家得到驰名商标保护的商标，并提供这些商标获准驰名认证的相关材料，由对方国家进行审查和备案。审查是否纳入本国保护的外国驰名商标时，本国可以考虑审查相关商标所属商品或服务范围，该商标是否在本国已经被他人注册以及是否恶意注册等情形，该商标是否在本国已经由原国外权利人注册或使用以及使用的情况等。也即，在驰名商标的"一带一路"国际保护进程中，以跨国保护为目标，但以审慎审查为前提，要严格审查外国商标请求本国进行驰名商标保护的必要性和可能性，既要考察这些商标是否违反本国《商标法》的强制性规定，又要考察这些商标是否涉嫌侵犯本国市场主体的利益。

---

① 宋锡祥、戴莎：《欧盟和加拿大自贸协定的特色及其对我国的启示》，载《上海大学学报（社会科学版）》2019年第1期。

结　语

自"一带一路"倡议提出以来,"一带一路"背景下的国际知识产权合作便如火如荼地展开。随着"一带一路"合作的不断加深,国际资本与技术的频繁流动,"一带一路"沿线国家间知识产权相关的活动也愈发活跃。2019 年第二届"一带一路"国际合作高峰论坛上,习近平总书记提出了更大力度加强知识产权保护国际合作的要求,深刻阐述了中国知识产权保护的重大原则立场和政策取向,清晰表明了中国依法严格保护知识产权的坚定态度,表达了努力营造良好创新环境和营商环境的决心。在此背景下,有必要将知识产权合作机制的构建提上议程,推动我国与"一带一路"沿线国家知识产权合作体系化与完备化。"一带一路"沿线国家经济发展、地理环境和历史文化背景差异巨大,各国知识产权保护水平的差异是客观存在的现实。我国与"一带一路"沿线国家知识产权合作机制的构建应充分考察现有知识产权的合作情况,在梳理国际知识产权合作与竞争形势、我国企业走出去的现实需求基础之上,明确与各区域知识产权合作的异同点。

在现阶段全球性知识产权合作机制几乎不可能在短期内建立的背景下,并不必然要求迅速建立规模过大的合作机制,但应在构建"一带一路"知识产权全球合作机制的过程中起引领和主导作用,发出中国声音;在具体规则设计上,可以吸收现有双边或多边知识产权合作机制经验,考虑构建全方位的知识产权条款的可行性,厘清保护水平与 TRIPs 协定的关系。知识产权合作机制的构建应遵循独立性下的共同发展原则、包容性原则和普惠性原则,应让沿线主权国家、国际组织与市场主体发出声音,在合作机制的构建方面,应采用"三步走"战略,由路径探索到机制落地,由意向征询到合作共赢,尊重不同主体的参与意愿,打造新形式的知识产权合作机制。

实务争鸣

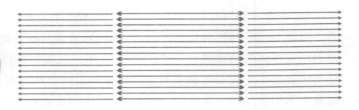

人工智能生成物可版权性的法律判断方法辨析

■魏晓东　吴　松[*]

摘　要：人工智能技术不应成为其生成创造物不予版权保护的理由。相反人工智能技术具有减少社会无谓损失，激励人类创作，提高文化、科技作品创作水平，增进社会总体福利的功能。通过甄别人工智能创造与否来决定版权保护是否无效，背离了《著作权法》的基本价值目标，也违反了人工智能技术发展规律。具备创造性目标功能的人工智能技术以模拟人类大脑为终极目标，其采取的无监督学习算法技术效果识别成本极高，对这样技术的生成物进行甄别后而不予以版权保护，会损害法律基本的效率价值。

关键词：人工智能；作品；版权保护；著作权法；创作成本

Analysis of Legal Judgment Methods for the Copyrightability of Artificial Intelligence Products

Wei Xiaodong　Wu Song

Abstract：Artificial intelligence(AI) technology should not be an excuse to deny copyright protection to its products. On the contrary, it has the functions of reducing social deadweight loss, stimulating human creation, improving the creation level of works, and enhancing the overall social welfare. To determine whether copyright protection is invalid by identifying whether a product is created by AI deviates from the basic value goal of copyright law and violates the law of development rule of AI technology. The ultimate goal of artificial intelligence technology with creative goal function is to simulate human brain.

* 魏晓东，男，辽宁大学法学院、辽宁知识产权学院、辽宁大学金融法研究院研究员；吴松，男，辽宁省沈阳市中级人民法院民事审判第四庭副庭长，主要研究方向为民商法学、知识产权法学、经济法学。

The unsupervised learning algorithm technology adopted by artificial intelligence technology costs a lot to identify the effect，and if the works generated by such technology are not protected by copyright after identification，it will damage the basic efficiency value of law.

Key Words：artificial intelligence；works；copyright protection；Copyright Law；cost of expression

引 言

人工智能像人一样独立创作文学、美术、音乐等文艺作品在技术上已经成为可能，并且技术开发者很热衷将这些作品作为技术成果炫耀。2014 年美联社就声称启用 Wordsmith 撰写财经报道，随后《洛杉矶时报》声称用 Quakebot、《华盛顿邮报》用 Heliograf 等机器人做地震警报和体育赛事报道。其他创作领域，IBM 公司发表了其机器人沃森与烹饪教育学院共同编写的《大厨沃森的认知烹饪》一书。人工智能技术不满足于简单的智能检索和编辑，向人类智能的代表——"想象型"智能领域迈进。2016 年日本人工智能小说《电脑写小说的那一天》入围日本"星新一文学奖"初评。2017 年 5 月，微软将其人工智能"小冰"创作的诗集《阳光失了玻璃窗》正式出版。在音乐领域，人工智能作曲家 Aiva 诞生，并发布其首张专辑《创世纪》及多支单曲，其中不少作品被应用到电影、广告和游戏配乐中。在美术领域，2018 年 10 月谷歌开发的人工智能 DeepDream 生成的一幅人类自画像在佳士得纽约拍卖会上成交。

人工智能是否能够创作出伟大的旷世名作还不得而知，它产生作品的交易价值应该由市场和历史来检验。但是人工智能创作物是否具有可版权性却成为法学界争议的热点，学界从主体人格、客体属性、财产权利、价值功能等不同角度进行论证，形成针锋相对的结论。这种争议甚至影响到了司法领域，对于人工智能生成的文字作品，我国法院曾做出了完全不同的认定。立法上，不同国家和地区对待人工智能生成物的态度也是不同的，相应的规则内容也大相径庭。人工智能技术是人类科技进步的产物，但是否成为一个具有特殊地位的法律调整对象，还要经过一段社会认知的过程。在目前仍处于所谓弱人工智能技术时代，人工智能生成物对版权市场甚至社会文化生活是否能产生实质性影响，尚没有权威的结论，因此其可版权性是不是一个真命题就值得探讨。本文试图通过分析人工智能生成物的本质及对版权市场产生的影响，来探讨其可版权性是否具有法律上的价值。

一、人工智能生成物可版权性法律判断的否定性方法

(一)主体人格标准

面对人工智能在文学、艺术以及科学等领域中已经打破了人类作为创作者垄断的事实，出于对人工智能可能会破坏人类的伦理、就业空间等生存环境之恐惧，对于人工智能的法律

主体性问题,多数意见主要以"主客体不得互换原则"①来否认人工智能的主体地位,认为对其生成物应当作为人利用人工智能创作的作品并按照现行著作权法关于作品的构成要件判断其独创性。② 有判决认为:"由于人工智能不具有法律人格,故不是著作权法上的作品。"③但也有观点认为:在承认人工智能具有自主创造能力的前提下,应突破传统知识产权法只保护人类创造的障碍,构建以人类读者为基础,而不是以人类作者为基础的版权理论,赋予人工智能创造物以版权。④ 也有判决认为:"涉案文章是由原告主创团队人员运用Dreamwriter 软件生成,其外在表现符合文字作品的形式要求,其表现的内容具有一定的独创性,属于著作权法上的作品。"⑤

(二)创作过程标准

有观点认为,虽然人工智能可以自主生成成果,但此成果不符合独创性和创作意图的内涵,不具有可版权性。⑥ 还有观点既否认人工智能的主体性,又认为其生成过程不具有个性特征,不符合独创性要求,不能构成作品。⑦ 美国的霍姆斯法官在后人反复引用的"Bleistein 案"中认为:版权的保护并非因为作品的最终用途或审美价值,而是因为作者的个性化元素,个性则是其获得版权的(条件)。美国版权局强调"必须是人类创作的"作品才受保护,没有任何创造性输入或没有人类作者的干预而通过自动或随机运行的机械方法产生的作品,版权局也不会登记。

在关于人工智能创作物是否符合独创性判断的问题上,存在针锋相对的观点。肯定观点认为:判断人工智能生成内容的独创性应坚持"内容决定主义",即不考察内容的生成主体和生成过程,仅从内容本身判断人工智能生成的内容是否构成著作权法意义上的作品。⑧但主流的观点则相反,他们认为:从客观形式考察,人工智能生成成果能够达到著作权法对一般作品的要求乃至其表达的美学风格,也能够从技术层面进行优化,最终达到人类的审美标准。但是,客观上表达形式具备"独创性",只是作品创作需要达到的目标,也是判断"独创性"的第一步,不能据此便对人工智能生成成果的法律属性定论。对于人工智能而言,无论其算法中体现的创作规则多么复杂,最后其生成的内容在"抽象"之后进行比较,均具有高度的相似性。显然,人工智能的每一次生成并未体现不同的创造力,没有发生创新。因此不符合独创性中"创"的实质要件。回顾人工智能生成成果的生成机理,其"创作"能力是由研发

---

① 熊琦:《人工智能生成内容的著作权认定》,载《知识产权》2017 年第 3 期。

② 李扬、李晓宇:《康德哲学视点下人工智能生成物的著作权问题探讨》,载《法学杂志》2018 年第9 期。

③ 北京互联网法院 2018 京 0491 民初 239 号民事判决书,该案被称为"首例人工智能创作物著作权案"。

④ 梁志文:《论人工智能创造物的法律保护》,载《法律科学》2017 年第 5 期。

⑤ 2018 年 8 月 20 日,腾讯公司自主开发的写作辅助系统 Dreamwriter 创作完成《午评:沪指小幅上涨 0.11% 报 2671.93 点　通信运营、石油开采等板块领涨》财经报道文章,发表后,被上海某公司通过其经营的网站向公众传播,腾讯公司起诉至深圳市南山区人民法院。

⑥ 何炼红、潘柏华:《人工智能自主生成成果"作品观"质疑与反思》,载《贵州省党校学报》2018 年第5 期。

⑦ 王迁:《论人工智能生成的内容在著作权法中的定性》,载《法律科学》2017 年第 5 期。

⑧ 王迁:《论人工智能生成的内容在著作权法中的定性》,载《法律科学》2017 年第 5 期。

者赋予的,其输出的"创造性"表达依附于程序算法的"创造性",仅从人工智能生成成果的表现特征来看,确实可以满足对人类创作的"创造性"要求,但著作权法的立法初衷是保护独立的创作,人工智能生成成果的"创造性"具有依附性,因而无法认定为著作权法意义上的"独立创作"。①

(三)财产价值标准

关于人工智能生产物的智力成果性价值应当予以保护是该标准的主要观点。这些观点认为,人工智能在内容生成过程和外在表现形式上与智力成果具有相同逻辑,且人工智能本身就是人类智力活动所创造的工具,其生成内容当然具有人类的智力成果属性。将人工智能生成内容作为智力成果性财产予以保护,既能激励权利人发挥作品的最大效益,又鼓励权利人之间通过交易实现效益的增值,进而促进作品的生产与传播。② 还有观点认为,创作型人工智能是利用信息并制造信息的产物,由其生成的人工智能生成成果属于一种数据信息,呈现出(抽象物)的形态,从正义论视角论证信息成为财产权的正当性时,财产权是用于保障自由和分配正义的工具,而将信息作为一种可财产化的权益,也是一种善。③ 如果认可人工智能生产物的智力成果性价值,就涉及权利归属于谁? 有的主张参照职务作品或雇佣作品的规定,由创制或投资作品生成软件的"人"而不是机器去享有和行使权利;④有的主张归属于利用人工智能进行作品创作的作者;⑤也有观点认为应以所有者与使用者之间的约定优先,建立以所有者为核心的权利构造;⑥还有观点认为基于人工智能的法律主体性障碍,为了保护不同人类主体在人工智能生成成果的创造、使用和传播过程中所付出的劳动,应增设一种邻接权或者类似于欧盟"数据库特殊权利"的保护模式。⑦

(四)人工智能技术参与度标准

主流观点是先进行人工智能生成与否的甄别,然后决定是否构成版权保护,这些观点已经体现在立法例上。日本在《知识财产推进计划2017》中指出如果人类在产生人工智能生成物的过程中参与了创作,可以将被使用的人工智能视为工具,该人工智能生成物可以当作有版权的创作物;但是如果人类没有参与创作,该生成物会被视为由人工智能自发生成的"人工智能创作物",不能成为著作权法所保护的创作物。美国则采取实用主义角度,不完全强调这种先甄别程序,秉承了美国知识产权法律实务领域一贯的市场利益优先原则,突出强调了创造性表现。在具体个案中,主要采用两种路径应对人工智能生成作品的版权保护问

---

① 冯晓青、潘柏华:《人工智能"创作"认定及其财产权益保护研究——兼评"首例人工智能生成物著作权侵权案"》,载《西北大学学报》2020年第50卷第2期。

② 冯晓青、潘柏华:《人工智能"创作"认定及其财产权益保护研究——兼评"首例人工智能生成物著作权侵权案"》,载《西北大学学报》2020年第50卷第2期。

③ 〔澳〕彼得·德霍斯:《知识财产法哲学》,周林译,商务印书馆2008年版,第165页。

④ 吴汉东等:《人工智能对知识产权法律保护的挑战》,载《中国法律评论》2018年第2期。

⑤ 李扬、李晓宇:《康德哲学视点下人工智能生成物的著作权问题探讨》,载《法学杂志》2018年第9期。

⑥ 易继明:《人工智能创作物是作品吗?》,载《法律科学》2017年第5期。

⑦ 罗祥、张国安:《著作权法视角下人工智能创作物保护》,载《河南财经政法大学学报》2017年第6期。

题:一是回避作者身份是否属于人类的问题,倾向于从创作客体角度进行判定;二是将人工智能程序进行法律拟制,使其成为作者或者共同作者,从而解决独创性来源问题和权利归属问题。美国法院已经出现了相关司法判例,而且已经有了授予计算机软件创作的文字作品的版权记录。英国则以法律形式认可了人工智能创作作品的可版权性,于1988年颁布《版权、设计和专利法》,对计算机创作作品的可版权性在法律上予以了确认。人工智能生产作品权利主体中"作出必要安排的人",对于其是不是计算机程序的设计者、用户、所有者并不明确,关于该类主体的认定标准需要考虑各种因素,如对资料的编排并影响作品的创作形式、为创作所做的必要准备、投资行为以及创作作品的意思表示。在法律解释上也借鉴了电影类作品中关于制片者的标准与制度安排。此外人工智能生成作品的著作权人类似于雇佣作品创作中雇主的地位,由他来对作品的创作行为进行安排并投入资源,由此也可取得创作行为所产生的作品。由于在英国人工智能创作作为侵权抗辩的理由都不予认可,实际上人工智能甄别先置已无存在必要。

二、人工智能生成物可版权性法律判断的法释义学方法

(一)版权保护的对象在于成果而非过程

著作权保护的客体是作品。作品是创作行为的结果,我国《著作权法实施条例》第2条将作品界定为"文学、艺术和科学领域内具有独创性并能以某种有形形式复制的智力成果";《伯尔尼公约》第2条第1款规定"文学艺术作品一语,包括文学、科学和艺术领域内的一切成果,而不问其表现形式或表现方式如何"。几乎绝大多数国家的立法都强调版权保护的客体是作品,而作品是智力成果,这已经是世界普遍认可的共识。《著作权法》不考虑作品是如何创作的,只考虑谁创作的,并仅从作品内容出发决定保护的范围和对象。这是由作品的本质决定的,也是由法的本质决定的。《著作权法》作为规范,必须界定适用该规范的事实标准,只有符合权利构成事实标准才能赋予权利效力,在结果标准和行为标准的选择上,《著作权法》只能选择结果标准,而不可能为创作限制一个框架,这也同保护目标背道而驰。所以只有产生了作品,才能赋予权利,只有建立何为受保护作品的标准,才可以实现法律的目的。所以法律只能围绕作品构建权利,这样才能更有效地建立法秩序,至于对创作行为的关注只是事后的证明问题和秩序调整问题,这同物权、债权等其他民事权利其实是一样的。

有观点认为:如果仅从表达的形式进行独创性考察,虽有利于提高判定作品的效率,却夸大了独创性要素的作用,将独创性作为判断作品的唯一构成要件,而未意识到独创性只是构成作品的必要条件,是创作的要素之一。著作权基于创作事实产生,其落脚点也是对创作的保护。若仅凭人工智能生成成果的表现形式满足创造性要件即判定构成作品,是一种唯作品客体论,挑战了著作权法定主义原则的界限。[①] 这种观点忽视了著作权法上的版权保护是一种手段措施,必须符合规范的可操作性。立法技术必须保证效率要求才能实现法律追求的效果,创作行为具有无限的复杂性和多样性,无法建立判定标准,这种观点背离了法律的实践性要求。创作行为只有取得成果才能构成法律要件,而成果具有唯一性,因此依赖

---

① 王迁:《论人工智能生成的内容在著作权法中的定性》,载《法律科学》2017年第5期。

成果判断权利是否存在是必然的也是唯一的。创作行为并非被法律从要素中排除,而是通过推定方式非证明方式进行认定,这种推定是通过对表达形式独创性的判断来推导出创作事实,这极大地减轻了权利人的举证负担,提高了保护效率,并且保证了法律的形式逻辑自治,更是一种对权利人的有效保护。著作权法不仅从客体方面推定创作事实要素的存在,还通过对主体的推定来判断创作要素。

(二)人工智能生成物也是人类创造物,其主体归属并无特殊性

对人工智能生产物作品的主体争论,基本围绕着应当归属人工智能使用人、人工智能所有人还是发明人,比较极端地涉及人工智能本身的人格问题上。人工智能是否应当赋予人格,并不是一个现实问题,因此不应当是一个法律问题,那些主张所谓机器人人格的观点,似乎并不了解人工智能的基本原理和现状。虽然人类终将解决智能难题,但从目前的技术上看,人工智能技术尚处于模仿人类智能的某个单一方面,如感知、思考、学习、理解、识别、判断、推理、证明、通信、设计、规划、行动,直至创造。但目前的技术距离对这些单一方面人类智能完全模拟还相差很远,即使乐观估计也需要到 2050 年。[①] 而人类智能是完整的综合体,是各个方面综合工作的表现,这才是形成独立人格的生物基础。因此,若想达到能够完全模仿人类大脑进而实施同人类一样的具有独立人格特征的有意识行为的人工智能,还需更漫长的时间,而这种未来的、不确定的、不可预见的、超过立法者所能预见期限的事件,不应是法律问题。对于目前所谓通过人工智能技术生成作品的作者问题,按照前面所述的法律规范的逻辑,在不考察创作过程的前提下,对作者判断,法律采用的仍然是推定模式,而并非通过创作行为判断模式。所以,我国《著作权法》第 11 条第 4 款规定"如无相反证明,在作品上署名的自然人、法人或者其他组织为作者"。《世界知识产权组织版权公约》第 12 条规定"缔约各方应当对未经许可去除或者改变权利管理电子信息的行为加以规制,而权利管理信息是指识别作品、作者、作品的任何权利的所有人,或者有关使用该作品的期限和条件信息,以及代表此类信息的任何数字或者代码"。[②]

有观点认为:在不披露相关内容由人工智能生成时,可能因其外在表现形式而实际享有著作权,该现象是由举证规则造成的,而因举证规则混淆人类创作与人工智能创作,将滋生不正当的创作行为,人工智能生成成果冒充个人作品的现象,会最终阻碍人类创作作品的积极性。[③] 首先,这个结论目前无法从事实上证明,只能是推测。其次,这个观点并未表明其推理的过程,就是未从逻辑上证明其结论为真,即没有证明人工智能生成成果冒充个人作品与阻碍人类创作积极性之间存在因果关系。本文后面会分析人工智能生成成果同人类创作成果之间的竞争会激励人类创作,并且提高创作水准,进而增加社会总体福利。影响人类创作的积极性的因素复杂、多变,即使真存在人工智能降低了人类创作积极性可能,整个社会进化也会以"蜂群"式机制进行调整,[④]绕开这个创造性激励障碍。最后,这个观点的前提和

① 〔美〕特伦斯·谢诺夫斯基:《深度学习》,姜悦兵译,中信出版集团股份有限公司 2019 年版,第 279 页。

② 刘春田主编:《知识产权法学》,高等教育出版社 2019 年版,第 50 页。

③ 王迁:《论人工智能生成的内容在著作权法中的定性》,载《法律科学》2017 年第 5 期。

④ 〔美〕凯文·凯利:《失控——全人类的最终命运和结局》,张行舟等译,电子工业出版社 2016 年版,第 35 页。

结论都是模糊不清的,在当前技术条件下,人工智能生成成果绝大多数并未脱离人的干预,仍然是人的活动结果,谈何冒充个人作品。即便利用机器学习技术生成的成果,目前如此昂贵的机器学习技术的使用者是否有冒充低价值个人作品的动机,是值得怀疑的。当前的机器学习生成物展示者,都没有表现出冒充个人作品的意图。因为,他们对这个生成物发表的目的并非要实现生成物的表达价值,而是要实现人工智能技术的使用价值,生成物仅是宣传其技术的工具。本文开头介绍的几个著名的人工智能事例,宣扬者没有一个强调其作品的创造性价值,而是宣传其技术的创造性价值,进一步推断,技术宣扬者的目的不在于推销其作品而在于推销其技术。更进一步的社会效用是极大地增加知识传播的效率和范围。AlphaGo 在击败李世石后,接连升级了技术版本,从 AlphaGo Master 直至 AlphaGo Zero,当今任何职业围棋选手都不可能将其战胜。但这并未影响人类对围棋这项智力活动的热情,人们通过学习 AlphaGo 网络对局棋谱提高了人类的围棋总体水平,DeepMind 公司也从未否认 AlphaGo Zero 是通过自主学习自动提升的算法,而并非人为升级算法。[①] 所以这种观点站不住脚的原因是,人工智能生成物的可版权性价值同创作成本的差额决定了冒充者的权利主张激励。而当前技术条件下,人工智能高昂的研发成本决定了技术的使用成本也高昂,进而导致创作成本高昂,但是其创作物是市场极易替代物,人类会用很小的创作成本创作替代物,冒充个人作品根本得不偿失。

(三)人工智能生成物可版权性在其价值而非来源

作品成果来自人的劳动加灵感,这被统称为创作成本,法律是无法准确判断这些创作成本的,因为在版权领域,任何人都无法对相同主题的前人创作成果予以穷尽搜索,任何人的相关信息都是不完全的,都是在对前人成果信息不完全的情况下进行的创作,这种搜寻成本,每个人都不同。而法律所保护的与前人差异性表达的真实成本也是不同的,这种差异性表达完全来源于人的创造性灵感,是由人的天赋、学识、背景、阅历、智慧等多种不确定性因素导致的生物状态决定的,更加无法判断其成本。所以,法律只能针对作品所体现的社会需求价值或者交易价值来判断,因此可能天赋高的作者创作成本很低,但作品具有高价值;相反,天赋低作者的作品很可能不受认可。很多认可对人工智能生成应当保护的观点,都认可其价值性,但认为不是人的创作行为,不同意版权保护,因此设计出很多的保护路径,如公共领域保护、邻接权保护、一般财产权保护等。[②] 这些观点的基本逻辑是先判断是否具有保护价值然后看其来源是否基于人工智能产生。典型的如北京互联网法院审结的我国首例人工智能生成内容著作权侵权案,该案判决中一方面坚持从创作事实而不是作品成果角度判断版权保护资格,认为该争议分析报告是软件使用的结果,不是软件开发者创作完成的结果,无论是使用者还是开发者均不是作者,某种意义是软件创作的,进而表明分析报告不是自然人创作的,即使成果具有独创性,但由于人工智能不具有法律人格,故不是著作权法上的作品。另一方面又认为该争议分析报告既凝结了软件开发者投入也凝结了使用者投入,如果

---

① [美]特伦斯·谢诺夫斯基:《深度学习》,姜悦兵译,中信出版集团股份有限公司 2019 年版,第 35 页。

② 冯晓青、潘柏华:《人工智能"创作"认定及其财产权益保护研究——兼评"首例人工智能生成物著作权侵权案"》,载《西北大学学报》2020 年第 50 卷第 2 期。

不予保护不利于对投入成果的传播,应激励软件使用者使用和传播,赋予其相关权益,不能使之进入公有领域,进而承认人工智能生成内容享有财产性权益。①

承认具有版权作品价值却不能纳入版权保护,既不符合规则逻辑,又不符合技术原理,也不符合经济学规律。版权只保护表达不保护思想。现有人工智能技术除机器学习技术外,其他技术并不以实现自主创造为目标,因此凡是采取检索知识技术对人类原有表达检索选择后生成的表达,都不可能具有版权保护价值。而进一步利用算法体现一定思想的表达,又会因合并原则仍不具有版权保护价值。再进一步通过建立表达优化的算法实现的表达,若能被识别为算法生成的,仍然属于思想范畴而不被保护。因此,可以说北京互联网法院的首例人工智能著作权案的事实前提是不存在的,作为争议作品的分析报告中被识别为人工智能生成部分根本不具有版权价值。② 机器学习技术具备自动生成算法的可能,能够生成无法识别来源的独创性表达。但是如此高昂的创造成本,在无法证伪的情况下,任何一个理性的技术使用人如果想通过作品实现利益,是不可能承认人工智能利用事实的。在这种情况下,探讨法律保护的问题就没有实际意义了。

(四)人工智能工具性属性决定其生成物不具有版权上的特殊性

现阶段的弱人工智能仍旧是人类的工具,受人类支配,即使是智能机器自己创作的作品,但是其运行的程序以及算法都是人类的意志运行结果。即使前面所提及的那些利用深度学习技术的人工智能作品也未表现出人工智能对自身作品的理解效果。人工智能对人类需求的识别越来越精准,即其可以对人的语言、声音等作出越来越准确的"识别"和"反应",但这种"识别"亦是一种机械意义上的通过算法等程序运行的结果。因此,人工智能创作的本质实际上是一种"计算",即使其在科技的帮助下越来越"精确"和"聪明",这也只是因为其内部由人类赋予的算法的日益完善。人工智能对于其需要创作的内容以及创作的成果仅仅只是"识别"而非"理解",因此如果对前述的人工智能作品进行抽象概念法分析,会发现并无构成独创性的实质表达。

一般的观点认为,不同于摄像机、计算机等传统的创作工具,人工智能无须外力的介入,便能创作出具有作品外在形式特征的内容,对于人工智能生成成果是否具有著作权需要特殊考量。虽然人工智能使人类从事创作的创新要素范围极大地扩展,颠覆了传统的创作方式,模糊了人类进行作品创作的边界,但是目前的人工智能技术并未脱离传统的创作工具本质。尽管法学界至今也未形成一个统一的人工智能概念,甚至很多观点涉及的人工智能并不是技术领域认可的人工智能,但普遍认为没有人为参与创作的由机器自动产生的就是人

---

① 北京互联网法院 2018 京 0491 民初 239 号民事判决书。

② 北京互联网法院 2018 京 0491 民初 239 号民事判决书。该判决将争议标的分成两部分进行分析:一部分是图形内容,该判决直接从成果形式角度认定不具有独创性,否认版权保护资格。另一部分是文字部分,该判决认为具有独创性,但创作者不是自然人而是人工智能,进而否定版权保护。但该判决的分析方法是混乱的,该判决并未表明创作行为要件和成果形式要件的构成上是否存在位阶,哪个应当优先判断。文字作品不代表都具有独创性,即使如小说这样高虚构性的作品,也应当通过抽象概括法分离出哪些是思想,哪些是表达,哪些是复制表达,哪些是独创表达,只有最后一种才是版权保护内容。但该判决很显然没有这样的分析,而从该判决认定作品的形成路径"系威科先行库利用输入的关键词和算法、规则和模板结合形成的",足以认定该分析报告均为合并性表达,并无版权保护价值。

工智能创造物。但在人工智能技术领域内，按创建人工智能技术所追求的目标，人工智能概念是一种能够执行需要人的智能的创造性的技术。① 因此，这里的自动生成必须是按照人类的智能模式生成的，并不是计算机或某种机械的自然运转形成的。因此，如果通过人工智能创作作品，并不是不借助人力，而是人设计了创作作品的程序，由计算机通过程序算法实现智能表现。如果从严格的技术概念角度，将一定的作品创作规则编成资料处理程序算法，利用该算法对存储的资料或数据库，甚至网络进行搜索并对结果进行编辑，不能算作人工智能，可称为人的创作行为编码化。这里的算法技术是手段和工具，如通过设定书写轨迹和笔锋着力点而由计算机算法驱动毛笔书写的书法或美术作品，仅是工具的改变而已，仍然是人的创作行为。将创作方法编写成程序的模板软件仍然属于工具，不是人工智能，依靠这样的软件进行文字作品、音乐作品创造，所利用的仅为思想，形成的表达仍然是人的智力活动。但是如果建立了信息库，将创作方法作为问题求解搜索，得出的结果属于人工智能生成结果，但这种结果并不具备独创性，或者发生了思想与表达的混同。如某些技术可以生成短句，或者短句诗词、旋律简单音乐等，这些结果均不具有独创性，因为所构建的信息库内容是已存在的。机器学习技术具有创作出媲美小说、交响乐宏大的高虚构性作品的可能，但只有充分模拟人脑的构造和原理的人工智能才能创作出这样有版权价值的文字作品、音乐作品，而这是很遥远的未来的事情。人工智能还只能实现普遍认为的"标准美"，这种美的标准是输入工程算法和程序的时候赋予的，没有人类感情赋予其中。如"深度巴赫"的程序追求的是让人无法区别这首乐曲的来源，即越像巴赫越好；各种美图软件追求的也是越像某种特定风格越好；能够自动纠错的智能软件则更直接，发现错误并纠正的准确率越高越好，这些生成作品已构成实质性相似。人类创作作品有工匠与艺术家的区分，艺术家追求的一定是"不同"，即使临摹也强调"学我者生，似我者死"。版权法保护的是来自人这种生物在长期社会进化中形成的、每个人都独一无二的大脑运转结果，这种创作机制是无法确定的、无法复制的。

三、人工智能生成物可版权性法律判断的成本收益方法

（一）人工智能降低了表达成本，更加激励创作

绝大多数作品是建立在更早期的作品基础上的。著作权保护的目的是激励创作，进而提高社会总的创作数量。简单的看法是著作权保护增加了侵权复制者成本，减少了侵权复制品数量，在总需求不变的情况下，增加了作品需求，进而提高了作者利润，激励作者创作。但是，著作权保护存在递减效应，过高的著作权保护会增加其他作品的表达成本，并因增加竞争而增加其他替代品进而降低作品需求，同时还会产生更高的管理和执行成本，进而抵消高保护带来的作者利润，甚至因降低总需求数量而导致作者利润下降。著作权保护的核心在于保护复制，对享有著作权作品的侵权复制件，在市场上成为该作品表达性方面的一个相近替代品，并因而会明显地挤占其市场份额，降低作品需求，并且由于它没有表达成本，它的价格就低于作品，从而使版权作品被完全替代，它就构成侵权。故意复制应当承担法律责

---

① 蔡自兴等：《人工智能及其应用》，清华大学出版社2016年版，第3页。

任,复制者若想证明没有故意侵权,必须合理相信该作品处于公共领域之中。但是,享有著作权的材料成百万亿页,其中任何一页所包含的一句话或者一段话,即使公开了,也未必谁都能知晓,权利人只要证明其公开或者其他复制者接触的可能性存在,就会使后来作者在纯粹巧合发生重复的情况下构成侵权,这样的机制就会使后来的作者必须搜索到所有的已经公开的作品,进而避免重复,这显然是不可能的。所以,著作权法必须用两个机制来平衡,一个是建立实质相似原则,另一个是采取著作权登记制度。虽然逐字重复并不构成侵权必要条件,只需要两者存在实质性相似,作者仍然需要为避免重复检查不计其数的享有著作权作品,这都需要额外承担成本,这个成本是额外成本,增加的是无谓损失,减少社会福利。著作权可以登记,但解决不了作者的搜寻成本问题。对于版权局不可行的事情对于作者也不可行,他不可能为了确保自己并没有非故意地重复某一有著作权的材料,而去阅读所有现存的有著作权的文献。更进一步来说,那些没有发表的作品,只要它们被固定在载体上,同样有著作权,但不能被检索到。所以,防止对享有著作权的作品发生重复的成本很高,所得收益却非常小,原因是这种重复非常罕见。所以,仅凭是否重复来判断侵权,从总经济福利角度来说,这种制度是浪费的,它唯一的结果就是偶然发生的转让支付,即从不经意的侵权人向被重复材料的著作权人转让。① 所以,只能选择弹性的著作权保护,针对不同作品、不同技术条件、不同市场、不同复制程度,调整保护强度。到了当今人工智能时代,这些问题似乎发生了变化。

人工智能极大地降低了创作者的搜索成本,进而减少了创作成本,增加了社会总体福利。人工智能降低的搜索成本依赖于先进的网络技术、数据库技术和搜索技术。真正人工智能意义的搜索技术与简单的关键词搜索技术的不同在于,人工智能搜索是按照推理方式进行问题求解。原有的数据库关键词搜索技术对创作者的搜索成本降低的并不多,因为关键词的短语表达本身不具有可版权性,搜索到含有关键词的作品并不能解决创作者发现是否复制的问题,仅是缩小了搜索范围,未改变创作者通过自身人力搜索的本质。人工智能专家系统的搜索是建立演绎推理系统从知识库中进行问题求解,由此形成的搜索结果精确度大为提高,范围大为缩小,极大地降低了搜索成本。由此必然造成创作者的创作成本极大地降低。这种创作成本的降低,在相同著作保护强度下,必然会产生创作者的利润提高,形成创作激励。但按照前面的原理,如果因技术使用这种外部条件导致的创作成本的降低,著作权权保护强度应当随之降低。即便如此,在著作权保护强度降低的情况下,创作者因为提高了搜索效率接触更多表达的概率也相应增加,进而使创作者无故意重复的可能性降低,原创性作品会增多。

(二)最大理性原则使版权主张人偏好隐藏人工智能创作事实

前面提到的北京互联网法院的人工智能著作权案的诉争作品被认定为人工智能生成,法院并未用"人工智能"的概念来对其生成过程进行界定,而是通过对作品生成路径的分析得出并非自然人创作。按照前述人工智能技术的介绍,在当前技术条件下,能够在事后被识别为通过非人力完成的生成物成果,都不具有可版权性。其原因并非由于非人类创作,而是

---

① 〔美〕威廉·M.兰德斯、理查德·A.波斯纳:《知识产权法的经济结构》,北京大学出版社 2016 年版,第 101～108 页。

该成果均非能够获得版权保护的表达。例如,目前的自动翻译技术,会有人先将一种语言的作品翻译成另一种语言,然后将另一种语言形成的作品再用原语言翻译回来,形成与原作品不同的表达,这显然是通过抽象概括法可识别的。不能断言,除机器学习技术外,其他的人工智能技术就不能产生可版权性的表达。通过编撰算法驱动生成文字作品、音乐作品、美术作品甚至电影或类电影作品都是可能的。但是,如果开发者是将创造性表达通过算法程序实现而不是通过搜索复制的他人表达,算法技术仅是工具,不应当将其看作是非自然人创造。无论是否可识别,如果对该成果形成了利益追求,按照经济学的最大理性原理,若人工智能是利益诉求障碍,主张权利者必然隐瞒该事实,减少自己的利益实现成本。波斯纳认为"人不仅在经济事务中,在所有的生活领域都是理性的功利最大化者。人们会对激励作出反映,即如果一个人的环境发生变化,而他通过改变他的行为就能增加他的满足,他就会那么做"。[①] 如果一个人持有一个不能被证明是人工智能创作的作品,而他是这个作品的第一个人类接触者,如同经济学关于财产权的沉船打捞理论,第一个打捞者通过占有获得所有权,财产权制度使其收回了占有成本(包括打捞成本和维护成本),竞争使他更早地完成作品进而减少社会成本,所以他有动力及时主张作品版权。但是如果他承认是非自身智力成果,等于抛弃财产价值,无法收回占有成本,并认可竞争者重新占有,不仅不符合最大理性原则,也是对社会成本的无谓损耗。

有观点认为应将人工智能作品直接进入公有领域来解决权利不明的问题,认为在开放共享式经济模式下诸多人工智能生成成果实际上也是利用共享数据信息,公众也应得以免费阅读、欣赏和使用。[②] 反对观点认为这将导致人工智能作品在创造、使用和传播过程中遭到类似公共物品"公地悲剧"的市场失灵结果,导致资源浪费和无效率经营的不利结果。这两种对立的观点其实都忽视了版权法对公共领域的处理逻辑,版权法通过权利期限、权利范围、权利限制的规范为公共领域留下了空间。因此,如果构成版权保护价值的,是否进入公共领域按照前述版权规则调整;不属于版权保护的财产,是否属于公共领域,也应按照财产法的逻辑处理。但是,无论是否具有版权价值,人工智能作品都不具有进入公共领域的条件,按照法经济学的观点,法律只有对极度稀缺性资源并且在交易成本过高的情况下,才进行权利初始配置。[③] 人工智能生成作品不具备这样的属性,因此不存在与公共领域相关的情形。好莱坞影星库珀在电影《永无止境》中扮演的才思枯竭的潦倒作家在获得神奇药丸后创作了广受欢迎的小说,但该片情节始终贯穿着库珀如何隐藏这些药丸和隐藏服药事实。人工智能可能就是这个神奇药丸,但不会有人公开承认用了他。

(三)人工智能创作物版权保护提高了简单复制成本,增加了原创作品总量

人工智能作为一种计算机技术,其生成物首先是计算机识别的代码,因此会被快速、精确和低成本复制,甚至复制成本几乎为零。如果不想被简单的复制品所替代,软件的开发者基本上都会利用加密技术措施阻止复制和反向工程。为使这种版权保护的技术方法能够稳

---

① [美]理查德·A.波斯纳:《法律的经济分析》,蒋兆康译,法律出版社 2012 年版,第 4 页。

② 冯晓青、潘柏华:《人工智能"创作"认定及其财产权益保护研究——兼评"首例人工智能生成物著作权侵权案"》,载《西北大学学报》2020 年第 50 卷第 2 期。

③ [美]理查德·A.波斯纳:《法律的经济分析》,蒋兆康译,法律出版社 2012 年版,第 70 页。

定地获得收益,著作权法禁止避开和破坏技术措施。① 所以,虽然加密技术使软件开发人增加了生成成本,但由于其提高非授权复制品边际成本,在相同价格情况下减少了替代品数量进而增加了自身产品需求,而著作权法对加密技术的专门保护等于提高了作品保护强度,对作者的利润如同形成了双保险,进而形成对创作的更强的激励。而复制者同样会想尽办法来破解加密措施,法律并不能提供及时有效的救济,这就形成了一种"军备竞赛",虽然增加了无谓成本,但是在竞赛中成功者就称为通吃的赢家,收回全部成本。当今加密技术的普遍运用说明了这些技术手段已经可以抵消这些无谓损失了。Matlab 科技工程应用软件的广泛使用就说明了这个问题,我国各大高校和科研机构被禁用该软件后,短期内并无相同质量的替代产品,更重要的是没有关于市场中存在盗版软件的消息,因为著作权法禁止规避技术措施条款使各高校和科研机构不敢使用未经授权的复制品。② 从这个意义上来说,软件开发者美国 MathWork 公司无疑是成功的。反过来,这也必将激励我国从事该工程软件的研发与创新。

不是所有的作品都能通过加密技术提高复制成本。如果人工智能生成物是文字作品、美术作品甚至是电影作品,加密措施不能完全保证不被复制。具有版权价值的人工智能生产物的创作成本由于存在人工智能技术利用成本,实际上要高于人类智能创作成本,如果增加加密技术成本,无疑增高了作品的生产边际成本,降低了作者利润。所以,作者就会寄希望于著作权保护的增强,通过加强保护提高简单复制成本。正如前面提到的任何作品都是在前期作品基础上完成的,本质上,除机器学习之外的人工智能技术如智能编辑、智能搜索、数据处理等,都属于复制技术,只是这种复制是在禁止实质性相似的规则下完成的。因此简单的复制技术尽管成本很低,但被认定故意侵权的可能性极大,在惩罚性赔偿规则已经建立的情况下,其侵权复制品的边际成本将极大提高,很可能退出竞争,进而使人工智能创作成为主流。

(四)人工智能生成作品同人类作品平等竞争,能激励总体创作数量和水平增长

人工智能作品同样是人类智慧的产物,尽管是人类智慧间接发挥作用的结果,但这个结果不是随意的人类游戏,而是以满足人类需求,实现人类最大福利为目标的。人工智能就是"研究如何使计算机做事让人过得更好"。③ 著作权法的根本目标是通过激励创作实现全社会获得文化作品总量的福利增加,人工智能技术的运用既能提升这种文化总量又能激励这种文化总量创作。因为,人工智能创作物同人类智能作品同时进入市场竞争,各具优势。人工智能搜索成本低,但创作效率也低,难以创作出高版权价值作品;而人类智能搜索成本高,但创作成本低。因此同样价格的低创造性作品,人类智能竞争力低于人工智能,而高创造性作品则正好相反。所以,人工智能创造物同人类智能作品同等竞争,会激励人类去创造高版权价值作品,进而提高整个社会的高价值的文化产品数量。这不但提高了整个社会文化的福利数量,更提高了福利水平。由此可以看出,那些主张不应将人工智能作品纳入版权保护

---

① 我国《著作权法》第 48 条第 6 项。

② 关于 MATLAB 软件的知识产权使用问题,我国各高校使用者的理解是否正确仍值得商榷,无论使用者如何考虑其自身因素,未经授权使用该软件未必一定导致侵权。

③ 蔡自兴等:《人工智能及其应用》,清华大学出版社 2016 年版,第 3 页。

而是将其作为其他财产权的观点,浪费了人工智能技术对社会进步的激励价值。人工智能创作的具有版权价值作品如果不同人类作品在同等领域竞争,一方面,会出现高版权价值的人工智能作品价格低于低版权价值的人类智能作品的现象,而低价值人工智能作品边际成本更高,由此不但会抑制人工智能产品的生产,更严重的是会抑制以生成具有独创性作品的人工智能技术的发展。另一方面,人类创作失去人工智能作品竞争,等于失去进化驱动,不但创作总体水平不能形成实质性提高,更严重的是人类会基于成本考量借助人工智能技术创作低价值作品,引发总体创作水平的倒退。目前一些短视频软件的走红就是例证。

四、人工智能生成物可版权性法律判断的目标衡量方法

(一)以创作工具来判断是否为作品,背离《著作权法》公平竞争目标

随着人工智能技术的发展,深度学习技术已经能够实现无监督学习,在视听领域已经能够创作出具有高创造性价值的作品。深度学习技术可以通过对样本学习,凭借一种被称为生成式对抗卷积网络,自主生成媲美摄影师拍摄的图像,并可以达到高艺术价值。这种技术甚至能将古代绘画中的人物制作成逼真的动态人物视频。所有这些作品的独创性毫不逊于人类作品。对于这些作品,不予版权保护,而采取邻接权、普通财产权等独创性价值之外的利益保护,理由仅是因为生成的工具是人工智能,而推断无人类的创作,这是不符合著作权法基本的公平竞争价值的。公平对待是民商法的基本价值,赞成这种不予版权保护做法的观点认为民商法的公平、平等是针对主体而言的,而作品是客体,不违反公平性。客体是主体实现权利和利益的媒介,同主体是分不开的,最终都反映到主体的利益实现上。规则都是依赖客体的不同而建立的,相同的客体就适用相同的规则,而客体是否相同是按照外观标准判断的,这是民法交易秩序的基本逻辑。同样是汽车,所适用的动产交易规则或者产品规则都是一样,不会考虑是无人驾驶汽车还是有人驾驶,是豪华型还是普通型。摄影比赛是不允许运用任何电脑修复技术的,更何况是人工智能技术,但是不代表经过电脑修复的照片不被允许同未经技术干预的照片一同拿到市场上交易,当然在交易时应披露照片的生成信息,但这不是区别对待适用规则,而是相同规则适用,选择权在于消费者。著作权法不是艺术评价法,是通过保护作品的市场交易价值来实现整体的社会文化产品总量的提高和传播,人工智能作品也是人类社会的文化产品,只是一种特殊工具运用的产品,交易价值应当由市场决定,而不应当由法律提前确定,只要不违反交易规则,不是侵权复制其他人作品,应当在相同的市场机制中同其他作品公平竞争,这样才能起到著作权法所追求的目的。前面提到的人工智能作品,如果所有人用其参加创作比赛,是欺诈行为,但是将其作为文化产品销售,消费者支付的价格高于其他低于其艺术价值的人类作品,是正当的。如果因为其人工智能作品不予版权保护,等于降低了简单复制门槛,使侵权复制品的成本极大降低,导致这些作品价格将会远低于那些低价值的人类作品,无论如何也不是公平竞争的结果。

人工智能技术生成的作品平等纳入版权保护,除了其工具属性外,还因其技术的革命性导致版权作品的新类型形成,像前面提到的利用对抗卷积网络算法技术自动生成的图片,是不能视为摄影作品的,但似乎也不是《著作权法(草案)》中的视听作品,这种情况下,应当视为其他作品。即使像这种无监督学习的卷积网络技术,并不是人类毫无创作干预,样本的选

择或者样本选择程序、算法技术的选择同样是机器依靠人类设定的规则来执行人类想要其达到的效果。机器无法偏离人类设定的规则,机器受规则约束和确定性的本质阻止机器创造的可能性。人工智能是传递创造力的机器,其根源还是来自人类的创造力。

(二)设置人工智能生成甄别门槛,不利于实现《著作权法》激励创作目标

著作权法产生文化、艺术、科学作品创作激励的经济上的原理就是通过选择适当的版权保护强度,提高侵权复制件成本,进而降低侵权替代产品市场数量,保证作者收回创作成本并实现收益预期,进而形成作者获得创作利益的信赖,产生再创作的激励。但是这种激励制度增加了社会成本,并且过强的版权保护激励反过来会限制总体激励目标,增加其他作者的创作成本,限制社会创作总量。人工智能作品的创作成本主要在于算法技术的发明而不是传统上的对已有版权作品的搜寻成本。对人工智能作品提供版权保护,激励的是算法技术的进步,但激励后果是高价值作品的创作数量增加,更重要的是降低了因版权保护而增加的社会成本。人工智能技术中能够实现创造性创作的只能是机器学习技术,不同的技术价值取向不同,有些并不以实现独创性为目标,而机器学习技术中只有连接学派的深度学习技术是以实现人的大脑创造性功能为目标的,其他学派如符合学派以实现知识推理为目标,贝叶斯学派以实现数据有效分析为目标,类推学派是为实现识别诊断,遗传学派是为了实现仿生智能。这些不同技术流派之间由于采取根本不同的技术哲学,所以目前尚未实现相互融合。而深度学习的算法目前仅能模仿到小鼠的神经元结构,距离人类大脑神经元结构还有很远的距离,更不用说完全实现人类大脑的模拟。所以,人工智能技术从创作能力上无法同人类竞争,本质上仍然属于人类的创作工具。如果因为使用人工智能技术而不予版权保护,相当于禁止利用提高生产效率的设备生产产品一样,如同数码相机的照片不是摄影作品,胶片相机的才是,电脑绘制的设计图不是作品,手绘的才是。这种做法是逆社会进步的,在创造性成本不变的情况下,不按版权保护人工智能技术作品,增加的是作者的其他创作成本,也就增加了整个社会成本。同时,作者的创造能力没有提高,因为人工智能创造能力不被允许同其竞争,使作者没有动机创作高于人工智能创造力的作品。

(三)将有价值的人工智能生成物排除版权保护,将背离《著作权法》提高整体文化福利目标

提高整个社会的文化产品总量进而增进整个社会的文化福利是著作权法的终极目标。按照前面的分析,人工智能创造物是社会文化产品中的一部分,将来随着技术的进步,该种作品所占的比例将进一步增加。将有价值的人工智能生产物排除版权保护,存在三个弊端,即降低了整个文化产品的竞争水平,遏制了创造性技术的进步,减少了整个文化作品的创作激励,最终后果就是降低了整个社会的文化福利水平。这种福利水平的降低包括质、量两个方面,降低的原因在前面已经分析过,总结如下。

首先,将人工智能因素作为排除作品版权保护的考量因素,背离《著作权法》作品判断的基本逻辑,其结果不具有正当性。依此观点,将导致在网络信息技术主导社会生活的当下,《著作权法》的适用失去稳定性和可预期性。另外,市场竞争者基于最大理性必然选择隐瞒人工智能生成的事实,由此导致诉讼中举证的对抗,对人工智能技术使用的甄别和举证将极大地增加诉讼成本,这个成本是社会成本也是无谓损失,降低的是社会总体福利。其次,排除人工智能生成物作品版权保护,既不利于作品市场公平竞争也不利于通过竞争产生高价值作品。人工智能技术在很长时间内无法实现对人类大脑的完全模拟,因此其产生的作品在独创性上都是低思想内涵、高表达技巧的作品。因此如果平等竞争,等于对人类创作作品提出了更高要求,人类的思想内涵创造上具有天然优势,只要在表达上提高就能创作超出人工智能价值的作品。最后,排除人工智能版权保护,将遏制人工智能创作作品的技术开发激励和作品创作激励,等于总体上减少了文化产品。

百威投资(中国)有限公司诉鑫义(厦门)国际贸易有限公司侵害商标权纠纷案*

——平行进口商标侵权认定及保全审查

██ 谢爱芳**

摘　要：在知识产权侵权诉讼中,要充分发挥行为保全、财产保全、证据保全的制度效能,提高知识产权司法救济的及时性和便利性;同时兼顾及时保护和稳妥保护的精神,合理平衡申请人与被申请人的利益。本案中,被诉侵权产品为平行进口啤酒,鉴于商标法等法律法规并未明确禁止平行进口行为,原告也未能证明因被告进口涉案啤酒的行为对商标权人造成实质损害或导致商品来源发生混淆等,法院认定被告进口涉案啤酒的行为不构成商标侵权,对原告要求被告停止侵权、赔偿损失等诉讼请求均不予支持。在诉讼过程中,考虑被告进口涉案啤酒的行为是否构成侵权存在较大的不确定性,对原告提起的行为保全申请、财产保全申请均不予准许,仅证据保全申请予以准许,提取涉嫌侵权啤酒样品。在依法保障权利人正当行使诉讼权利的同时慎重采取保全措施,以免对当事人的正常生产经营乃至平行进口产业的发展造成不利影响。

关键词：商标侵权;平行进口;诉讼保全

Parallel Import Trademark Infringement Identification and Preservation Review

Xie Aifang

Abstract：This case signals that the courts must provide timely and effective protections to the claimant, and balance the lawful right and interests between the applicant and the respondent as well. The allegedly infringing products herein are bulks of beer which were under ad-hoc customs detention. The preliminary evidence submitted by the defendant shows there was a probability that the allegedly infringing products were parallel imported. Considering that it is uncertain whether the defendant's behavior consti-

---

　*　本文所涉案件第一审法院合议庭成员为王铁玲、陈璐璐、谢爱芳;第二审法院合议庭成员为陈一龙、马玉荣、张丹萍。

　**　谢爱芳,女,厦门市中级人民法院四级高级法官。

tutes trademark infringement, the court denied motions of property preservation and be-
haviour preservation, but allowed motion of evidence preservation. In later procedures,
the defendant submitted notarized importation documents which proved the beer was
indeed parallel imported from the trademark owner through lawful ways. Since parallel im-
portation is not explicitly prohibited in Trademark Law, the origin of goods is indicated
clearly, confusion on the origin of goods is less likely to happen and there are no substan-
tial damages caused to trademark owners, the court denied the plaintiff's claim of stopping
trademark infringement and claim of damages.

Key Words: trademark infringement; parallel importation; preservation in litigation

裁判要点

进口商品清楚标明来源，不会导致消费者混淆或给商标权人造成实质损害的，不构成商
标侵权。

相关法条

《中华人民共和国商标法》第 57 条

案件索引

一审：福建省厦门市中级人民法院（2019）闽 02 民初 533 号（2019 年 8 月 16 日）
二审：福建省高级人民法院（2019）闽民终 1747 号（2019 年 12 月 31 日）

基本案情

原告百威投资（中国）有限公司（以下简称“百威公司”）诉称：摩得罗公司是第 5922443 号
“Coronita Extra”商标的注册人，“Coronita Extra”商标已经在中国消费者群体中具备广泛的影
响力。摩得罗公司授权原告在中国大陆销售“Coronita Extra”啤酒，使用“Coronita Extra”商标
及相关商业标识，并有权就侵犯前述商标的行为进行维权。2019 年 4 月，被告通过厦门海关
进口啤酒 21000 箱，该批啤酒瓶身上均使用了“Coronita Extra”商标。根据原告的申请，厦
门海关扣留了上述货物，但无法对是否侵权作出认定。原告认为，摩得罗公司是“Coronita
Extra”商标及“Coronita Extra”啤酒品牌的权利人，有权根据其经营策略，考量、决定如何使
用商标，包括授权何人、于何时何地、以何种方式使用商标，他人非经授权不得使用。被告在
未取得摩得罗公司许可和授权的情况下，在中国大陆进口使用“Coronita Extra”商标的啤酒
产品，构成对权利人商标权的严重侵害，并给权利人造成了巨大经济损失。请求法院：（1）判
令被告立即停止侵犯原告第 5922443 号“Coronita Extra”商标使用权的行为，并销毁全部进
口侵权产品；（2）判令被告赔偿原告经济损失 160 万元；（3）本案诉讼费用由被告承担。

被告鑫义（厦门）国际贸易有限公司（以下简称“鑫义公司”）辩称：涉案货物均来源于商
标权人摩得罗公司，货物来源合法正当，属于平行进口商品，被告通过平行进口获取的货物
并不会导致原告的商标使用权受到侵害。原告应知或明知被告平行进口案涉货物的行为是

合法正当的,并未侵犯其商标权益。原告提起本案诉讼系滥用诉权,意图达到扰乱市场、垄断市场的商业目的。原告的诉讼请求不具有事实和法律依据,请求依法驳回原告的诉讼请求。

法院经审理查明:摩得罗公司经原国家工商行政管理总局商标局核准,取得第5922443号"Coronita Extra及图"注册商标专用权,核定使用商品为第32类,包括啤酒等,该商标处于注册有效期内。百威公司系涉案商标的普通使用被许可人,经商标注册人摩得罗公司的授权,有权以自己的名义对侵害涉案商标权的行为提起诉讼。2019年4月15日,厦门海关根据百威公司的申请,对鑫义公司申报出口的21000箱标注有"Coronita Extra及图"标识的啤酒予以扣留,并于2019年5月23日作出厦关知字〔2019〕28号《调查结果通知书》,调查结果为:不能认定上述货物是否侵犯该公司在海关总署备案的相关知识产权。

经比对:被诉侵权产品瓶身及瓶身标签上所使用"Coronita Extra及图"标识与涉案第5922443号"Coronita Extra及图"商标相同、瓶盖上所使用的"corona"标识与涉案第5922443号"Coronita Extra及图"商标近似。

另查明,图毕分销股份有限公司(TO.BE Distributions S.A. de C.V.)分别于2019年1月23日、2019年1月24日向摩得罗公司购进21840箱"Coronita"啤酒。2019年2月1日、2019年2月7日、2019年2月8日,图毕分销股份有限公司将4200箱"Coronita"啤酒销售给萨尔菲多元化商业责任有限公司(Diversificadora Comercial SALFE, S. de R.L. de C.V.)。萨尔菲多元化商业责任有限公司于2019年2月27日将21000箱"Coronita"啤酒销售给被告鑫义公司,鑫义公司通过案外人宝荣环球贸易有限公司支付了该笔货物的货款。

裁判结果

福建省厦门市中级人民法院于2019年8月16日作出(2019)闽02民初533号民事判决:驳回原告百威公司的全部诉讼请求。宣判后,百威公司向福建省高级人民法院提起上诉。福建省高级人民法院于2019年12月31日判决:驳回上诉,维持原判。

裁判理由

法院生效裁判认为:商标法所保护的是标志与商品来源的对应性,而商标禁用权也是为此而设置的,绝非是为商标权人垄断商品的流通环节所创设的,即商标权利用尽规则应当是市场自由竞争所必须存在的基本规则之一。涉案被诉侵权商品来源于商标权人,商标权人已经从第一次销售中实现了商标的商业价值,而不能再阻止他们进行二次销售或合理的商业营销,否则将阻碍市场的自由竞争秩序建立的进程。现有商标法等法律法规并未明确禁止平行进口行为,原告亦未能证明因被告进口涉案啤酒的行为对商标权人造成实质损害或是导致商品来源发生混淆等,被告进口涉案啤酒的行为不构成商标侵权,对原告要求被告停止侵权、赔偿损失等诉讼主张,均不予支持。

案例注解

该案例涉及进口商通过平行进口方式进口商品的行为是否构成商标侵权的问题以及对当事人针对被诉侵权产品提出临时保全措施的审查处理。

一、关于平行进口商品之行为是否构成商标侵权

平行进口一般针对的是如下行为:未经知识产权权利人授权,第三方(平行进口商)进口并出售包含、涉及或贴附该权利人知识产权的商品。平行进口是因商品在世界范围内自由流动所引发的知识产权保护问题与国际贸易法问题。[①] 平行进口问题的根源在于知识产权地域性与权利用尽原则在国际贸易自由化背景下产生的冲突,与进口国或地区的贸易政策紧密相关,涉及商标权人、进口商、消费者的利益平衡,采取"国内用尽"、"国际用尽"或是"区域用尽"的权利用尽标准直接影响平行进口行为合法性的认定。由于平行进口问题的复杂性,理论界和实务界对于其合法性与正当性并无定论。国际层面上,有关国际条约如TRIPs,对于应否以及如何规制平行进口问题也未能形成共识。[②]

我国商标法或其他相关法律规定并未对平行进口商品是否构成商标侵权作出明确规定。最高人民法院在 2016 年 12 月 30 日颁布的《关于为自由贸易试验区建设提供司法保障的意见》中仅提出"应妥善处理商标产品的平行进口问题,合理平衡消费者权益、商标权人利益和国家贸易政策",并未对平行进口商品是否构成商标侵权予以明确。北京市高级人民法院 2015 年发布的《当前知识产权审判中需要注意的若干法律问题(商标篇)》中"关于平行进口是否构成侵害商标权"部分指出,商标法虽未将指示性使用明确列为不侵权的抗辩事由,但是考虑到商标法所保护的是标志与商品来源的对应性,而商标禁用权也是为此而设置的,绝非是为商标权人垄断商品的流通环节所创设,即商标权利用尽规则应当是市场自由竞争所必须存在的基本规则之一。在此基础上,若被控侵权商品确实来源于商标权人或其授权主体,此时商标权人已经从第一次销售中实现了商标的商业价值,而不能再阻止他们进行二次销售或合理的商业营销,否则将阻碍市场自由竞争秩序建立的进程,以此平行进口应被司法所接受,被认定不构成商标侵权。在司法实践中,若被控侵权商品确实通过合法手段来源于商标权人或其授权主体,根据笔者目前查询到的判决,多数法院认定平行进口商品未造成混淆、不损害商标的品质保证功能或承载的商誉的,不构成商标侵权;[③]少部分法院认定平行商品进口商中文标签中使用权利人中文标识的行为构成商标侵权或不正当竞争。[④]

本案中,墨西哥摩得罗公司在中国注册有讼争商标,原告经摩得罗公司授权在中国大陆销售"Coronita Extra"啤酒,使用"Coronita Extra"商标及相关商业标识,并有权就侵犯前述商标的行为进行维权。被告通过厦门海关申报进口的被诉侵权啤酒为瓶身及瓶身标签等标注"Coronita Extra"商标,根据本院所查明的事实,被诉侵权啤酒源自商标权人摩得罗公司。被告进口被诉侵权产品的行为属于平行进口的情形。

本案判决吸收了北京市高级人民法院 2015 年发布的《当前知识产权审判中需要注意的若干法律问题(商标篇)》关于平行进口是否构成商标侵权的意见,认定被告的行为并未违反《商标法》第 57 条的规定,不构成商标侵权。此类案件的审理应当注意审查如下问题:被诉

---

① 韩磊:《权利国际用尽原则与平行进口的法律规制》,载《河北法学》2017 年第 35 卷第 10 期。

② 韩磊:《权利国际用尽原则与平行进口的法律规制》,载《河北法学》2017 年第 35 卷第 10 期。

③ (2015)滨民初字第 1154 号民事判决、(2013)津高民三终字第 0024 号民事判决、(2015)杭萧知初字第 21 号民事判决、(2016)浙 01 民终 2178 号民事判决。

④ (2013)苏中知民初字第 0175 号民事判决、(2016)湘 01 民初 1463 号民事判决。

侵权产品是否来源于知识产权权利人或其授权人在其他国家生产的产品;被诉侵权产品是否通过合法手段取得;被告在进口被诉侵权产品是否标明商品来源,其标注或使用被诉侵权标识的行为是否善意、合理的使用,是否容易造成相关公众发生混淆或给商标权人造成实质损害。

平行进口的合法性问题涉及消费者利益、商标权人利益以及国家贸易政策等多重因素的利益衡量,需要区分不同情形作出区别化处理。总体而言,对于此类案件的处理,应从商标权的地域性、权利用尽原则及司法政策出发,既保护注册商标权利人的合法权利,也禁止其利用优势地位人为地进行市场分割,获取不合理的垄断利益,损害消费者及社会公众的合法权益。本案明确了如果进口商品清楚标明了来源,不会导致消费者混淆或给商标权人造成实质损害的,不构成商标侵权,对平行进口贸易的发展产生积极影响。

二、针对被诉侵权产品申请财产保全措施的审查处理

本案中,原告针对被诉侵权产品同时提起证据保全、财产保全及行为保全申请。本院依法组织双方进行听证。在被告提供初步证据证明所进口的啤酒构成平行进口行为的情况下,本院认为,被告进口被诉侵权产品的行为是否构成商标侵权存在较大的不确定性,对原告针对厦门海关查扣的涉案啤酒提起的行为保全申请、财产保全申请均不予准许,对其提出的证据保全申请予以准许,提取涉嫌侵权啤酒样品。在依法保障上述保全措施申请的审查中,对于原告针对被诉侵权产品提出的财产保全申请,是否符合《民事诉讼法》第100条所规定的"使判决难以执行或者造成当事人其他损害的"的情形,存在较大争议。有观点认为,被诉侵权产品属于诉讼争议标的物,可以作为财产保全的对象,如被诉侵权产品流入市场,原告提出销毁侵权产品的诉请将无法实现。笔者认为,财产保全制度是保证将来生效判决得以实现的法律制度,有利于当事人主动维护自己的合法权益,有利于民事诉讼的顺利进行,也有利于保证人民法院生效判决的执行。最高人民法院关于财产保全的相关司法解释,虽然规定了诉讼争议标的可以作为财产保全对象,但被诉侵权产品并不等同于一般意义上的诉讼争议标的。作为财产保全对象的诉讼争议标的,一般应当理解为指当事人对于权属存在较大争议,或者具有财产价值,可以直接变现的争议财产等。被诉侵权产品如构成侵权,最终难以变现。《最高人民法院关于人民法院办理财产保全案件若干问题的规定》第13条规定,被保全人有多项财产可供保全的,在能够实现保全目的的情况下,人民法院应当选择对其生产经营活动影响较小的财产进行保全。原告未提供相关证据证明除了被诉侵权产品外,被告没有其他任何财产可供执行。即便被告的行为被认定构成侵权,被诉侵权产品已流入市场,亦可通过赔偿方式予以解决。故,没有对被诉侵权产品以财产保全方式进行查扣的必要性。另,在被诉侵权是否构成侵权不确定的情况下,如对被诉侵权产品进行查扣,则原告可以通过不断提起财产保全申请的方式,对被告生产、销售的被诉侵权产品申请采取财产保全措施,在某种程度上是变相地采取了行为保全。故对此种情形,应当采取与行为保全相当程度的审查标准。

在知识产权侵权诉讼中,要充分发挥行为保全、财产保全、证据保全的制度效能,提高知识产权司法救济的及时性和便利性。但在知识产权不稳定或侵权认定一时难以作出判断的情况下,要慎重审查当事人的保全申请,兼顾及时保护和稳妥保护的精神,合理平衡申请人与被申请人的利益。

附：裁判文书

福建省厦门市中级人民法院
民 事 判 决 书

(2019)闽 02 民初 533 号

原告：百威投资(中国)有限公司，住所地上海市黄浦区西藏中路 268 号 2501-08 室。

法定代表人：王仁荣，董事长。

委托诉讼代理人：张偲杰，上海申骏律师事务所律师。

委托诉讼代理人：魏斌，上海申骏律师事务所律师。

被告：鑫义(厦门)国际贸易有限公司，住所地福建省厦门市湖里区穆厝路 3 号 C 栋 105A 店面。

法定代表人：罗松玉，执行董事。

委托诉讼代理人：赵宸一，福建世礼律师事务所律师。

委托诉讼代理人：陈诗静，福建世礼律师事务所律师。

原告百威投资(中国)有限公司(以下简称"百威投资公司")与被告鑫义(厦门)国际贸易有限公司(以下简称"鑫义公司")侵害商标权纠纷一案，本院于 2019 年 5 月 27 日立案受理后，依法适用普通程序，公开开庭进行了审理。原告百威投资公司的委托诉讼代理人张偲杰、魏斌，被告鑫义公司的委托诉讼代理人赵宸一、陈诗静到庭参加诉讼。本案现已审理终结。

原告百威投资公司向本院提出以下诉讼请求：(1)判令被告立即停止侵犯原告第 5922443 号"Coronita Extra"商标使用权的行为，并销毁全部进口侵权产品；(2)判令被告赔偿原告经济损失 160 万元；(3)本案诉讼费用由被告承担。事实与理由："Coronita Extra"啤酒是墨西哥瑟维赛拉摩得罗有限责任公司(简称"摩得罗公司")旗下的世界知名啤酒品牌，自进入中国市场以来，通过多年经营，在消费者群体中积累了良好的口碑。现在，"Coronita Extra"啤酒已经成为在中国市场享有广泛知名度、占据牢固市场地位的知名品牌。摩得罗公司是中国大陆第 5922443 号"Coronita Extra"商标的注册人，通过摩得罗公司及其关联公司的持续经营，"Coronita Extra"商标已经在中国消费者群体中具备广泛的影响力。摩得罗公司授权原告在中国大陆销售"Coronita Extra"啤酒，使用"Coronita Extra"商标及相关商业标识，并有权就侵犯前述商标的行为进行维权。2019 年 4 月，原告接厦门海关通知，被告通过厦门海关进口啤酒 21000 箱，该批啤酒瓶身上均使用了"Coronita Extra"商标。根据原告的申请，厦门海关扣留了上述货物。厦门海关依法对上述货物的知识产权状况进行调查，最终无法对是否侵权作出认定。原告认为，摩得罗公司是"Coronita Extra"商标及"Coronita Extra"啤酒品牌的权利人，有权根据其经营策略，考量、决定如何使用商标，包括授权何人、于何时何地、以何种方式使用商标，他人非经授权不得使用。摩得罗公司已授权原告在中国大陆进口"Coronita Extra"啤酒，并使用"Coronita Extra"商标，被告在未取得摩得罗公司许可和授权的情况下，在中国大陆进口使用"Coronita Extra"商标的啤酒产品，根据《中华人民共和国商标法》第 57 条等有关法律法规的规定，已经构成对权利人商标权的严重侵害,并给权利人造成了巨大经济损失。

被告鑫义公司辩称,原告的诉讼请求没有事实和法律依据,请求驳回原告的全部诉讼请求。理由如下:(1)原告的诉讼主体资格存疑,其并非适格的诉讼主体,应当驳回其诉讼请求。①公证书所附《商业标识许可及维权授权》落款处签字的 Federico Bueno Icaza(签字方"A"的代理人)和 Patricia Frizo(签字方"B"的代理人)的权利基础来源于原告证据第 15 页和第 29 页的"诉讼权和仲裁权",但该两页关于"诉讼权和仲裁权"的具体表述不一样,其中第 15 页表述的是"开始、追踪和放弃各种诉讼和程序,即使他们受审理保护,妥协,从事仲裁或仲裁员……",第 29 页表述的是"开始、继续和停止各种行动和程序,包括宪法保护的和解,聘请裁决人及仲裁人……",因此其权利基础是模糊的、不一致的。②公证书所附《商业标识许可及维权授权》协议是一份涵盖诸多内容的商标许可和维权文件,提起诉讼也仅仅是其中关于维权的一项内容,签字人 Federico Bueno Icaza 和 Patricia Frizo 无权在《商业标识许可及维权授权》落款处签字。③授权材料并未明确 Federico Bueno Icaza 和 Patricia Frizo 具有再授权他人提起诉讼的权利。根据《中华人民共和国民法总则》第 169 条的规定,代理人需要转委托第三人代理的,应当取得被代理人的同意或者追认。因此,本案原告不具有提起本案诉讼的权利,其诉讼申请应当予以驳回。(2)原告的诉讼请求不具有事实基础和法律依据。本案被告的涉案货物均来源于商标权人摩得罗公司,货物来源合法正当,属于平行进口商品,被告已经提交了充分的证明材料对此予以证明。①涉平行进口行为不会导致原告的商标使用权受到侵害。平行进口行为并未切断该商品和商标权人之间的联系,未损害商标的识别功能,不会使消费者对商品的来源产生混淆。此外,被告也未改变商品包装或商标标识,未使商品质量有所降低,其行为亦未损害商标的质量保障功能及广告宣传功能。②平行进口情形下权利人的权利主张也应受商标权利用尽原则的制约。根据商标权利用尽原则,经商标权人同意将带有商标的商品投放市场后,任何人使用或销售该商品,商标权人无权禁止。在平行进口行为上,如果不承认商标权利用尽这一基本前提和原则,商标权人则可能利用商标控制商品流通,以分割市场并保持垄断地位或维持高价,这对其他经营者以及消费者而言显然具有巨大的不利影响。本案被诉侵权商品确实来源于商标权人的授权经销商,此时商标权人已经从"第一次"销售中实现了商标的商业价值,而不能再阻止他人进行"二次"销售或合理的商业营销,否则将阻碍市场正常自由竞争秩序的建立,造成商业垄断。③原告声称自进入中国市场以来,通过多年经营,在消费者群体中积累了良好的口碑,对此原告未加以举证。如果原告认为被告货物是假货,原告应该承担举证责任。因此,本案被告通过平行进口获取的货物并不会导致原告的商标使用权受侵害。原告的诉讼请求不具有事实和法律依据。(3)被告将保留对原告另案追偿的权利。本案被告所进口的货物性质特殊,均为保质期为 12 个月的啤酒。因为原告申请厦门海关对案涉啤酒进行扣留,导致案涉啤酒被扣留在码头,被太阳曝晒,加速了啤酒的变质。此外,啤酒被扣留在码头所产生的仓储、保管等费用亦十分庞大,目前均由被告负担,已经给被告造成了极大的经济负担,影响到被告的正常经营。原告应知或明知被告平行进口案涉货物的行为是合法正当的,并未侵犯其商标权益。原告提起本案诉讼系滥用诉权,意图达到扰乱市场、垄断市场的商业目的。被告因原告滥用诉权提起本案诉讼,不得不为此支付律师费用、货物被扣押港口的仓储费用,且需面临货物临期或过期作废等巨大经济损失。被告保留对原告另案提起诉讼索赔的权利。

原告百威投资公司为证明其诉讼主张,向本院提交了以下证据:

证据1第5922443号《商标档案》,证明第5922443号注册商标核定使用商品为32类(包括啤酒),注册人为墨西哥的摩得罗公司。

证据2《商业标识许可及维权授权》公认证文件,证明摩得罗公司授权原告使用第5922443号注册商标,并授权原告单独就侵权行为提起诉讼。

证据3浙江省高级人民法院民事裁定书,证明浙江省高级人民法院裁定原告具有起诉资格,有权就被告的侵权行为提起诉讼,本案原告具有起诉资格。

证据4(2019)沪卢证经字第380号公证书,证明"Coronita Extra"商标经过长期广泛的使用、销售及宣传,已经成为具有全国影响力的知名商标。

证据5厦关知字〔2019〕28号《调查结果通知书》,证明被告未经授权使用"Coronita Extra"商标,侵害了权利人的注册商标专用权。

证据6涉嫌侵权啤酒照片,证明被告未经授权使用"Coronita Extra"商标,侵害了权利人的注册商标专用权。

证据7(2018)闽0628刑初49号刑事判决书,证明本案原告具有起诉资格,可以单独以原告自己的名义提起诉讼。

证据8"Coronita Extra"啤酒在天猫商城、京东商城的销售页面截图及实物照片,证明使用涉案商标的"Coronita Extra"啤酒在中国市场实际销售。

被告鑫义公司为支持其答辩意见,向本院提交以下证据:

证据1墨西哥公证书。

证据2墨西哥公证书中文翻译件。

证据1-2证明被告的涉案货物均来源于商标权人摩得罗公司,货物来源合法正当,属于平行进口商品。

证据3发票扫码验证结果,证明被告的案涉货物所对应的发票真实、合法、完整。

证据4阚凤芹律师与翻译事务所纳税识别卡及其翻译件,证明阚凤芹律师与翻译事务所具有翻译文件的资质。

证据5墨西哥公证书及其对应翻译件、二维码扫一扫结果、二维码扫一扫结果翻译件,证明涉案货物均是向商标权人摩得罗公司的授权经销商购入,货物来源合法正当,属于平行进口商品,具体链路如下:摩得罗公司将货物销售给图毕公司,图毕公司将货物销售给萨尔菲公司,萨尔菲公司销售给被告。

证据6萨尔菲公司开具给宝荣公司的发票及其翻译件。

证据7提单及其翻译件。

证据6、7共同证明收货人为被告的提单所显示的提单号、集装箱编号,均可以与萨尔菲公司开具给宝荣公司的发票写明的提单号和集装箱号对应。

证据8厦门精艺达翻译服务有限公司营业执照副本,证明翻译单位厦门精艺达翻译服务有限公司的工商信息。

证据9证据保全啤酒条形码扫描结果,以及中国物品中心网站的查询结果,证明涉案货物来源于商标权人摩得罗公司。

证据10(2019)闽厦开证经字第767号公证书,证明被告所提交的发票可以通过扫描二维码验证其真实性。

证据11(2019)闽厦证开证经字第768号公证书,证明www.sat.gob.mx是墨西哥税务总局网站。

根据百威投资公司的申请,本院于2019年6月25日对被告申报出口的、厦门海关厦关知字〔2019〕28号《调查结果通知书》项下的啤酒进行证据保全,提取涉嫌侵权啤酒一箱,并调取相关报关单一份。

现对双方当事人提交的证据及本院依法调取的证据,分析认证如下:(1)原告提交的证据。证据1,被告对真实性、合法性、关联性均无异议,本院予以采信。证据2被告对证据真实性无异议,对合法性、关联性有异议,对该证据的表面真实性本院予以采信,原告提交的该公证认证文件能否证明原告的诉讼主体适格涉及本案争议焦点,将在下文予以分析。证据3真实性、合法性予以采信,该民事判决关于原告诉讼主体资格的认定,并不影响本院在本案中对该问题的审查认定,原告的诉讼主体是否适格涉及本案争议焦点,将在下文予以分析。证据4为公证书,被告对真实性、合法性无异议,对关联性有异议,该证据内容涉及涉案商标的知名度,与本案存在一定关联,对该证据本院予以采信。证据5、6被告对真实性、合法性、关联性无异议,对该证据本院予以采信,被告的行为是否构成侵权,本院将综合在案证据予以认定。证据7系与本案无直接关联案件的刑事判决,仅作为参考。证据8无原件,且被告对真实性不予确认,对该证据本院不予采信。(2)被告提交的证据。证据1、2,原告对真实性认可,对合法性、关联性提出异议,理由是被告未提供翻译机构的翻译资质。经查,被告提供了墨西哥公证书及翻译件原件,提供的翻译机构翻译资质证明,形式上存在瑕疵,鉴于原告未能提出相反证据证明该翻译件的翻译内容有误,且发票有关内容可以与证据10中将发票上二维码扫描后获取的信息等相印证,对证据1、2本院予以采信。证据3发票扫描验证结果,可以与证据1、证据10相印证,本院予以采信。证据4无原件,且原告有异议,本院不予采信。证据5中公证书及翻译件的采信意见同证据1、2,证据5中二维码扫一扫结果可以与证据1、证据10相印证,本院予以采信;翻译件,原告对翻译内容及翻译机构资质均无异议,本院予以采信。证据6的采信意见同证据1、2。证据7中提单无原件,对证据7提单及翻译件本院均不予采信。证据8厦门精艺达翻译服务有限公司营业执照的真实性、合法性、关联性,本院予以采信。证据9涉及证据保全啤酒条形码扫描结果以及中国物品编码中心网站查询结果,原告对该证据的真实性予以确认,该证据与本案存在关联,对该证据本院予以采信。证据10系对被告所提交的发票通过扫描二维码方式进行验证,被告对该过程通过公证方式取证,在无相反证据予以推翻的情况下,对该证据本院予以采信。证据11,被告对相关网页等通过公证方式进行取证,在无相反证据予以推翻的情况下,本院对该证据予以采信。(3)本院依法调取的被诉侵权啤酒及报关单。双方当事人对真实性、合法性、关联性均无异议,可以作为认定案件事实的依据。

本院根据上述所确认的证据及当事人在庭审中的相关陈述等,查明以下事实:

2009年11月28日,墨西哥摩得罗公司经国家工商行政管理总局商标局核准,取得第5922443号"Coronita Extra及图"注册商标专用权,核定使用商品为第32类,包括啤酒、无酒精饮料、无酒精果汁饮料、水(饮料)、饮料制剂、制饮料用糖浆,注册有效期限自2009年11月28日至2019年11月27日止。经持续经营与宣传推广,该公司所经营的"Corona"等啤酒具有一定的市场知名度。

2018 年 9 月 19 日,墨西哥联邦区公证处对摩得罗公司的两位签字代表费德里科·布埃诺·伊卡萨(Federico Bueno Icaza)和帕特里西娅·弗里索(Patricia Frizo)于同年 9 月 1 日签署的《商业标识许可及维权授权》协议等事项进行了公证,该公证文件于同年 11 月 16 日经中国驻墨西哥大使馆领事部认证。该《商业标识许可及维权授权》协议载明,摩得罗公司在中国境内享有的包括第 5922443 号"Coronita Extra 及图"在内等商业标识的权利、权益,授权百威投资公司、百威(中国)销售有限公司、百威(上海)啤酒销售有限公司,上述公司有权在中国境内进口、销售及宣传带有所许可商业标识的啤酒及相关产品。该许可为普通许可,有效期至被许可商业标识有效期届满之日止。被许可人针对该授权书生效之前已发生和授权生效后发生于中国境内的各种侵犯该授权书所许可的商业标识的行为,有权以被许可人的名义进行维权、鉴定等。该授权协议还载明,被许可人有权在中国境内以被许可人的名义单独提起诉讼,如果任意一个被许可人单独提起诉讼,许可人和其他被许可人不再就同一侵权行为提起诉讼,所获得的赔偿款归提起诉讼的被许可人所有。在公证过程中,签字代表费德里科·布埃诺·伊卡萨(Federico Bueno Icaza)和帕特里西娅·弗里索(Patricia Frizo)还提供了摩得罗公司有关股东会决议等证明其有权代表摩得罗公司在《商业标识许可及维权授权》协议上签字。两位签字代表所提供的股东会决议等体现,授予费德里科·布埃诺·伊卡萨(Federico Bueno Icaza)等代表签字方"A",行使以下职权"诉讼权和索赔权,具有法律的特殊条款要求的所有一般和特殊权利,根据《联邦区民法典》第 2554 条第 2 款、第 2587 条第 1 款,以及《联邦民法典》和《墨西哥共和国所有州的民法典》的相关条款的规定,其内容列举(但不限于)如下:开始、追踪和放弃各种诉讼和程序,即使它们受到审理保护、妥协,从事仲裁或仲裁员,放弃和阐明立场,拒绝,接受付款,同意裁决,提起诉讼和指控,放弃刑事诉讼和指控并给予谅解,认可签名和文件,构成民事部分并协助公共部,在拍卖中表明立场并获得财产判决,以及法律明确规定的其他行为。该权利不授予转让财产的资格",除了前述诉讼权和索赔权外,还授予行政管理行为的权力、开立和注销银行账户等职权。授予帕特里西娅·弗里索(Patricia Frizo)等代表签字方"B",代表签字方"B"的代理人的职权内容与代表签字方"A"的代理人的职权内容基本相同。并规定被任命为签字方"A"的代理人必须与任何其他被任命为签字方"B"的代理人无区别地协同方式来行使权力,但永不跟被任命为签字方"A"的其他代理人协同。

2019 年 4 月 15 日,厦门海关根据百威投资公司的申请,对鑫义公司申报出口的 21000 箱标注有"Coronita Extra 及图"标识的啤酒予以扣留,并于 2019 年 5 月 23 日作出厦关知字〔2019〕28 号《调查结果通知书》,调查结果为:不能认定上述货物是否侵犯该公司在海关总署备案的相关知识产权。

经比对:被诉侵权产品瓶身及瓶身标签上所使用"Coronita Extra 及图"标识与涉案第 5922443 号"Coronita Extra 及图"商标相同、瓶盖上所使用的"corona"标识与涉案第 5922443 号"Coronita Extra 及图"商标近似。

另查明,图毕分销股份有限公司(TO.BE Distributions S.A. de C.V.)分别于 2019 年 1 月 23 日、2019 年 1 月 24 日向摩得罗公司购进 21840 箱"Coronita"啤酒。2019 年 2 月 1 日、2019 年 2 月 7 日、2019 年 2 月 8 日,图毕分销股份有限公司将 4200 箱"Coronita"啤酒

销售给萨尔菲多元化商业责任有限公司(Diversificadora Comercial SALFE, S. de R.L. de C.V.)。萨尔菲多元化商业责任有限公司于2019年2月27日将21000箱"Coronita"啤酒销售给被告鑫义公司,鑫义公司通过案外人宝荣环球贸易有限公司支付了该笔货物的货款。

本院认为,本案争的议焦点为:(1)百威投资公司作为本案原告的诉讼主体资格是否适格;(2)鑫义公司进口涉案被诉侵权产品的行为是否构成商标侵权及应当承担的法律责任。

关于争议焦点一。本院认为,百威投资公司为证明其具有诉讼主体资格提供了《商业标识许可及维权》协议、代表摩得罗公司在该协议上签字代表的身份信息及授权相关股东会决议等,上述书证系源自境外的证据,百威投资公司已依法办理了公证认证手续。两位签字代表费德里科·布埃诺·伊卡萨(Federico Bueno Icaza)和帕特里西娅·弗里索(Patricia Frizo),根据相关股东会决议分别为代表签字方"A"、代表签字方"B"的代理人。根据摩得罗公司的股东会决议,任命为签字方"A"的代理人必须与任何其他被任命为签字方"B"的代理人无区别地协同方式来行使权力,但永不跟被任命为签字方"A"的其他代理人协同。前述两位授权代表共同在《商业标识许可及维权》协议签字的行为符合摩得罗公司相关股东会决议的前述规定。关于两位授权代表的职权,根据相关股东会决议的记载,包括诉讼权和索赔权以及行政管理行为权力等,在诉讼权和索赔权的权利项下,载明指所有基本权利,在列举权利内容时明确包括但不限于开始、继续和停止各种行动和程序、确认签名和文件等,故可以理解为两位授权代表的职权包括在商标授权许可和维权等有关授权文件上代表摩得罗公司签字等。故该两位签字代表在《商业标识许可及维权》协议上的签字,在被告未提供相反证据予以反驳的情况下,可以认定为代表了摩得罗公司的意思表示。

根据《最高人民法院关于审理商标民事纠纷案件适用法律若干问题的解释》第4条的规定:"商标法第五十三条规定的利害关系人,包括注册商标使用许可合同的被许可人、注册商标财产权利的合法继承人等。在发生注册商标专用权被侵害时⋯⋯普通使用许可合同的被许可人经商标注册人明确授权,可以提起诉讼。"涉案《商业标识许可及维权》协议载明,摩得罗公司在中国境内享有包括第5922443号"Coronita Extra及图"在内等商业标识的权利、权益,授权百威投资公司、百威(中国)销售有限公司、百威(上海)啤酒销售有限公司,上述公司有权在中国境内进口、销售及宣传带有所许可商业标识的啤酒及相关产品。该许可为普通许可,有效期至被许可商业标识有效期届满之日止。被许可人针对该授权书生效之前已发生和授权生效后发生于中国境内的各种侵犯该授权书所许可的商业标识的行为,有权以被许可人的名义进行维权、鉴定等。该授权协议还载明,被许可人有权在中国境内以被许可人的名义单独提起诉讼,如果任意一个被许可人单独提起诉讼,许可人和其他被许可人不再就同一侵权行为提起诉讼,所获得的赔偿款归提起诉讼的被许可人所有。根据该授权协议,百威投资公司系涉案商标的普通使用被许可人,经商标注册人摩得罗公司的授权,有权以自己的名义对侵害涉案商标权的行为提起诉讼,其作为本案原告的诉讼主体资格适格。

关于争议焦点二,本院认为,被告鑫义公司主张涉案被诉侵权产品源自商标权人摩得罗公司,提供了货物由摩得罗公司销售给图毕分销股份有限公司,图毕分销股份有限公司销售给萨尔菲多元化商业责任有限公司,萨尔菲多元化商业责任有限公司销售给本案被告的相关发票及公证认证件、发票扫描二维码公证书及翻译件以及通过扫描发票上二维码验证发票真实性的网站系墨西哥税务总局官方网站的相关公证书等,同时发票上货物的数量、销售时间等与被告进口涉案啤酒的数量、时间等可以相印证,上述证据已形成优势证据,足以证明涉案被诉侵权产品源自商标权人摩得罗公司。同时,被告进口的涉案被诉侵权产品系通过合法途径进口,该行为符合平行进口商品的情形。考虑到商标法所保护的是标志与商品来源的对应性,而商标禁用权也是为此而设置的,绝非是为商标权人垄断商品的流通环节所创设,即商标权利用尽规则应当是市场自由竞争所必须存在的基本规则之一。涉案被诉侵权商品来源于商标权人,商标权人已经从第一次销售中实现了商标的商业价值,而不能再阻止他们进行二次销售或合理的商业营销,否则将阻碍市场的自由竞争秩序建立的进程。现有商标法等法律法规并未明确禁止平行进口行为,原告亦未能证明因被告进口涉案啤酒的行为对商标权人造成实质损害或是导致商品来源发生混淆等,本院认定被告进口涉案啤酒的行为不构成商标侵权,对原告要求被告停止侵权、赔偿损失等诉讼主张,均不予支持。

综上,依照《中华人民共和国民事诉讼法》第64条第1款的规定,判决如下:

驳回原告百威投资(中国)有限公司的全部诉讼请求。

本案案件受理费19200元,由原告百威投资(中国)有限公司负担。

如不服本判决,可以在本判决书送达之日起十五日内,向本院递交上诉状,并按照对方当事人或者代表人的人数提出副本,上诉于福建省高级人民法院。

审　判　长　　王铁玲

审　判　员　　陈璐璐

审　判　员　　谢爱芳

二〇一九年八月十六日

法官助理　　商梦莹

书　记　员　　朱梅君

附:本案适用的法律、司法解释条文

《中华人民共和国民事诉讼法》

第六十四条　当事人对自己提出的主张,有责任提供证据。

当事人及其诉讼代理人因客观原因不能自行收集的证据,或者人民法院认为审理案件需要的证据,人民法院应当调查收集。

人民法院应当按照法定程序,全面、客观地审查核实证据。

福建省高级人民法院
民事判决书

（2019）闽民终 1747 号

上诉人（原审原告）：百威投资（中国）有限公司，住所地上海市黄浦区西藏中路 268 号 2501-08 室。

法定代表人：王仁荣，董事长。

委托诉讼代理人：张偲杰，上海申骏律师事务所律师。

委托诉讼代理人：魏斌，上海申骏律师事务所律师。

被上诉人（原审被告）：鑫义（厦门）国际贸易有限公司，住所地福建省厦门市湖里区穆厝路 3 号 C 栋 105A 店面。

法定代表人：罗松玉，执行董事。

委托诉讼代理人：赵宸一，福建瀛坤律师事务所律师。

委托诉讼代理人：陈诗静，福建瀛坤律师事务所律师。

上诉人百威投资（中国）有限公司（以下简称"百威投资公司"）因与被上诉人鑫义（厦门）国际贸易有限公司（以下简称"鑫义公司"）侵害商标权纠纷一案，不服福建省厦门市中级人民法院（2019）闽 02 民初 533 号民事判决，向本院提起上诉。本院于 2019 年 11 月 20 日立案后，依法组成合议庭，公开开庭进行了审理。百威投资公司的委托诉讼代理人张偲杰、魏斌及鑫义公司的委托诉讼代理人赵宸一、陈诗静到庭参加诉讼。本案现已审理终结。

百威投资公司的上诉请求：（1）依法撤销福建省厦门市中级人民法院作出的（2019）闽 02 民初 533 号民事判决书；（2）请求依法将本案发回重审。事实和理由：①一审诉讼程序严重错误，剥夺了百威投资公司撤诉的权利。《最高人民法院关于适用〈中华人民共和国民事诉讼法〉的解释》第 238 条明确规定了当事人的撤诉权，且对法院作出不予准许撤诉裁定有明确限制。本案中，百威投资公司在法庭辩论终结前提出撤诉申请，且鑫义公司明确表态同意，同时一审法院亦未认定或释明百威投资公司存在违反法律的行为，故一审法院不准予撤诉径行判决严重违反法定程序，侵害了百威投资公司诉讼自主的权利，进而也剥夺了其进一步调查取证重新起诉的权利，应予纠正。②一审法院对于证据认定的逻辑存在矛盾，导致事实认定完全没有依据。一审判决书中对鑫义公司提交的翻译机构的资质文件是不予采信的，表明认可鑫义公司提供的翻译件是一家没有资质的公司进行翻译的，而在明确不采信该翻译公司资质的情况下对其翻译的材料却予以采信，是错误的，也导致了本案的事实查明没有依据。一审判决书中对百威投资公司提供的天猫和京东网页搜索的截图以没有原件为由，对其真实性不予采信，其实只要打开网站就可以随时验证。一审法院对双方证据采信采用不同的标准，难谓公正。

鑫义公司辩称：（1）一审程序不存在错误，也未剥夺百威投资公司申请撤诉的权利。①《中华人民共和国民事诉讼法》第 145 条及《最高人民法院关于适用〈中华人民共和国民事诉讼法〉的解释》第 238 条均未规定人民法院对当事人的撤诉申请应当准许。也就是说，百威投资公司在一审程序中提出撤诉申请，人民法院有权依法决定是否准许，故一审法院未准许百威投资公司撤诉申请的行为并未违反法律规定。②百威投资公司在法庭辩论终结前提出撤诉申请,鑫义公司当时虽同意,但鑫义公司庭后几经考虑认为百威投资公司提起本案诉讼没有事实和法律依据,严重侵害了鑫义公司的权益,给鑫义公司造成了巨大的经济损失。因此,鑫义公司又向一审法院寄送了驳回百威投资公司撤诉申请的申请书。③百威投资公司申请撤诉系由于证据不充分并确认不再重新起诉,且本案又再次安排开庭,百威投资公司如有任何证据需要补充都可依法向人民法院申请延期举证,故百威投资公司所谓"剥夺其进一步调查取证重新起诉的权利"没有事实依据。④百威投资公司在案件进入实体审理后申请撤诉,实际上是将严肃的诉讼程序及宝贵的司法资源作为其垄断市场的手段,使鑫义公司面临再次被起诉的风险和讼累,一审法院不予准许维护了司法的庄严。(2)一审对证据的认定正确无误,事实认定清楚。①根据《最高人民法院关于适用〈中华人民共和国民事诉讼法〉的解释》第527条的规定,诉讼当事人可以自行提供外文书面材料的中文翻译,该翻译件并非必须由翻译机构翻译,鑫义公司提供的中文翻译件符合该规定。百威投资公司无法证明鑫义公司提供的翻译件存在错误,应自行承担举证不利后果。鑫义公司无法提供翻译机构资质证明的原件仅能证明鑫义公司无法提供足够充分有效的证据证明该翻译机构的资质,而不能直接得出该机构没有翻译资质的结论。②本案是百威投资公司起诉的系列案件中的一个,该系列案件一审时同一时间开庭审理的,其在另案中对其他被告提供的网页证据的质证意见亦是认为该证据未经公证,对其真实性合法性不予认可,一审法院采用了与本案相同的标准对该证据不予采信,并未区别对待。鑫义公司在一审中已经充分举证证明涉案货物来源于商标权人墨西哥瑟维赛拉摩得罗有限责任公司(以下简称"摩得罗公司")。综上,一审判决适用法律正确,认定事实清楚,请求二审法院依法驳回百威投资公司的全部上诉请求。

百威投资公司向一审法院起诉请求:(1)判令鑫义公司立即停止侵犯百威投资公司第5922443号"Coronita Extra"商标使用权的行为,并销毁全部进口侵权产品;(2)判令鑫义公司赔偿百威投资公司经济损失160万元;(3)本案诉讼费用由百威投资公司承担。

一审法院认定事实:

2009年11月28日,摩得罗公司经国家工商行政管理总局商标局核准,取得第5922443号"Coronita Extra及图"注册商标专用权,核定使用商品为第32类,包括啤酒、无酒精饮料、无酒精果汁饮料、水(饮料)、饮料制剂、制饮料用糖浆,注册有效期限自2009年11月28日至2019年11月27日止。经持续经营与宣传推广,该公司所经营的"Corona"等啤酒具有一定的市场知名度。

2018年9月19日,墨西哥联邦区公证处对摩得罗公司的两位签字代表费德里科·布埃诺·伊卡萨(Federico Bueno Icaza)和帕特里西娅·弗里索(Patricia Frizo)于同年9月1日签署《商业标识许可及维权授权》协议等事项进行了公证,该公证文件于同年11月16日经中国驻墨西哥大使馆领事部认证。该《商业标识许可及维权授权》协议载明,摩得罗公司在中国境内享有的包括第5922443号"Coronita Extra及图"在内等商业标识的权利、权益,授权百威投资公司、百威(中国)销售有限公司、百威(上海)啤酒销售有限公司,上述公司有权在中国境内进口、销售及宣传带有所许可商业标识的啤酒及相关产品。该许可为普通许可,有效期至被许可商业标识有效期届满之日止。被许可人针对该授权书生效之前已发生和授权生效后发生于中国境内的各种侵犯该授权书所许可的商业标识行为,有权以被许可人的名义进行维权、鉴定等。该授权协议还载明,被许可人有权在中国境内以被许可人的名义单独提起诉讼,如果任意一个被许可人单独提起诉讼,许可人和其他被许可人不再就同一侵权行为提起诉讼,所获得的赔偿款归提起诉讼的被许可人所有。在公证过程中,签字代表费德里科•布埃诺•伊卡萨(Federico Bueno Icaza)和帕特里西娅•弗里索(Patricia Frizo)还提供了摩得罗公司有关股东会决议等证明其有权代表摩得罗公司在《商业标识许可及维权授权》协议上签字。两位签字代表所提供的股东会决议等体现,授予费德里科•布埃诺•伊卡萨(Federico Bueno Icaza)等代表签字方"A",行使以下职权"诉讼权和索赔权,具有法律的特殊条款要求的所有一般和特殊权利,根据《联邦区民法典》第 2554 条第 2 款、第 2587条第 1 款,以及《联邦民法典》和《墨西哥共和国所有州的民法典》的相关条款的规定,其内容列举(但不限于)如下:开始、追踪和放弃各种诉讼和程序,即使它们受到审理保护、妥协,从事仲裁或仲裁员,放弃和阐明立场,拒绝,接受付款,同意裁决,提起诉讼和指控,放弃刑事诉讼和指控并给予谅解,认可签名和文件,构成民事部分并协助公共部,在拍卖中表明立场并获得财产判决,以及法律明确规定的其他行为。该权利不授予转让财产的资格",除了前述诉讼权和索赔权外,还授予行政管理行为的权力、开立和注销银行账户等职权。授予帕特里西娅•弗里索(Patricia Frizo)等代表签字方"B",代表签字方"B"的代理人的职权内容与代表签字方"A"的代理人的职权内容基本相同。并规定被任命为签字方"A"的代理人必须与任何其他被任命为签字方"B"的代理人无区别地协同方式来行使权力,但永不跟被任命为签字方"A"的其他代理人协同。

2019 年 4 月 15 日,厦门海关根据百威投资公司的申请,对鑫义公司申报出口的 21000箱标注有"Coronita Extra 及图"标识的啤酒予以扣留,并于 2019 年 5 月 23 日作出厦关知字〔2019〕28 号《调查结果通知书》,调查结果为:不能认定上述货物是否侵犯该公司在海关总署备案的相关知识产权。

经比对:被诉侵权产品瓶身及瓶身标签上所使用"Coronita Extra 及图"标识与涉案第5922443 号"Coronita Extra 及图"商标相同、瓶盖上所使用的"corona"标识与涉案第5922443 号"Coronita Extra 及图"商标近似。

另查明,图毕分销股份有限公司(TO.BE Distributions S.A. de C.V.)分别于 2019 年 1月 23 日、2019 年 1 月 24 日向摩得罗公司购进 21840 箱"Coronita"啤酒。2019 年 2 月 1日、2019 年 2 月 7 日、2019 年 2 月 8 日,图毕分销股份有限公司将 4200 箱"Coronita"啤酒销售给萨尔菲多元化商业责任有限公司(Diversificadora Comercial SALFE,S. de R.L. deC.V.)。萨尔菲多元化商业责任有限公司于 2019 年 2 月 27 日将 21000 箱"Coronita"啤酒销售给鑫义公司,鑫义公司通过案外人宝荣环球贸易有限公司支付了该笔货物的货款。

一审法院认为,本案的争议焦点为:(1)百威投资公司作为本案原告的诉讼主体资格是否适格;(2)鑫义公司进口涉案被诉侵权产品的行为是否构成商标侵权及应当承担的法律责任。

关于争议焦点一。百威投资公司为证明其具有诉讼主体资格提供了《商业标识许可及维权》协议、代表摩得罗公司在该协议上签字代表的身份信息及授权相关股东会决议等,上述书证系源自境外的证据,百威投资公司已依法办理了公证认证手续。两位签字代表费德里科•布埃诺•伊卡萨(Federico Bueno Icaza)和帕特里西娅•弗里索(Patricia Frizo),根据相关股东会决议分别为代表签字方"A"、代表签字方"B"的代理人。根据摩得罗公司的股东会决议,任命为签字方"A"的代理人必须与任何其他被任命为签字方"B"的代理人无区别的协同方式来行使权力,但永不跟被任命为签字方"A"的其他代理人协同。前述两位授权代表共同在《商业标识许可及维权》协议签字的行为符合摩得罗公司相关股东会决议的前述规定。关于两位授权代表的职权,根据相关股东会决议的记载,包括诉讼权和索赔权以及行政管理行为权力等,在诉讼权和索赔权的权利项下,载明指所有基本权利,在列举权利内容时明确包括但不限于开始、继续和停止各种行动和程序、确认签名和文件等,故可以理解为两位授权代表的职权包括在商标授权许可和维权等有关授权文件上代表摩得罗公司签字等。故该两位签字代表在《商业标识许可及维权》协议上的签字,在鑫义公司未提供相反证据予以反驳的情况下,可以认定为代表了摩得罗公司的意思表示。

根据《最高人民法院关于审理商标民事纠纷案件适用法律若干问题的解释》第4条的规定:"商标法第五十三条规定的利害关系人,包括注册商标使用许可合同的被许可人、注册商标财产权利的合法继承人等。在发生注册商标专用权被侵害时……普通使用许可合同的被许可人经商标注册人明确授权,可以提起诉讼。"涉案《商业标识许可及维权》协议载明,摩得罗公司在中国境内享有包括第5922443号"Coronita Extra及图"在内等商业标识的权利、权益,授权百威投资公司、百威(中国)销售有限公司、百威(上海)啤酒销售有限公司,上述公司有权在中国境内进口、销售及宣传带有所许可商业标识的啤酒及相关产品。该许可为普通许可,有效期至被许可商业标识有效期届满之日止。被许可人针对该授权书生效之前已发生和授权生效后发生于中国境内的各种侵犯该授权书所许可的商业标识的行为,有权以被许可人的名义进行维权、鉴定等。该授权协议还载明,被许可人有权在中国境内以被许可人的名义单独提起诉讼,如果任意一个被许可人单独提起诉讼,许可人和其他被许可人不再就同一侵权行为提起诉讼,所获得的赔偿款归提起诉讼的被许可人所有。根据该授权协议,百威投资公司系涉案商标的普通使用被许可人,经商标注册人摩得罗公司的授权,有权以自己的名义对侵害涉案商标权的行为提起诉讼,其作为本案原告的诉讼主体资格适格。

关于争议焦点二。鑫义公司主张涉案被诉侵权产品源自商标权人摩得罗公司,提供了货物由摩得罗公司销售给图毕分销股份有限公司,图毕分销股份有限公司销售给萨尔菲多元化商业责任有限公司,萨尔菲多元化商业责任有限公司销售给鑫义公司的相关发票及公证认证件、发票扫描二维码公证书及翻译件以及通过扫描发票上二维码验证发票真实性的网站系墨西哥税务总局官方网站的相关公证书等,同时发票上货物的数量、销售时间等与鑫义公司进口涉案啤酒的数量、时间等可以相印证,上述证据已形成优势证据,足以证明涉案被诉侵权产品源自商标权人摩得罗公司。同时,被告进口的涉案被诉侵权产品系通过合法途径进口,该行为符合平行进口商品的情形。考虑到商标法所保护的是标志与商品来源的对应性,而商标禁用权也是为此而设置的,绝非是为商标权人垄断商品的流通环节所创设,即商标权利用尽规则应当是市场自由竞争所必须存在的基本规则之一。涉案被诉侵权商品来源于商标权人,商标权人已经从第一次销售中实现了商标的商业价值,而不能再阻止他们进行二次销售或合理的商业营销,否则将阻碍市场的自由竞争秩序建立的进程。现有商标法等法律法规并未明确禁止平行进口行为,百威投资公司亦未能证明因鑫义公司进口涉案啤酒的行为对商标权人造成实质损害或是导致商品来源发生混淆等,一审法院认定鑫义公司进口涉案啤酒的行为不构成商标侵权,对百威投资公司要求鑫义公司停止侵权、赔偿损失等诉讼主张,均不予支持。

综上,依照《中华人民共和国民事诉讼法》第64条第1款的规定,判决:驳回百威投资(中国)有限公司的全部诉讼请求。本案案件受理费19200元,由百威投资(中国)有限公司负担。

本院二审期间,当事人围绕上诉请求依法提交了证据。本院组织当事人进行了证据交换和质证。百威投资公司提交了如下证据:(1)百威投资公司撤诉申请书、快递单及投递记录,证明百威投资公司已于2019年7月11日向一审法院寄送撤诉申请书,请求撤回起诉,一审法院于2019年7月13日签收;(2)鑫义公司补充证据目录及一审法院传票,证明鑫义公司在首次庭审后仍在提供补充证据,就此一审法院于2019年8月6日再次排期开庭,故百威投资公司申请撤诉时一审法庭调查刚刚启动,法庭辩论未终结,一审法院不准予撤诉没有法律依据,并且一审法庭审理过程主要发生在百威投资公司申请撤诉之后,此后仍要求百威投资公司对鑫义公司的补充证据发表质证意见,不符合法定程序。

鑫义公司质证认为:对百威投资公司提交的两份证据的真实性无异议,对证明内容有异议。在一审法院未裁定准予百威投资公司撤诉的情况下,鑫义公司提交补充证据未违反规定,且是因为百威投资公司对鑫义公司提交的证据质疑才导致鑫义公司补充举证;是否准予撤诉是由人民法院裁定的,且百威投资公司在案件进入实体审理后申请撤诉,实际上是将诉讼程序和司法资源作为其垄断市场的手段,一审法院未予准许正确。

本院分析认为:百威投资公司提交两份材料说明的是一审审理过程,不属于民事诉讼中的证据。

本院经审理查明,一审认定的事实属实,予以确认。

本院认为,《中华人民共和国民事诉讼法》第145条第1款规定:"宣判前,原告申请撤诉的,是否准许,由人民法院裁定。"《最高人民法院关于适用〈中华人民共和国民事诉讼法〉的解释》第238条第1款规定:"当事人申请撤诉或者依法可以按撤诉处理的案件,如果当事人有违反法律的行为需要依法处理的,人民法院可以不准许撤诉或者不按撤诉处理。"本案一审诉讼中,百威投资公司在宣判前以证据不充分为由向一审法院申请撤回起诉,综合考虑案件的实际情况,一审法院对百威投资公司的撤诉申请未予准许,并未违反法定程序。如百威投资公司确有证据需要补充提交,可依法向一审法院申请延期举证。百威投资公司有关一审诉讼程序违法,侵害其诉讼自主权利以及剥夺其进一步调查取证重新起诉的权利等上诉理由,均没有事实和法律依据,不能成立。

《中华人民共和国民事诉讼法》第70条规定:"书证应当提交原件。物证应当提交原物。提交原件或者原物确有困难的,可以提交复制品、照片、副本、节录本。提交外文书证,必须附有中文译本。"《最高人民法院关于适用〈中华人民共和国民事诉讼法〉的解释》第527条规定:"当事人向人民法院提交的书面材料是外文的,应当同时向人民法院提交中文翻译件。当事人对中文翻译件有异议的,应当共同委托翻译机构提供翻译文本;当事人对翻译机构的选择不能达成一致的,由人民法院确定。"根据前述规定可知,当事人提交外文书证需要一并提交的是中文翻译件,而未规定该翻译件必须由具有资质的翻译机构出具。鑫义公司在一审中提交了用于证明被诉侵权产品来源于涉案商标权人摩得罗公司的发票等书证材料,并附有中文译本,符合证据的形式要件。百威投资公司对该中文译本有异议,但未申请重新委托翻译机构提供翻译文本。一审法院依法采纳鑫义公司提交的中文译本,符合法律规定。百威投资公司提交的"Coronita Extra"啤酒在天猫商城、京东商城的销售页面截图及实物照片均是复印件,一审法院未予采纳符合民事诉讼证据认定规则。本院对百威投资公司有关一审法院证据认定逻辑存在矛盾,事实认定无依据等上诉理由不予采纳。

综上,百威投资公司的上诉请求不能成立,应予驳回;一审判决认定事实清楚,适用法律正确,应予维持。依照《中华人民共和国民事诉讼法》第 170 条第 1 款第 1 项的规定,判决如下:

驳回上诉,维持原判。

二审案件受理费 19200 元,由百威投资(中国)有限公司负担。

本判决为终审判决。

审判长　陈一龙

代理审判员　马玉荣

代理审判员　张丹萍

二〇一九年十二月三十一日

法官助理　吴广强

书记员　陈　楚

附:相关法律条文

《中华人民共和国民事诉讼法》

第一百七十条　第二审人民法院对上诉案件,经过审理,按照下列情形,分别处理:

(一)原判决、裁定认定事实清楚,适用法律正确的,以判决、裁定方式驳回上诉,维持原判决、裁定;

(二)原判决、裁定认定事实错误或者适用法律错误的,以判决、裁定方式依法改判、撤销或者变更;

(三)原判决认定基本事实不清的,裁定撤销原判决,发回原审人民法院重审,或者查清事实后改判;

(四)原判决遗漏当事人或者违法缺席判决等严重违反法定程序的,裁定撤销原判决,发回原审人民法院重审。

原审人民法院对发回重审的案件作出判决后,当事人提起上诉的,第二审人民法院不得再次发回重审。

热点追踪

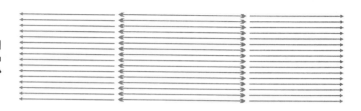

论知识产权侵权中的销售利润损失的认定[*]

■ 朱 冬[**]

摘 要:知识产权的市场价值主要体现在获利能力上,销售利润损失是知识产权侵权中实际损失的主要表现形式。知识产权作为市场中的权利,实践中面临侵权行为与实际损失间因果关系认定的难题。为此,各国法律采取了一系列措施来降低知识产权领域销售利润损失认定的难度。销售利润损失的认定,涉及损失存在、程度以及损失的计算等方面。其中,通过侵权产品销售量推定损失程度的规则、分摊规则、全部市场价值规则等,均是销售利润损失认定过程中值得研究的问题。

关键词:知识产权;市场价值;损害赔偿;利润损失

Study on the Determination of Loss of Sales Profits in Intellectual Property Infringement
Zhu Dong

Abstract:The market value of intellectual property is mainly reflected in its profitability, and the loss of sales profit is the main form of actual loss in intellectual property infringement.In the judicial practice, it is of great difficulty to identify the causality between infringement and actual loss. Therefore, various countries have taken a series of measures to reduce the difficulty of identifying the loss of sales profits in the field of intellectual property. The determination of loss of sales profit involves the existence, degree and calculation of loss. Among them, the rules of presumption of the degree of loss through the sales volume of infringing products, the rules of

* 本文为教育部人文社会科学研究青年基金项目"市场价值指引下的知识产权侵权损害赔偿问题研究"(18YCJ820097)的系列研究成果之一。

** 朱冬,男,厦门大学知识产权研究院副教授,厦门大学"一带一路"研究院研究员。

apportionment and the rules of total market value are all worthy of study in the process of determining the loss of sales profits.

Key Words：intellectual property；market value；damages；lost profits

赔偿受害人因侵权行为带来的实际损失,是传统民事损害赔偿制度在知识产权领域中的延伸,也是知识产权侵权损害赔偿救济制度的基础。从政策目标的角度来看,赔偿权利人的实际损失,是贯彻全面赔偿原则,充分保护知识产权权利人利益进而维护知识产权法激励创新机制的重要手段。由于知识产权的价值主要体现为知识产权的获利能力,利润的减少是知识产权侵权实际损失最为主要的表现形式。作为一种市场上的权利,知识产权权利人的利润变化需要对价格和需求关系进行复杂的经济分析。这给知识产权权利人主张赔偿实际损失带来了巨大的困难和成本。在法律层面,如何简化侵权行为与利润损失之间因果关系的认定,是知识产权侵权损害赔偿救济中面临的难点问题之一。

一、销售利润损失的地位

在知识产权侵权损害赔偿救济中,需要关注的焦点问题是侵权行为对知识产权价值的减损程度,确定损害赔偿额的主要任务就是计算出被侵权行为所侵夺的那部分知识产权价值。[1] 从这个意义上来讲,价值分析是知识产权侵权损害赔偿救济的逻辑起点。[2]

(一)知识产权的价值体现在获利能力上

知识产权的本质特征在于其客体的非物质性,这决定了作为知识产权客体的信息具有公共物品的属性,即在不存在知识产权保护的情况下任何人均可以自由地进行使用,并且这些使用之间不会形成冲突。[3] 知识产权制度设立的初衷,乃是为了解决信息公共属性带来的供给不足问题。通过赋予知识产权权利人对特定信息排他权的方式人为地制造一种稀缺,使得知识产权人可以在市场上垄断客户,从而获得收益,以此来维持信息生产的动力。[4] 从资产评估的角度来看,知识产权作为一种无形资产,虽然不具有实物形态,但是能为其拥有者获取权利或者经济利益。[5] 当然,排他性权利的创设仅仅使得知识产权权利人在法律上获得一种获利的可能性。知识产权的价值是由市场决定的。知识产权只有在得到了市场的认可,从而具有了商业价值之后才能真正转化为无形资产。[6] 因此,知识产权的价值主要体现为权利人利用法律上的排他权,通过自己实施或者许可他人实施知识产权在市场上获

① Dowagiac Mfg. Co. v. Minnesota Moline Plow Co., 235 U.S. 641, 648-49, 1915.

② 吴汉东:《知识产权损害赔偿的市场价值基础与司法裁判规则》,载《中外法学》2016 年第 6 期。

③ 吴汉东:《知识产权总论》,中国人民大学出版社 2013 年第 3 版,第 26 页。

④ Mark Lemley, IP in a World without Scarcity, 90 *N.Y.U.L. Rev.* 2015, p.462.

⑤ International Valuation Standards Council, International Valuation Standards 2017, IVS 201 para. 20.1；中国资产评估协会:《资产评估执业准则——无形资产》(中评协〔2017〕37 号)。

⑥ 吴汉东:《知识产权损害赔偿的市场价值分析:理论、规则与方法》,载《法学评论》2018 年第 1 期。

取利润的能力。[①] 虽然投入了大量的研发成本,但是没有得到市场认可的知识产权是不具有任何价值的。由于权利人的利润是通过市场实现的,对知识产权价值的衡量亦应放在市场环境下进行,这是在知识产权侵权损害赔偿中回归知识产权市场价值的本意所在。

(二)知识产权侵权中实际损失主要表现为利润损失

如前文所述,知识产权客体的非物质性决定了他人的使用不会降低其使用价值,对知识产权价值的减损并非有形财产意义上的毁损和灭失。[②] 与作为专有使用权的有形财产权不同,知识产权首先是一种禁止权,[③] 即通过禁止他人未经同意行使知识产权,可以使权利人获得一种对顾客的垄断,从而确保其产品在市场上维持一个较高的利润水平。知识产权侵权的出现打破了这种垄断,导致权利人的利润水平下降。对知识产权价值的减损表现为知识产权权利人丧失了行使权利本应获得的利润,即权利人在侵权期间受到的利润损失,在本质上应当属于消极损失而非积极损失。

尽管各个国家和地区大多并未在立法中明确规定知识产权侵权的实际损失的表现形式,但是两大法系的司法实践均将利润损失作为以实际损失计算知识产权侵权损害赔偿额过程中的主要问题。美国法院明确指出,版权侵权造成的实际损失是指版权市场价值的减损,通常通过侵权给版权人所造成的利润损失加以计算;[④]专利侵权中实际损失的计算就是要弄清"如果侵权行为不存在专利持有人或者被许可人可能获得的利润有多少";[⑤]商标侵权给商标所有人造成的实际损失亦主要表现为利润损失。[⑥]

(三)销售利润损失是利润损失的主要表现形式

知识产权的行使方式主要包括自行实施和许可他人实施两种,知识产权权利人的获利方式亦包括销售产品或者提供给服务而获利,以及收取许可费而获利。与此相对应,知识产权侵权带来的利润损失亦包括销售利润损失和许可费损失两类。如果知识产权权利人利用知识产权的方式主要是许可他人实施,而非自己实施知识产权、销售受知识产权保护的产品,侵权行为所导致的利润减少即可以表现为本应收取而未能收取的许可费收益损失。[⑦]

在实践中,计算销售利润损失的通常方法是以因侵权行为出现而减少的销量乘以知识

---

① 例如,美国第九上诉巡回法院即指出,版权的市场价值则是指消费者本应支付给作品的销售者的金额。Frank Music Corp.v. Metro-Goldwyn-Mayer, Inc., 772 F.2d 505, 512, 9th Cir. 1985;Sid & Marty Krofft Television Productions, Inc. v. McDonald's Corp., 562 F.2d 1157, 1174, 9th Cir. 1977.

② 吴汉东:《无形财产权基本问题研究》,中国人民大学出版社 2013 年第 3 版,第 120 页;冯博生、王仲:《论侵害智慧财产权之损害赔偿方法》,载《法律评论》第 59 卷第 7、8 期合刊。

③ 曲三强:《现代知识产权法》,北京大学出版社 2009 年版,第 8 页。

④ McRoberts Software, Inc. v. Media 100, Inc., 329 F.3d 557, 566, 7th Cir. 2003.

⑤ Aro Mfg. Co. v. Convertible Top Replacement Co., 377 U.S. 476, 507, 1964.

⑥ International Star Class Yacht Racing Ass'n v. Tommy Hilfiger, U.S.A., Inc., 80 F.3d 749, 2d Cir. 1996.

⑦ 知识产权权利人从事特许经营的案件是许可费损失适用的典型情形。在 Taco Cabana Intern., Inc. v. Two Pesos, Inc.一案中,被告使用了与原告相同的墨西哥餐馆的外观。美国第五上诉巡回法院指出,被告的侵权行为导致原告丧失了在休斯敦地区收取许可费的机会,最终认可了原告主张的特许经营许可费损失。Taco Cabana Intern., Inc. v. Two Pesos, Inc., 932 F.2d 1113, 1125-6, 5th Cir. 1991, aff'd, 505 U.S. 763, 1992.

产权产品的利润。然而在市场条件下,知识产权权利人的获利状况往往受到多种因素的影响,在这些因素中将知识产权侵权对产品销量的影响剥离出来并加以量化是非常困难的。销量损失的存在、因果关系的认定以及损失数额的计算等问题,是知识产权侵权实际损失计算中的重点和难点。

除了销量减少以外,知识产权权利人销售利润损失还可能表现为由于侵权产品的出现使得知识产权人不得不降低产品价格或者提供折扣以维持销量而带来的利润损失,[①]或者由于侵权行为的出现使得知识产权权利人无法提高产品价格而受到的利润损失。[②] 导致这些利润损失的原因通常被称为价格侵蚀(price erosion)。[③] 从理论上来讲,知识产权侵权行为造成产品价格变化进而导致权利人利润损失的情形应当是市场环境下普遍存在的现象,但是在各个国家和地区知识产权侵权损害赔偿救济的司法实践中,适用价格侵蚀计算利润损失的情形较为少见。[④] 个中原因可能是在损失计算过程中价格侵蚀没有销量减少表现得那么直观,对于价格侵蚀的证明往往需要更为复杂的经济分析,知识产权权利人证明价格侵蚀存在的难度更大。[⑤]

二、销售利润损失的存在

在赔偿知识产权权利人销售利润损失的场合,需要考察侵权行为与损失之间存在因果关系,具体需要考虑销售利润损失的存在、销售利润损失的程度以及销售利润损失数额的计算三个方面的问题。[⑥] 其中,销售利润损失的存在是损害赔偿的前提条件。但是,享有知识产权仅仅是一种权利人获利的可能性,不能以知识产权侵权行为的成立来推定权利人受有利润损失,[⑦]而是需要权利人加以证明。这涉及知识产权权利人能否获利以及侵权行为是否会对知识产权的获利能力造成影响等问题,尚需要对相关市场因素进行考察。

(一)权利人获利的可能性

欲证明知识产权权利人因侵权行为的发生而受有销售利润损失,首先需要证明权利人

---

① Lam, Inc. v. Johns-Manville Corp., 718 F.2d 1056, 1069, Fed. Cir. 1983; TWM Mfg. Co. v. Dura Corp., 789 F.2d 895, Fed. Cir. 1986, cert. denied, 479 U.S. 852, 1986.

② Brooktree Corp. v. Advanced Micro Devices, Inc., 977 F.2d 1555, Fed. Cir. 1992.

③ Richard Troxel & William Kerr, *Calculating Intellectual Property Damages*, Thomson West, 2016, § 1:9. 在我国,亦有法院明确认可价格侵蚀作为著作权权利人实际损失的原因,参见《北京市高级人民法院关于确定著作权侵权损害赔偿责任的指导意见》(京高法发〔2005〕12号)第7条第7项。

④ Gregory J. Werden et al., Quantity Accretion: Mirror Image of Price Erosion from Patent Infringement, 81 *J. Pat. & Trademark Off. Soc'y*, 1999, p.480. 在日本,适用价格侵蚀计算损失的专利侵权案件也十分少见。[日]曽井和夫、田村善之:《日本专利案例指南》,李杨等译,知识产权出版社2016年版,第404页。

⑤ 当然,在实践中,知识产权侵权行为导致销量减少和价格侵蚀可能并非相互独立的,而是同时作为导致知识产权权利人利润损失的原因存在于同一个案件之中。此时计算知识产权权利人因侵权行为出现所受的利润损失时可以同时考虑上述两种原因。

⑥ 关于以上三个方面的划分,参见王军:《侵权损害赔偿制度比较研究》,法律出版社2011年版,第83页。

⑦ Frank Music Corp. v. Metro-Goldwyn-Mayer, Inc., 772 F.2d 505, 513, 9th Cir. 1985.

获利的可能性。在比较法上,知识产权权利人获利的可能性,可以从权利人是否亲自实施知识产权、知识产权产品的市场需求以及知识产权权利人的生产能力三个方面进行考察。

1. 权利人实施知识产权

销售利润损失存在的前提是知识产权权利人须亲自实施知识产权,即从事相关产品的生产销售。如果权利人本身并未实施知识产权,也就不存在销售产品获利的可能性。例如,在专利侵权领域,对于那些本身不从事研发,仅从其他专利权人处购买专利,亦不生产和销售专利产品,而是专门从事专利转让、许可,或者通过诉讼等方式收取许可费或者赔偿金的主体而言,在美国是无法主张销售利润损失的。① 然而非专利实施主体通常会通过主张侵权产品的出现导致了其被许可人遭受销售利润损失来支持其自身的损害赔偿主张。② 但是,在涉及防御性专利的案件中,美国法院指出,由于侵权产品与专利权人实际生产的非专利产品之间存在竞争关系,专利侵权行为的出现导致这些非专利产品的销量减少,尽管专利权人并未实施防御性专利,仍有必要认可其利润损失。③

2. 产品的市场需求

知识产权权利人能否获利是由市场决定的。虽然知识产权权利人在市场上销售其产品,但是产品投放市场并不意味着一定能够获利,如果市场上并不产生对该产品的需求,知识产权就无法产生利润,即使存在侵权行为亦不会导致利润损失。在专利侵权利润损失的赔偿中,美国法院明确要求权利人证明市场上存在对专利产品的需求,④由此来推定专利权人通过销售专利产品具有获利的可能性。确立该因素的前提是假定对专利产品的需求与对侵权产品的需求之间可以相互转换,侵权产品的出现导致消费者不再购买专利产品,因此给专利权人带来了销售利润损失。⑤ 在实践中,专利产品在商业上的成功、专利产品的市场占有份额以及专利产品先前的销售额等均可以作为证明在市场上存在对专利产品的需求的证据。⑥ 此外,对专利产品的市场需求还需要达到一定的量。如果市场上仅有对专利产品的微量需求,则不能认定其具有获利能力。⑦

---

① Rite-Hite Corp. v. Kelley Co., 56 F.3d 1538, 1548, Fed. Cir. 1995.

② 在 Mars, Inc. v. Coin Acceptors, Inc. 一案中,美国联邦上诉巡回法院在明确否定了专利权人对作为其子公司的非独占被许可人的销售利润损失的损害赔偿主张后,明确指出只有在能够证明他人专利产品的销量损失不可避免地流向(flow inexorably)专利权人时,方能认可其损害赔偿请求。Mars, Inc. v. Coin Acceptors, Inc., 527 F.3d 1359, 1366-67, Fed. Cir. 2008.

③ Presidio Components, Inc. v. American Technical Ceramics Corp., 702 F.3d 1351 (Fed. Cir. 2012). 日本法院亦有类似观点。参见"蓄热材料的制造方法案",东京高等法院平成十一年(1999年)6月15日判决·判时1697号,第96页。转引自[日]曾井和夫、田村善之《日本专利案例指南》,李杨等译,知识产权出版社2016年版,第401~403页。

④ Panduit Corp. v. Stahlin Bros. Fibre Works, Inc., 575 F.2d 1152, 1156, 6th Cir. 1978. 该案中确立了确定利润损失的四个考量因素,即专利产品的市场需求、不存在可接受的非侵权替代产品、专利权人具有满足需求的制造能力和销售能力以及专利权人损失的利润额。该四要素被称为"Panduit 测试"或者"DAMP 测试"。

⑤ 需要注意的是,"Panduit 测试"仅能用于确定专利产品的利润损失,对于专利侵权而导致的非专利产品的利润损失,则不适用该测试。

⑥ John Skenyon et al., *Patent Damages Law and Practice*, West Pub. Co., 2015, § 2:30.

⑦ Grain Processing Corp. v. American Maize-Products Co., 185 F.3d 1341, 1351, Fed. Cir. 1999.

3. 权利人的生产能力

此外,即使知识产权权利人从事产品的生产和销售、产品的市场需求十分旺盛,但是如果知识产权权利人满足市场需求的生产和销售能力有限,其销售利润损失亦应当限定在上述范围内。① 在专利侵权利润损失的赔偿中,美国法院明确要求专利权人具有满足专利产品市场需求的生产和销售能力。② 如果专利权人不具有任何生产设备,则表明其完全不具有满足专利产品市场需求的生产能力。③ 如果专利权人的生产经营规模有限,反而是侵权行为的出现扩大了专利产品的市场,那么专利权人显然无权对因侵权行为带来的额外需求主张销售利润损失,这部分利润与专利权人无关。在司法实践中,美国法院对该因素采取了较为宽松的态度。④ 即使专利权人不自行生产专利产品,而是委托他人生产专利产品,亦可以表明其具有满足专利产品市场需求的生产和销售能力。⑤

(二)侵权人造成利润损失的可能性

销售利润损失发生的机理是,侵权产品的出现使得消费者纷纷转向被控侵权人,从而使得知识产权权利人的产品销量减少。因此,侵权人造成利润损失的可能性主要受以下两个因素影响:其一,侵权行为必须表现为销售知识产权产品;其二,侵权产品与知识产权权利人的产品之间具有竞争关系。

1. 侵权行为的类型

知识产权侵权的类型多样,并非所有类型的知识产权侵权均表现为销售侵权产品。对于那些不以销售侵权产品为表现形式的侵权行为,当然不会导致知识产权权利人的销售利润损失。

在著作权侵权中,涉及作品复制件所有权转移的是侵犯发行权的情形。在实践中,销售盗版图书、盗版光盘的行为无疑会对正版出版物的销量产生影响。此外,在互联网环境下,未经许可通过信息网络传播作品的行为虽然并不涉及作品复制件的转移,但是亦可能因影响合法作品的点击率而给著作权人带来利润损失。⑥ 但是,如果侵权行为仅仅是未经权利人许可复制部分作品或者未经权利人许可对作品进行改编,则很难说这些行为会给著作权人带来利润损失。

在专利侵权中,除销售侵权以外,还包括未经权利人许可的制造、使用、许诺销售等行为。如果被控侵权人仅仅是未经许可制造了侵权产品,但是这些侵权尚未进入流通领域,专

---

① 当然,在允许知识产权权利人主张侵权获利的场合,如果侵权人的获利多于知识产权权利人的销售利润损失,则会出现权利人选择主张支付较高的侵权获利或者侵权人以权利人的所受损失少于侵权获利而要求降低损害赔偿金额的情形。

② Panduit Corp.v. Stahlin Bros. Fibre Works, Inc., 575 F.2d 1152, 1156, 6th Cir. 1978.

③ Water Techs. Corp.v. Calco, Ltd., 850 F. 2d 660, Fed. Cir. 1988.

④ John Skenyon et al., *Patent Damages Law and Practice*, West Pub. Co., 2015, §2:45.

⑤ Gyromat Corp.v. Champion Spark Plug Co., 735 F. 2d 549, Fed. Cir. 1984.

⑥ 由于互联网经济具有参见双边市场的特性,合法作品点击量的下降并不一定直接导致著作权人直接受益的降低,而是可能带来著作权人广告收益的减少,加之互联网上侵权行为的数量难以确定,计算因此带来的利润损失十分困难。孙阳:《论美国著作权损害赔偿制度的网络适用:困境与误区》,载《海峡法学》2016年第2期。

利权人就无法就库存的部分产品主张销售利润损失。[1] 类似地,在商标侵权中,对于未经许可使用商标,但是侵权产品尚未进入流通领域的,尚未造成消费者混淆,因此也不可能给商标权人带来销售利润损失。[2] 当然,对于侵权产品尚未销售的这部分知识产权侵权行为而言,知识产权权利人可以主张许可费损失。

2. 产品之间存在竞争关系

在实践中,即使被控侵权行为表现为销售产品,侵权产品与知识产权权利人的产品之间完全相同的情形也是十分少见的,亦不能肯定侵权产品一定会导致知识产权权利人的利润损失。常见的情形是侵权产品与知识产权权利人的产品之间存在差别,甚至可能是完全不同的产品。从理论上来讲,只有侵权人与知识产权权利人处于同一市场并且存在竞争关系时,侵权行为才能给知识产权权利人带来销量利润的减少。[3] 在侵权产品与知识产权权利人的产品差异过大,致使二者之间并不存在竞争关系时,知识产权权利人的客户不会选择侵权产品,因此纵使市场上出现了侵权产品,也不会导致知识产权权利人产品销量减少进而给其造成利润损失。也就是说,如果侵权行为发生在知识产权人占据的市场之外,知识产权人对该部分产品的销售并不享有利润,发生利润损失的前提并不存在。

三、销售利润损失程度的确定

证明了销售利润损失的存在之后,知识产权权利人还需要对损失的程度进行证明。销售利润损失的计算,通常知识产权权利人首先需要证明侵权行为的出现而减少的产品销量是多少,在此基础上乘以知识产权权利人就每件产品应当获得的利润。在大陆法系,侵权法上存在责任成立因果关系和责任范围因果关系的划分;[4]在英美法系,损失的存在和损失的程度亦被作为两个不同的问题看待。[5] 确定利润损失程度的关键,亦是要确定其与知识产权侵权行为之间存在因果关系,但是在证明责任和证明标准方面均区别于对利润损失存在的证明。

---

① John Skenyon et al., *Patent Damages Law and Practice*, West Pub. Co., 2015, §1:3.

② "鲁道夫·达斯勒体育用品波马股份有限公司与福建福日科技有限公司侵犯注册商标专用权纠纷案"(2008)闽民终字第 223 号民事判决书。福建省高级人民法院认为,侵权人所代理出口的运动鞋因被厦门海关扣留而未能实现出口侵权行为,对原告的声誉、市场份额或者销售收入等利益并未造成实际损害,原告也未能证明被告代理的商品在国内市场曾有销售,因为没有支持原告赔偿实际损失的诉讼请求。

③ Thomas F. Cotter, Four Principles for Calculating Reasonable Royalties in Patent Infringement Litigation, 27 *Santa Clara Computer & High Tech. L. J.* 2011, p.728.

④ 在侵权行为法上,责任成立因果关系和责任范围因果关系的划分为德国法的通说。王泽鉴:《侵权行为》,北京大学出版社 2016 年第 3 版,第 183 页。

⑤ J. Thomas McCarthy, *McCarthy on Trademarks and Unfair Competition*, 4th ed., Clark Boardman Callaghan, § 30:76.Broan Mfg. Co. v. Associated Distributors, Inc., 923 F.2d 1232, 6th Cir. 1991, recons. denied, appeal dismissed, 932 F.2d 1146, 6th Cir. 1991; Otis Clapp & Son v. Filmore Vitamin Co., 754 F.2d 738, 7th Cir. 1985. 受反垄断法中损害赔偿制度的影响,相对于责任成立的因果关系而言,对责任范围因果关系的证明标准比较低。

(一)产品销量减少认定的复杂性

关于利润损失程度的证明,知识产权权利人需要证明若非(but-for)侵权产品的出现,则其不会挤占其市场份额、导致产品销量的减少进而使其遭受相应数额的利润损失。其重点就是要重塑市场,确定在不存在侵权产品的情况下,知识产权权利人应当获得的利润,[①]以此来与侵权发生之后知识产权权利人的获利情况进行对比从而确定损失程度。然而,在现实的市场环境下,知识产权权利人产品销售利润的变动受多种因素的影响,知识产权侵权行为因素往往被其他市场因素裹挟着,很难将该因素对知识产权权利人利润的影响进行单独评价。[②] 因此,对责任范围因果关系的证明,需要借助复杂的经济和财务分析方能完成。为此,知识产权权利人可以聘请财务专家对其利润的变化状况出具分析意见;法院则需要针对财务专家采用的方法和得出的结论等问题进行审查,以对是否支持知识产权权利人的损害赔偿主张作出判断。

由于知识产权侵权损害赔偿案件中产品销量减少的认定具有复杂性和不确定性,为了实现充分保护知识产权权利人的目的,在知识产权侵权损害赔偿案件中需要相应地减轻知识产权权利人的证明责任,同时适当降低因果关系的证明标准。在 Paper Converting Machine Co. v. Magna-Graphics Corp.一案中,美国联邦上诉巡回法院即要求专利权人在证明因果关系时达到一种合理的可能性即可。[③] 类似地,在 Brunswick Corp. v. Spinit Reel Co.一案中,美国第十上诉巡回法院认为,尽管经济衰退以及其他鱼线轮产品进入市场亦是导致原告销量下降的原因,但是仍然不能排除商标所有人产品销量的减少与侵权行为无关时,对于商标所有人的赔偿主张应当予以支持。[④]

(二)产品销量减少的推定

为了简化侵权行为与知识产权权利人产品销量减少之间因果关系认定的难度,我国司法解释采用了将侵权产品的销售量推定为知识产权权利人产品因侵权行为发生而减少的销量的做法。[⑤] 在实践中,由于侵权产品的销量相对易于查明,知识产权权利人通常也会提出以侵权产品销量计算销售利润损失的主张。然而,应当看到这种推定并不准确,这就需要法律在降低销售利润损失计算难度与合理补偿知识产权权利人实际损失之间作出平衡。

1. 理论分析:推定可能导致过度赔偿

以侵权产品的销量推定知识产权权利人销量减少的做法,假定侵权产品与知识产权权

---

① Grain Processing Corp. v. American-Maize Prods. Co., 185 F.3d 1341, 1350, Fed. Cir. 1999.

② Thomas F. Cotter, *Comparative Patent Remedies: A Legal and Economic Analysis*, Oxford University Press, 2013, p.109.

③ Paper Converting Machine Co. v. Magna-Graphics Corp., 745 F.2d 11, 21, Fed. Cir. 1984.

④ Brunswick Corp. v. Spinit Reel Co., 832 F.2d 513, 525, 10th Cir. 1987.

⑤ 《最高人民法院关于专利纠纷案件适用法律问题的若干规定》第20条第2款规定,"权利人销售量减少的总数难以确定的,侵权产品在市场上销售的总数乘以每件专利产品的合理利润所得之积可以视为权利人因此所受到的损失";《最高人民法院关于审理著作权民事纠纷案件适用法律若干问题的解释》第24条规定,在计算权利人实际损失时,"发行减少量难以确定的,按照侵权复制品市场销售量确定";《最高人民法院关于审理商标民事纠纷案件适用法律若干问题的解释》第15条规定,"因被侵权所受到的损失,可以根据……侵权商品销售量与该注册商标商品的单位利润乘积计算"。

利人产品存在"一对一"的关系,即每一个侵权产品的销售均在市场上抢占了知识产权权利人的市场份额,从而导致知识产权权利人产品销量相应地下降。[①] 如果仅考虑涉案知识产权这一因素,上述推定是成立的。但是,在实践中除了涉案知识产权这一因素之外,产品销量的变化往往还受制于其他因素。如果忽略其他市场因素,在侵权成立、损害存在的前提下径直推定知识产权权利人的销量损失等于侵权产品的销量,很可能将其他不属于侵权产品导致的销量减少涵盖进来,导致对权利人的过度赔偿。

一方面,侵权产品可能由于价格或者性能方面的优越性,吸引了本不属于知识产权权利人产品的消费者。对于这部分本不属于知识产权权利人的消费者而言,侵权产品的销售显然并不会带来其原有销量的减少。[②] 另一方面,如果在市场上除了知识产权权利人的产品之外,还同时存在其他的非侵权替代品。此时,侵权产品的出现与知识产权权利人产品销量的减少之间是否存在确定的因果关系问题就变得复杂起来:首先,不能排除知识产权权利人产品销量的减少是由非侵权替代品引起的;其次,侵权产品可能不仅抢占了知识产权权利人的市场份额,对于非侵权替代品的销量亦会产生一定的影响。[③] 对于后一种情形而言,如果仍然以侵权产品的全部销量推定为知识产权权利人产品减少的销量,知识产权权利人即可能获得多于其实际损失的损害赔偿金。

有鉴于此,在以侵权产品销量为基础计算知识产权权利人产品销量减少时,需要考虑其他市场因素对销量减少的数量进行相应的调整。

2. 比较研究:对推定的不同态度

从比较法的角度来看,对于以侵权销量推定利润损失的做法,各个国家和地区存在不同的态度。

在德国法上,知识产权侵权损害赔偿中的实际损失主要适用民法的一般规定,在各知识产权单行法上并没有详细规定销售利润损失的计算方法。[④] 因此也就没有明确的关于以侵权产品的销量推定权利人销量减少的规定。在实践中,德国法仍坚持传统损害赔偿法的证明标准,要求知识产权权利人对于损害的程度进行举证,权利人提出以侵权产品的数量为侵权行为导致其减少的销量的,需要证明其合理性。因此,在德国知识产权权利人对于损害程度的证明是十分困难的,权利人只能选择其他损失计算方式。[⑤]

在美国专利侵权损害赔偿的司法实践中,以侵权产品的销量推定专利权产品销量的减

① Roger D. Blair & Thomas F. Cotter, *Intellectual Property: Economic and Legal Dimensions of Rights and Remedies*, Cambridge University Press, 2005, p.213.

② 在 Anchor Stove & Range Co. v. Rymer 一案中,美国第六上诉巡回法院指出,侵权产品较低的价格可以使其获得一些无法接受商标所有人较高价格产品的消费者,因此不能简单地推定侵权产品的销量等于商标所有人销量的减少数量。Anchor Stove & Range Co. v. Rymer, 97 F. 2d 689, 6th Cir. 1938.

③ Richard Troxel & William Kerr, *Calculating Intellectual Property Damages*, Thomson West, 2016, § 3: 13.

④ 《德国著作权法》第 97 条、《德国专利法》第 139 条以及《德国商标和其他标识保护法》第 14 条。

⑤ Joachim Bornkamm, Intellectual Property Enforcement under the Civil Legal System, WIPO Advisory Committee on Enforcement (Second Session)(WIPO/ACE/2/3), http://www.wipo.int/edocs/mdocs/enforcement/en/wipo_ace_2/wipo_ace_2_3.pdf,下载日期:2018 年 3 月 19 日。

少被限定在市场上仅存在专利权人和侵权人的场合,①或者在市场上不存在可接受的非侵权替代品时,方能认可侵权产品的销量与专利权人的销量减少之间存在因果关系。② 为了减轻专利权人的证明责任,美国法院明确要求由侵权人证明非侵权替代品的现实性和可接受性。③ 在版权侵权和商标侵权损害赔偿中,美国法院虽然并未明确以侵权产品的销量推定专利权产品销量减少的适用条件,但是仍然有人建议在上述案件中借鉴专利侵权损害赔偿的做法,在不存在侵权替代品的场合以侵权产品的销量推定专利权产品销量的减少。④

在我国知识产权侵权损害赔偿的司法实践中,存在以侵权产品的销量推定知识产权权利人产品销量减少的普遍做法。但是由于并没有对侵权人是否可以通过举证推翻上述推定进行明确规定,无法有效防止过度赔偿的出现。为此,可以考虑借鉴美国和日本的做法,规定由侵权人承担扣除知识产权权利人销量减少之外的部分证明责任。

(三)非侵权替代品问题

是否存在非侵权替代品,是以侵权产品销量推定知识产权权利人产品销量减少时需要考量的重要因素。美国司法实践对于专利侵权损害赔偿救济中关于可接受的非侵权替代品的认定以及存在非侵权替代品时损害程度认定的方法多有讨论。

1. 非侵权替代品的认定

从严格意义上来讲,只有在市场上不存在可接受的非侵权替代品时,将侵权产品的销量推定为专利权人销量的减少才是合理的。⑤ 但是如果市场中存在其他非侵权的替代品,则表明即使不存在侵权产品,消费者亦可能不去购买专利产品。不存在可以接受的非侵权替代品实际上是通过排除其他可能导致专利产品利润下降的因素进而推定侵权行为与权利人利润损失之间存在因果关系。⑥

根据美国专利侵权损害赔偿的司法实践,可接受的非侵权替代品是指具有专利技术优点的非专利产品,⑦仅仅与专利产品存在竞争关系并不足以构成可接受的非侵权替代品。⑧ 也就是说,只有市场上的购买者须出于该非专利产品具有专利产品的优势而愿意购买该产

---

① Richard Troxel & William Kerr, *Calculating Intellectual Property Damages*, Thomson West, 2016, §3:5. 在美国专利损害赔偿的司法实践中,还存在一种通过缩小市场范围将侵权产品与专利产品拟制为一个独立的"双供应商市场"(two-supplier market),来推定专利产品和侵权产品销量相互影响关系的做法。

② Panduit Corp. v. Stahlin Bros. Fibre Works, Inc., 575 F.2d 1152, 1156, 6th Cir. 1978.

③ DePuy Spine, Inc. v. Medronic Sofamor Danek, Inc., 567 F. 3d 1314, Fed. Cir. 2009.

④ Rodney P. Burkert, *Strategies for Securing and Obtaining Monetary Relief*, SM017 ALI-ABA, part 1.

⑤ Laura B. Pincus, The Computation of Damages in Patent Infringement Actions, 5 *Have. J. L. & Tec.* 95, 1991, pp.107-108.

⑥ 该要素是"Panduit测试"中认定侵权行为与销售利润损失之间存在因果关系的关键,也是实践中产生争议最多的一个要素。

⑦ Panduit Corp. v. Stahlin Bros. Fibre Works, Inc., 575 F.2d 1152, 1162, 6th Cir. 1978.

⑧ Radio Steel & Mfg. Co. v. MTD Products, Inc., 788 F. 2d 1554, 1556, Fed. Cir. 1986. 在该案中,尽管侵权人提出在市场上除了专利权人以外,还有人生产独轮手推车,但是由于该种非专利手推车缺少涉案专利具有的技术优势,美国联邦上诉巡回法院否定其构成可接受的非侵权替代品。

品时方能认定其构成可接受的非侵权替代品。① 该标准强调专利特征对产品需求的决定作用,实际上是关注可接受的非侵权替代品所具有的技术优势。近年来,美国联邦上诉巡回法院认可了经济上具有替代性产品的存在,强调在判断某一非专利产品是否构成可接受的非侵权替代品时,不能仅仅关注产品本身的技术特征,而是需要从消费者的角度进行认定。② 这样一来,即使非专利产品并不具有专利产品的技术特性,但是消费者仍然将其视为该专利产品的替代产品时,仍然可以将其认定为可接受的非侵权替代品。③ 从消费者的角度来看,可接受的非侵权替代品须在价格上与专利产品差别不大。如果非侵权替代品的价格远远高于专利产品时,即使具有与专利产品相同的特点,亦不能被认定为是"可接受的"。④

2. 存在非侵权替代品时损害程度的认定

对可接受的非侵权替代品的考察虽然在一定程度上降低了因果关系认定的难度,但是竞争产品的存在是市场常态,上述规则的适用范围毕竟有限。碍于因果关系的确定性原则,美国司法实践起初认为,存在可接受的非侵权替代品的情形下,由于不能确定侵权产品的出现与专利权人产品销量减少之间的具体因果关系,因而拒绝支持专利权人的利润损失主张。⑤ 这种全有或者全无的态度显然不利于专利权主张销售利润损失。⑥

美国专利损害赔偿的司法实践开始承认即使在市场上存在可接受的非侵权替代品,亦可以通过考虑专利产品的市场占有率(market share)来确定侵权产品的存在给专利权人带来的利润损失。⑦ 当然,如果该非侵权产品所占的市场份额很小,以至于可以忽略不计时,仍然可以认定侵权产品销量与专利产品销量减少之间存在直接的因果关系。⑧ 在市场上存在多种与专利产品相竞争的产品时,通过对市场份额的考察来确定损害程度,在一定程度上放松了因果关系的认定标准,也能够有效防止在市场上存在竞争产品时对于利润损失全有或者全无的机械态度。⑨

---

① Standard Havens Prods., Inc., v. Gencor Indus., Inc., 953 F.2d 1360, 1373, Fed. Cir. 1991.

② Grain Processing Corp. v. American Maize-Products Co., 185 F.3d 1341, 1355, Fed. Cir. 1999.

③ IGT v. Alliance Gaming Corp., 702 F.3d 1338, Fed. Cir. 2012.

④ Kaufman Co. v. Lantech, Inc., 926 F.2d 1136, 1142, Fed. Cir. 1991.

⑤ Panduit Corp. v. Stahlin Bros. Fibre Works, Inc., 575 F.2d 1152, 1157, 6th Cir. 1978.

⑥ 1998 年以前日本专利损害赔偿的司法实践也采取这种全有或者全无的态度。张鹏:《日本专利侵权损害赔偿数额计算的理念与制度》,载《日本问题研究》2017 年第 5 期。

⑦ 在 State Industries v. Mor-Flo Industries 一案中,美国联邦上诉巡回法院即以涉案的方法专利使得其在相关产品市场上占有 40% 的市场份额为基础,认定侵权产品销量的 40% 与专利权人的销量损失存在因果关系。State Industries v. Mor-Flo Industries, 883 F.2d 1573, Fed. Cir. 1989.

⑧ Laura B. Pincus, The Computation of Damages in Patent Infringement Actions, 5 *Have. J. L. & Tec.* 95, 1991, pp.107-108.

⑨ 与美国类似,1998 年《日本专利法》修改后,日本专利损害赔偿的司法实践亦开始关注专利产品市场占有率,以此为基础认定侵权产品的销量与专利权人销量减少之间的因果关系。参见"血液采取器案",东京地方法院平成十二年(2000 年)6 月 23 日判决·平成 8(ワ)17460。转引自[日]曾井和夫、田村善之:《日本专利案例指南》,李杨等译,知识产权出版社 2016 年版,第 398 页。据德国学者的介绍,德国法院在专利权侵权案件中对于市场份额理论亦采取开放的态度。Peter Meier-Beck, *Damages for Patent Infringement according to German Law—Basic Principles, Assessment and Enforcement*, 35 IIC 113, 116-17, 2004.

四、销售利润损失的计算

通常来讲,销售利润的计算方法为,侵权出现导致知识产权权利人产品销量的减少数量乘以知识产权权利人的单位可得利润。关于销量的减少涉及损害程度的问题,前文已经讨论,本部分仅讨论知识产权权利人单位可得利润的计算,涉及获利基础的选定以及利润的算定等问题。

(一)获利基础的选定

知识产权侵权损害赔偿中的销售利润损失需要以市场上销售的产品为基础进行计算。然而,对于一个在市场上销售的产品整体而言,涉案知识产权既可能以该产品整体为载体,也可能仅仅存在于该产品的部件之上或者仅仅覆盖了产品的部分特征。从价值构成的角度来看,产品的价值既可能主要取决于涉案知识产权,也不排除非涉案知识产权因素对于产品价值存在贡献的情况。以专利权为例,在涉案专利仅为产品部件或者仅仅覆盖了产品的部分特征的场合,销售利润损失的计算面临以下问题,即专利权人有权就专利产品的整体利润主张损害赔偿,还是仅仅有权对整个产品获利中专利权所贡献的部分主张损害赔偿。[①] 对该问题进行回答仍然需要进行因果关系分析。

1. 利润分摊原则

在专利法上,所谓利润分摊原则(apportionment),是指在实际损失的计算过程中,需要对专利特征对涉案产品整体的贡献度进行考量,将涉案专利的价值与其他非专利因素区分开来,并以此作为损害赔偿额计算基准。[②] 通过将损害赔偿救济的力度限定在涉案专利贡献度之上,防止过度赔偿的出现,该原则较好地贯彻了专利法激励创新的政策目标。

在 1884 年的 Garretson v. Clark 一案中,美国最高法院即明确地要求专利权人在被告的获利和专利权人的利润中区分专利特征和非专利特征。[③] 20 世纪 30 年代以来,利润分摊原则由于在操作中的困难性而遭到司法实务界的批评。[④] 加之美国司法实践开始强调通过因果关系确定所失利润数额,在一定程度上排斥了利润分摊原则的适用。进入 21 世纪以来,随着 IT 产业的发展,多元件产品专利损害赔偿中存在的过度赔偿和重复赔偿问题引起了人们的注意。美国专利损害赔偿的司法实践开始逐渐地恢复利润分摊原则的主导地位,并将其引入合理许可费的计算过程中。[⑤] 在 VirnetX, Inc. v. Cisco Sys., Inc.一案中,美国联邦上诉巡回法院强调,即使被诉侵权产品是最小的可销售单元,但是如果侵权产品是一个同时包含与专利特征不存在联系的多个非侵权特征的多元件产品,专利权人仍然需要承担

---

① John W. Schlicher, *Patent Law*, *Legal and Economic Principles*, Clark Boardman Callaghan, 2015, § 9:30.

② Amy L. Landers, Patent Claim Apportionment, Patentee Injury, and Sequential Intervention, 19 *Geo. Mason L. Rev.* 471, 476, 2011.

③ Garretson v. Clark, 111 U.S. 120, 121, 1884.

④ Cincinnati Car Co. v. New York Rapid Transit Corp., 66 F.2d 592, 2d Cir. 1933.

⑤ Lucent Technologies, Inc. v. Gateway, Inc., 580 F.3d 1301, 1337, Fed. Cir. 2009.

评估专利技术对该产品价值的贡献度有多大的证明责任。①

2. 整体市场价值规则

在美国，专利权人对主张以整体产品的利润为基础计算销售利润损失时，需要符合所谓的整体市场价值规则。作为利润分摊原则的例外，整体市场价值规则实际上是从因果关系的角度来对是否应将非专利特征带来的那部分利润纳入损害赔偿范围的判断。

美国专利法上整体市场价值规则的适用标准经历了一个发展过程。早期适用整体市场价值规则的案件要求专利权人证明作为一个可销售单元的专利机器的整体价值"适当地、合法地归因于"该专利特征。② 后来，整体市场价值原则的适用标准被严格地表述为该专利部件须"十分重要，以至于其在实质上决定了其他部件的价值"。③ 上述标准基本上是在强调专利特征在技术方面的重要性。近年来，美国最高法院将整体市场价值规则的重点逐渐转向了所谓的消费者标准，要求专利权人证明涉案专利特征构成"消费者需求的基础"，才可以产品的整体利润为基础计算销售利润损失。④ 由此可见，现代的整体市场价值规则并不强调专利部件在技术上对于整体产品的重要性，而是关注专利特征对于整体产品市场价值的重要性。⑤

（二）连同销售的产品

如果知识产权产品同时带动了其他产品的销售（尤其是成套销售的产品），知识产权侵权行为的出现在造成知识产权产品销量减少的同时亦造成了这些产品销量相应地减少，也应该将其包括在损害赔偿范围之内，方能符合全部赔偿原则的精神。

在涉及连同销售的案件中，美国专利损害赔偿的司法实践起初坚持多元件产品类案件中整体市场价值规则适用的基本思路，坚持认为只有在非专利产品与专利产品之间存在经济上的联系，即专利产品构成了对非专利产品需求的基础之时，方能认可对非专利产品利润损失的赔偿。⑥ 后续的判例则发展出了专门的规则，专利产品是否构成非专利产品需求的主导因素并涉及非连同销售产品案件的重点，而是转而要求考察专利产品与非专利产品是否一同构成一个功能单元以及损失是否为可以合理预见两个因素。⑦

所谓一个功能单元，是指非专利产品与专利产品须以某种方式结合在一起共同达到一定的技术效果。要求专利产品与非专利产品构成一个功能单元，实际上是将这些独立的产

---

① VirnetX, Inc. v. Cisco Sys., Inc., 767 F.3d 1308, 1327, Fed. Cir. 2014.

② Garretson v. Clark, 111 U.S. 120, 121 (1884); Westinghouse Elec. & Mfg. Co. v. Wagner Elec. & Mfg. Co., 225 U.S. 604, 615, 1912.

③ Marconi Wireless Telegraph Co. v. United States, 53 USPQ 246, 250, Ct.Cl.1942, aff'd in part and vacated in part, 320 U.S. 1, 1943.

④ TWM Mfg. Co. v. Dura Corp., 789 F.2d 895, 900-01, Fed. Cir. 1986, cert. denied, 479 U.S. 852, 1986.

⑤ Apple Inc. v. Samsung Electronics Co. Ltd., 816 F.3d 788, Fed. Cir. 2016.

⑥ John Skenyon et al., *Patent Damages Law and Practice*, Clark Boardman Callaghan, 2015, § 2：64.

⑦ John Skenyon et al., *Patent Damages Law and Practice*, Clark Boardman Callaghan, 2015, § 2：62.

品类比为一个产品的若干部件。① 所谓的功能单元标准,实际上是从技术角度出发的,其基本逻辑已经不同于整体市场价值规则强调的从消费者角度出发的市场需求基础标准:不再要求专利部件构成连同销售产品市场需求的基础,只要这些产品具有功能上的关联性,即承认非专利产品的利润损失。尽管上述做法因为背离了整体市场价值规则所确立的消费者标准而受到批评,②但是,美国联邦上诉巡回法院依然坚持上述立场。在 American Seating Co. v. USSC Group, Inc.一案中,美国联邦上诉法院明确地指出,如果非专利产品与专利产品仅仅是出于消费者需求的考虑而连同出售,但是在功能上没有足够的关联而形成一个功能单元,专利权人无权就该非专利产品的利润损失请求赔偿。③ 专利产品的备用部件虽然可能与专利产品一并出售,但是因为无法符合功能单元标准而无法被纳入损害赔偿数额计算的基础。④

(三)单位可得利润的计算

知识产权权利人需要承担证明利润损失数额的证明责任。在美国司法实践中,法院通常要求知识产权权利人提供会计和财务方面的证据,以及一个假定的计算模型,用以计算侵权行为未发生时应获得的利润。⑤ 因此,知识产权权利人利润损失的计算通常需要借助微观经济学的理论和模型。

一般来讲,单位可得利润通常的计算方法是以收入扣除成本,或者是以收入乘以利润率。⑥ 在会计学上,存在毛利润、净利润、边际利润、营业利润、销售利润等不同的概念,采用不同的利润概念对于利润损失最终数额的计算影响重大。在我国知识产权侵权损害赔偿的司法实践中,对利润损失计算中如何确定单位可得利润问题的讨论上并多见。其中一种观点是,知识产权权利人的单位可得利润一般是指净利润,当然,在以净利润计算不足以弥补权利人的损失时,可以选择适用营业利润或销售利润。⑦

---

① Rite-Hite Corp.v. Kelley Co., Inc., 56 F. 3d 1538, 1550, Fed. Cir. 1995. 在 Rite-Hite Corp. v. Kelley Co., Inc.一案中,码头矫直机被用来填充卸货码头和卡车之间的空隙,专利车辆控制器则是用来将卡车后部固定在卸货码头上。尽管两个装置可能同时被使用,但是它们并未共同发挥作用而产生一个结果,每个装置均可以独立地使用。双方当事人在车辆控制器发明以前就已经在矫直机的市场中占据了一席之地。Rite-Hite 和 Kelley 在该行业中处于领先地位,二者多年来一直是主要的竞争对手。在 Rite-Hite 将其车辆控制器投入市场之后,消费者时常会要求同时安装控制器和矫直机,因为这种打包的订单较为高效,而且 Rite-Hite 和 Kelley 均会对这种打包的订单给出一些折扣。Kelley 将控制器和矫直机共同出售仅仅是出于销售的原因,而不是因为二者本质上能够共同实现一定的功能。

② John Skenyon et al., *Patent Damages Law and Practice*, Clark Boardman Callaghan, 2015, § 2:64.

③ American Seating Co. v. USSC Group, Inc., 514 F. 3d 1262, 1268, Fed. Cir. 2008.

④ John Skenyon et al., *Patent Damages Law and Practice*, Clark Boardman Callaghan, 2015, § 2:65.

⑤ Aro Mfg. Co. v. Convertible Top Replacement Co., 377 U.S. 476, 1964.

⑥ 在我国知识产权侵权损害赔偿的司法实践中,有的法院建议可以参考行业一般利润率来计算单位可得利润。参见《广东法院探索完善司法证据制度破解"知识产权侵权损害赔偿难"试点工作座谈会纪要》。

⑦ 《重庆市高级人民法院关于确定知识产权侵权损害赔偿数额若干问题的指导意见》第6条。

在美国和日本专利损害赔偿的司法实践中,通常采用的计算利润损失的方法是增量收入法,[①]该方法实际上是采用了边际利润的概念。通常来讲,边际利润是指产品的销售收入与相应的变动成本之间的差额。所谓变动成本,是指在一定条件下其总额随业务量的变动而变动的成本,如原材料费、运送费等。在边际利润概念下,其总额在一定时期内不受产品销量变动影响的固定成本是不必扣除的。通常认为,设备折旧费、人事费等即属于固定成本。当然,在实践中,哪些成本属于可变成本并非毫无争议可言。[②] 从实际效果来看,与净利润的概念相比,在边际利润的概念下知识产权权利人所获得赔偿的所失利润通常会高于其实际利润。[③] 因此,边际利润标准对于知识产权权利人而言是有利的。

结　语

作为一种重要的事后救济措施,损害赔偿的基本功能被定为补偿损失,通过全面补偿损失使受害者恢复到侵权尚未发生时的状态。[④] 在补偿功能的指引下,损害赔偿法秉持"填平原则",强调"贯彻完全赔偿原则从而实现对受害人的充分救济"。[⑤] 在知识产权领域,通过发挥损害赔偿的补偿功能,使得权利人重获因侵权丧失的市场价值,能够起到修补被侵权行为破坏的创新激励机制的作用。从这个意义上说,回归市场价值是实现损害赔偿补偿功能的必然选择。然而,确定知识产权侵权造成的市场价值减损十分困难。现有规则关注损害数额计算的简化,不可避免地偏离了精确反映市场价值减损的理想目标。为了解决知识产权侵权损害赔偿数额计算的难题,各国均在传统侵权损害赔偿规则的基础上对知识产权侵权损害赔偿规则进行了一定的调整,采取了一些措施以降低知识产权侵权损害赔偿数额计算的难度。显然,现有知识产权侵权损害赔偿规则的调整,在准确反映市场价值与降低赔偿数额计算难度之间,实际上是做了更倾向于后者的选择。

---

①　Paper Converting Mach. Co. v. Magna-Graphics Corp., 745 F.2d 11, 22, Fed. Cir. 1984. [日]曾井和夫、田村善之:《日本专利案例指南》,李杨等译,知识产权出版社 2016 年版,第 395 页。

②　在美国,确定变动成本的方法有两种:一种为统计学方法,即通过线性回归来确定变动成本;另一种为单个项目法,即逐个项目判断其是否为变动成本。后者是实践中常用的方法。John Skenyon et al., *Patent Damages Law and Practice*, Clark Boardman Callaghan, 2015, § 2:47.

③　John Skenyon et al., *Patent Damages Law and Practice*, Clark Boardman Callaghan, 2015, § 2:47.

④　[德]U. 马格努斯主编:《侵权法的统一:损害与损害赔偿》,谢鸿飞译,法律出版社 2009 年版,第 267 页。另见 Restatement（Second）of Torts, 1979 sec.901.

⑤　王利明:《我国侵权责任法的体系构建——以救济法为中心的思考》,载《中国法学》2008 年第 4 期。

高收益专利创新方向及其影响因素实证研究[*]

■ 巫丽青　乔永忠[**]

摘　要:精准定位创新方向并产出高收益专利是创新研发成功的重要标志。研究高收益专利创新方向及其影响因素有利于指导创新主体进行方向性技术创新。在界定高收益专利创新方向内涵的基础上,基于 TRIZ 理论、双元创新理论和 IPC 专利分类体系提出其判定方法;对维持届满的高收益专利进行抽样,并通过相关性分析,得出高收益专利创新方向与专利 IPC 分类号数、部类数、小类数、专利性质、独立权利要求数、权利要求数、申请人国别、发明人数、审查时间之间具有显著相关性;分析影响因子背后的深层次结构,简化指标体系,构建回归模型,采用因子分析对自变量进行融合,并采用二元 logistic 回归对主因子进行实证分析得到影响高收益创新方向的创新导向因子、创新协变因子以及创新附加因子。

关键词:高收益专利;创新方向;影响因素

Empirical Research on the Innovation Direction of High-Income Patent and Its Influencing Factors

Wu Liqing　Qiao Yongzhong

Abstract:Accurate positioning of innovation direction and producing high-income patents are important symbols of the success of innovation research and development. Research on the innovation direction and influencing factors of high-income patents is conducive to guiding innovators to carry out directional technological innovation. On the basis of defining the connotation of the innovation direction of high-income patents, this paper put forward its determination method of high-income patents based on TRIZ theory, dual innovation theory and IPC patent classification system. By sampling high-income patents whose maintenance period expires and using binary logistic regression and factor analysis to carry out multi-dimensional empirical analysis, it concluded that the innovation direction of high-income patents has a significant correlation with the number of IPC classifications, class number, subclass number, the number of independent claims, the num-

---

* 本文系国家自然科学基金面上项目"基于主客体及环境因素的专利收益影响机制实证研究"(项目编号:71874148)研究成果。

** 巫丽青,女,厦门大学硕士研究生,研究方向为知识产权管理;乔永忠,男,厦门大学博士、教授,研究方向为知识产权管理。

ber of claims, patent type, the applicant's country, the number of inventors, and the examination time. In order to analyze the deep structure behind the impact factors, simplify the index system, and construct the regression model, the independent variables are fused by factor analysis. T the main factors are empirically analyzed by binary logistic regression, and the innovation oriented factors, innovation covariant factors and innovation additional factors that affect the direction of high-yield innovation are obtained.

Key Words：high-income patents；innovation direction；influencing factors

引　言

　　从经济角度而言,高收益专利是指获得较多收益的专利。[①] 如果一件专利能够维持到法定保护期限届满,则可判定为该件专利是值得维持并有用之专利,而专利的最大用处则是权利人依据其享有的专利权利获得一定期限和一定范围内的收益,在一件专利的全生命周期中,都能够促使权利人为它支付全生命周期的专利维持费,则可从另一个侧面来推定该件专利符合高收益专利的范畴。研究历经初审、严格的实质审查程序,甚至经过复审、无效和/或诉讼程序而得以维持到法定期限届满的专利的信息在技术层面和政策层面都具有重要价值。精准定位创新方向并产出高收益专利,是创新主体进行创新研发的主要目的之一。[②] 将维持期限届满的发明专利定义为高收益专利,从现有的高收益专利入手,界定高收益专利创新方向的内涵,并根据不同创新方向将高收益专利所具有的共性及特性深入分析,挖掘获取得到能够影响高收益创新方向的影响因子,并利用该影响因子为现有创新主体进行方向性创新构建指导体系,从而促进创新主体产出高收益专利。如何通过对现有高收益专利创新方向及其影响因素进行深入研究,并指导创新主体更好地进行方向性技术创新,成为创新主体在创新活动中的重点和难点。

　　同时,高收益专利创新方向的界定理论依据是否客观、创新方向界定是否恰当、创新方向界定方法是否科学等问题对创新主体在创新过程中,如何针对性地产出高收益专利、合理规划研发投入及顺利开展创造活动都具有重要影响。基于此,本文从多维视角对高收益专利创新方向的判断内涵、判断思路进行分析,在界定高收益专利创新方向内涵的基础上,基于 TRIZ 理论、双元创新理论和 IPC 专利分类体系给出了高收益专利的创新方向判定流程;运用因子分析和二元 Logistic 回归对申请日在 2000 年并维持期限届满的高收益专利进行抽样,以高收益专利的创新方向为因变量,以专利的 IPC 分类数、部类数、小类数、独立权利要求数、权利要求数、专利性质、国别、发明人数、审查时间为自变量,对其关系进行实证分析,试图发现高收益专利的相关指标对其创新方向的影响程度。本文的贡献在于通过分析高收益专利创新方向及其影响因素,利用专利数据中的已知因数,为高收益专利创新方向预

---

　　① 本文所称专利,均指发明专利。

　　② H. Ernst, Patent Applications and Subsequent Changes of Performance：Evidence from Time-Series Cross-Section Analyses on the Firm Level，*Research Policy*，2001，Vol.30，No.1，pp.143-157.

测提供理论依据和预测模型，从而为创新主体在科技创新过程中进行方向性的技术创新提供实践指导。

（一）理论基础

1.基于 TRIZ 理论的高收益专利创新方向

TRIZ 理论即发明问题解决理论，是一种技术创新理论和方法，也是解决各类工程技术问题的工具，其核心在于提供某种有规律可循的客观创新方法。该理论总结了以往关于发明和创新的观点，并提炼出一系列有效的法则，用以指导人们系统、高效地解决未来问题。[①] 它主要包括 40 个发明原理（inventive principles）等内容，核心是对专利解决的技术问题以及所采用的技术手段进行分类，从而将采用相似发明原理解决相似技术难题的专利归为同一创新类别，[②] 在后续的创新过程中能够基于 TRIZ 理论采用相似的发明原理而解决相似的技术难题。基于 TRIZ 理论，本文在分析高收益专利创新方向时，将专利解决的技术问题分为两大种类：需要通过深入研究本技术领域的专业知识才能够获取有效的技术手段解决的技术问题；需要脑洞大开地借鉴其他技术领域的核心技术，从而获取创造性的技术手段来解决的技术问题。

2.基于双元创新理论的高收益专利创新方向

引入双元创新理论研究高收益专利创新方向具有重要价值。甘静娴根据双元创新理论将创新分成探索式创新和开发式创新。[③] 探索式创新是通过探索与当前工艺或产品技术差异较大的新技术来进行创新；开发式创新则是在原有的工艺或产品的基础上进行渐进性的技术改进。基于现有双元创新理论，本文将企业所产出的发明创造分为两种类型：企业探索式创新过程中产出的发明专利，其解决技术矛盾的方式主要是借鉴跨度较大的其他技术领域中的技术手段；企业开发式创新过程中产出的发明专利，其解决技术矛盾的方式主要是采用相同或相近技术领域的技术手段。综上，本文综合 TRIZ 理论及双元创新理论，将专利创新方向分为：采用相同或相近技术领域技术手段解决技术问题的专利定义为纵向创新方向；借鉴跨度较多的其他技术领域技术手段解决技术问题定义为横向创新方向。

3.基于 IPC 分类的高收益专利创新方向判定过程

IPC 分类是国际专利分类体系，[④] 是专利技术分类中最常用的分类标准。[⑤] 郗建红在研究专利被引频次与专利分类跨领域的关系时，认为目标专利的 IPC 分类号中的跨部类数越

① 胡学钢、杨恒宇、林耀进、鲍艳伟：《基于协同过滤的专利 TRIZ 分类方法》，载《情报学报》2018 年第 5 期。

② 胡正银、方曙：《专利文本技术挖掘研究进展综述》，载《现代图书情报技术》2014 年第 6 期。

③ 甘静娴、戚湧：《双元创新、知识场活性与知识产权能力的路径分析》，载《科学学研究》2018 年第 11 期。

④ IPC 将技术领域分为 A 部：人类生活必需；B 部：运输；C 部：化学、冶金；D 部：纺织、造纸；E 部：固定建筑物；F 部：机械工程、照明、加热、武器、爆破；G 部：物理；H 部：电学。

⑤ 马荣康、金鹤、刘凤朝：《基于生存分析的中国技术领域比较优势持续时间研究——国际专利分类大类（IPC Class）层面的证据》，载《研究与发展管理》2018 年第 4 期。

多,则该发明覆盖的技术领域越多样化。[①] 若目标专利 IPC 分类号个数仅为一个,则将该专利创新方向划为纵向,若目标专利 IPC 分类号个数为两个及以上,则进一步判断多个 IPC 分类号的部类号是否都相同。若相同,则仍然将该专利创新方向划分为纵向;若多个 IPC 分类好的部类号不相同,则将该专利创新方向划分为横向。综上所述,本文基于 IPC 分类的高收益专利创新方向判定流程如图 1 所示。

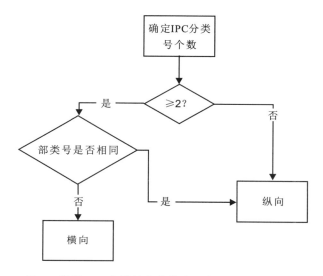

图 1　基于 IPC 分类的高收益专利创新方向判定流程

步骤一,确定高收益专利的 IPC 分类号个数,若 IPC 分类号个数≥2,则进入步骤二;若分类号部类个数<2,则进入步骤四。

步骤二,判断 IPC 分类号中所有主从分类号的部类号是否相同,若是,则进入步骤四;否则进入步骤三。

步骤三,判定该高收益专利的创新方向为横向。

步骤四,判定该高收益专利的创新方向为纵向。

一件专利通常被赋予多个 IPC 分类号,每个 IPC 分类号对应一个特定的技术领域。尽管专利的各 IPC 分类号通常被等同对待,但主分类号与专利技术创新的相关性最高。[②] 现有研究中基于 IPC 分类号划分不同技术领域大多是直接采用将部类号作为划分依据,通常是通过对 IPC 的主分类号的部类号来划分该专利的技术领域。但是 IPC 分类体系设定规则存在局限性,[③]导致现有研究划分专利技术领域的方式存在误差。为了降低误差,本文对于高收益专利跨技术领域的界定考虑到了主分类号和从分类号,并且通过去重计数的方式

---

①　郗建红、彭爱东:《专利被引频次与专利分类跨领域相关性研究——以中国在美国授权专利为例》,载《情报杂志》2016 年第 4 期;张嵒、汪雪锋、郭颖、朱东华:《基于文献计量学的技术路线图构建模型研究》,载《科学学研究》2012 年第 4 期。

②　周磊、杨威:《基于专利 IPC 的技术知识流网络挖掘》,载《现代情报》2016 年第 1 期。

③　K. Meguro, Y. Osabe, Lost in Patent Classification, *World Patent Information*, 2019, No. 57, pp. 70-76.

统计它们的部类号和小类号个数,避免了将一些具有多个 IPC 分类号的专利但实际去重后仅为同一部类或同属一个小类的相同技术领域的高收益专利的创新方向误判的情况。

(二) 研究假设

根据 IPC 分类号数判断高收益专利的创新方向具有一定的可靠性。由于专利分类号还涉及 IPC 分类号数、部类数等指标。[①] 专利涉及 IPC 分类号越多,其可能涉及的技术领域越宽,且这些技术领域之间存在技术领域跨度的可能性也越大;专利涉及部类数越多,专利本身横跨技术领域越宽。由于专利的 IPC 分类号中含有多个不同部类号代表其之间可能跨越的技术领域数,因此一件专利涉及的部类数越多,该专利处于相同或相近似技术领域的可能性也较低,该专利创新方向为横向的可能性就越大。

一件专利的权利要求数越多,特别是独立权利要求数越多,该件专利保护的技术方案越多,其所涉及的技术手段也越多;技术手段越多则该专利涉及不同技术领域的可能性越大,其所拥有的 IPC 分类号数、部类数也可能因此依次递增。

专利分类号结合专利文本,能够更加深入地分析技术演化过程及趋势。[②] 专利的文本信息除了含有权利要求书、说明书、说明书摘要和/或说明书附图、摘要附图的文本内容外,还包括其他能够反映专利基本信息的专利性质、申请人类型、申请人国别和权利要求个数。[③] 根据专利性质的不同,将专利划分为方法专利、产品专利、兼有方法及产品专利。[④] 其可能涉及的保护客体类型数量依次递增,则该专利涉及的 IPC 分类号数、部类数也可能依次递增。方法专利大多是对原有方法的改进,其采用本领域技术手段的可能性较高;产品专利通常保护的是构成产品的各部件以及各部件之间的连接关系或配合关系。对于产品专利而言,由于产品的各部件可能采用不同的材料制作而成,各部件之间也可能采用不同的连接或配合方式结合,因此产品专利采用跨技术领域的技术手段解决技术问题的可能性较高;而既有方法及产品的兼合专利由于其保护客体类型的多样性,解决技术问题的复杂性,使得其采用跨技术领域的技术手段解决技术问题的可能性最高。[⑤] 创作者的国别对知识的新颖性有一定影响,本研究基于此将高收益专利的申请人国别列入影响因子。

由此提出以下假设:

H_1:高收益专利创新方向判断过程总体上具有客观化,在统计意义上是显著的;

H_2:高收益专利创新方向判断与 IPC 分类号数、部类数、小类数、专利性质、权利要求数、独立权利要求数、申请人国别、发明人数、审查时间影响变量之间具有相关性;

H_3:高收益专利创新方向判断中的主要影响变量可归属为可识别的特定因子。

---

① 专利的 IPC 分类号数是指该件专利所涉及的主分类号和从分类号的个数之和,专利的部类数是在提取该件专利的主分类号及从分类号的部类号去重后计算得到的部类个数。

② 廖列法、勒孚刚:《基于 LDA 模型和分类号的专利技术演化研究》,载《现代情报》2017 年第 5 期。

③ 廖列法、勒孚刚:《基于 LDA 模型和分类号的专利技术演化研究》,载《现代情报》2017 年第 5 期。

④ 乔永忠、姚清晨:《中国授权不同性质专利技术领域布局实证研究》,载《科技进步与对策》2015 年第 24 期。

⑤ C. S. Wagner, T. A. Whetsell, S. Mukherjee, International Research Collaboration: Novelty, Conventionality, and Atypicality in Knowledge Recombination, *Research Policy*, 2019, No.48, pp.1260-1270.

一、研究设计

（一）相关变量设计

1.因变量 Y

因变量 Y 代表高收益创新方向。参考图 2 所示的整体模型,基于 TRIZ 理论、双元创新理论和 IPC 专利分类体系得到高收益专利的创新方向判定流程,通过将样本专利 IPC 分类号输入高收益专利创新方向判定流程获得高收益专利创新方向,横向创新是指专利借鉴跨度较大的其他技术领域技术手段解决技术问题,纵向创新是指专利采用相同或相近技术领域技术手段解决技术问题。因此 Y 为二分变量,横向创新赋值 0,纵向创新赋值 1。因变量 Y 的影响因子选取如下变量。

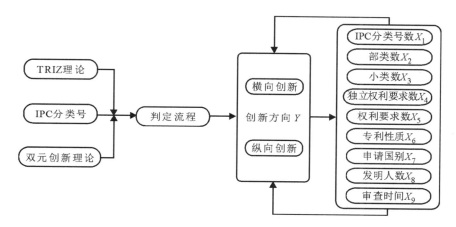

图 2　整体模型

2.自变量 X

专利创新方向涉及专利所述的技术领域范围、专利审查员效率、权利要求复杂程度、专利所涵盖的客体范围、发明人参与程度等因素,这些可能会对专利创新方向产生影响。本文用 IPC 分类号数 X_1、部类数 X_2、小类数 X_3 表示专利所述的技术领域范围,用独立权利要求数 X_4 和权利要求数 X_5 表示权利要求复杂程度,用专利性质 X_6 表示专利所涵盖的客体范围,用发明人数 X_8 表示发明人的参与程度,用审查时间 X_9 反映专利审查员效率。申请人国别 X_7 对 20 年前专利创新程度影响较大,因此也将其纳入自变量。

a.IPC 分类号数 X_1

专利 IPC 分类号数越多,说明其涉及的技术领域越宽。这些技术领域可能是相同或相近的技术领域,也有可能是跨度较大的技术领域。通过统计专利著录项目中公开的 IPC 分类号数,获得其 IPC 分类号数 X_1 并直接赋值,其最小值为 1,最大值为 55。

b. 部类数 X_2

多数专利的 IPC 分类号涉及多个不同的部类,部类数是指专利所有 IPC 分类号所涉及的不同的部类数,若该专利所有 IPC 分类号所涉及的部类都相同,则该部类数为 1;专利所有 IPC 分类号中具有多个不同部类,则根据所涉及的不同的部类个数为该部类数 X_2 直接赋值。

c. 小类数 X_3

小类数和IPC分类号数并不完全相等,是因为有些专利的多个IPC分类号是属于同一小类。IPC分类中小类细化了专利技术领域,是进行专利分类分析的一个重要方面。[1][2] 分析IPC分类中的小类数能够在更细分维度上反映专利所涉及的技术领域跨度。具体而言,小类是指IPC分类号的前四位,若两个IPC分类号的前四位相同则认为所属小类相同,前四位不完全相同则认为是不同小类,若一件专利所有IPC分类号前四位均相同,则去重计数,该件专利的小类数 X_3 赋值为1;若一件专利所有IPC分类号前四位不完全相同,则去重复后统计不同小类数,根据统计结果为该专利的小类数 X_3 赋值。

d. 独立权利要求数 X_4

独立权利要求指解决技术问题的完整技术方案,[3]同一专利具有多个独立权利要求,意味着这些独立要求所记载的都是完整的技术方案,[4]且它们都属于一个总的发明构思,[5]但可能属于一个总的发明构思的两个独立权利要求所述的技术领域不完全相同,这样具有两个及以上独立权利要求的技术方案涉及跨技术领域的概率大增。为此,统计每件专利的独立权利要求个数,并根据独立权利要求个数为 X_4 赋值。

e. 权利要求数 X_5

专利的权利要求确定了专利所覆盖的保护范围。权利要求分为独立权利要求和从属权利要求。独立权利要求记载了该项专利最宽的保护范围。从属权利要求通过引用独立权利要求,记载附加技术特征形成更为下位及更小的保护范围。一件专利具有多个独立权利要求时,需要满足多个独立权利要求之间具备单一性。单一性实质上是指多个独立权利要求所保护的技术方案是属于一个总的发明构思。单一性在实践中通常是通过判定多个独立权利要求之间是否具有相同或相应的特定技术特征来检验。一件专利具有的多个独立权利要求其请求保护的客体类型可能不同,如既包含方法独权,也包括装置独权。客体类型不同,独立权要求涉及的技术领域则很可能不同。从属权利要求对独立权利要求的保护范围进一步限定,可以通过对某一技术特征的下位方案的详细阐述来实现,或者是增加一个附加的技术特征来实现。基于此,在满足单一性的前提下,权利要求数越多,该项专利所涉及的技术领域跨度就具有越大的可能性。统计每件样本专利的权利要求数 X_5,并为其赋值。

f. 专利性质 X_6

根据专利性质的不同,将专利划分为方法专利、产品专利、兼有方法及产品专利。[6] 由于产品专利和方法专利的创新出发点不同、作用方式不同、作用结果也不同,因此其对专利创新方向具有一定的影响。将内容描述为产品的专利性质 X_6 赋值为1,将内容描述为方法

① 杨中楷、刘倩楠、于霜:《基于专利引文网络的技术领域间关系探析》,载《科研管理》2011年第5期。

② F. Caviggioli,Technology Fusion,Identification and Analysis of the Drivers of Technology Convergence Using Patent Data,*Technovation*,2016,No.55-56,pp.22-32.

③ 中国《专利法实施细则》第20条第2款。

④ 中国《专利法实施细则》第21条。

⑤ 中国《专利法》第31条第1款。

⑥ 乔永忠、姚清晨:《中国授权不同性质专利技术领域布局实证研究》,载《科技进步与对策》2015年第24期。

的专利性质 X_6 赋值为 2,将内容同时包括产品和方法的兼合专利的专利性质 X_6 赋值为 3。

g. 申请人国别 X_7

将申请人是国内申请人的 X_7 赋值为 1,申请人是国外申请人的 X_7 赋值为 2。

h. 发明人数 X_8

一件发明的发明人可以是一个人也可以为多人。发明人个数差异反映发明人团队规模和结构的不同。发明人通常为自然人。根据样本专利的具体发明人数为 X_8 赋值。

i. 审查时间 X_9

一件发明的审查时间是指该发明从申请日到授权公告日之间的时间。专利技术方案所跨的技术领域范围较广,则要求审查员具备跨技术领域相关的背景知识,甚至需要多个不同技术领域的审查员来完成同一件发明专利审查,因此,通常可以假定专利所跨技术领域较多的,则该专利的审查时间较长;反之,专利局限在某一技术领域,相关技术领域的一般审查员即可胜任,通常其审查时间相对较短。[①] 根据样本专利的审查时间为 X_9 赋值。

(二)数据来源和样本选择

1.数据来源

本文数据来源于智慧芽专利检索数据库。数据检索时间为 2021 年 1 月 26 日;检索步骤为登录智慧芽专利检索数据库 https://analytics.zhihuiya.com,选择申请日为 2000 年 1 月 1 日至 2000 年 12 月 31 日;[②]专利类型为授权发明;选择受理局为"中国"、法律状态为"期限届满",筛选后获得 6717 条目标专利数据。导出目标专利的所有著录项目信息,形成目标专利数据库。6717 件高收益专利根据 IPC 主分类号的部类号分布如表 1 所示。

表 1　2000 年申请的高收益专利 IPC 主分类号部类号划分数据技术领域分布

部类号	件数	百分比	累计百分比
A:人类生活必需	946	14.1	14.1
B:作业、运输	1019	15.2	29.3
C:化学和冶金	1403	20.9	50.1
D:纺织和造纸	131	2.0	52.1
E:固定建筑物	81	1.2	53.3
F:机械工程等	360	5.4	58.7

---

① 马荣康、王艺棠:《基于专利化过程的突破性技术发明形成特征分析——来自中国发明专利金奖和优秀奖的比较证据》,载《技术经济》2018 年第 6 期;马荣康、金鹤、刘风朝:《基于生存分析的中国技术领域比较优势持续时间研究——国际专利分类大类(IPC Class)层面的证据》,载《研究与发展管理》2018 年第 4 期。

② 选择申请日在 2000 年的专利,原因是中国专利的保护期限为 20 年,要获得授权并且维持期限届满的专利,则其申请日至少需要在 20 年以前,而若采集 2001 年的专利数据,则只能采集前半年的数据,采用申请日为 2000 年以前的专利数据,其样本个数较少,抽样精准度受影响。为此,本文采集申请日为 2000 年一整年的发明专利数据,并筛选出从申请日起授权后维持期限届满 20 年的专利,既能够保证目标专利数据的科学性和样本的充分性,又能够保证目标专利数据的新颖性和时效性。

续表

部类号	件数	百分比	累计百分比
G:物理	1160	17.3	75.9
H:电学	1617	24.1	100
总计	6717	100.0	

2.样本选择

将目标专利数据库的 6717 件高收益专利作为样本,统计其 IPC 分类号数、部类数、小类数、独立权利要求数、权利要求数、专利性质、申请人国别、发明人数及审查时间 9 个指标数据。

相关变量的定义与赋值如表 2 所示。对专利创新方向进行描述性统计后发现,专利创新方向为的均值 0.61,标准差为 0.49。

表 2　相关变量的定义与赋值

变量类型	变量	定义与赋值	均值	标准差
因变量	Y	高收益专利创新方向,纵向=1,横向=0,为分类变量	0.61	0.49
	X_1	专利所涉及的 IPC 分类号数,为连续变量,单位为个	5.94	5.08
	X_2	专利所涉及的 IPC 分类号部类数,为连续变量,单位为个	1.45	0.61
	X_3	专利所涉及的 IPC 分类号小类数,为连续变量,单位为个	2.24	1.30
	X_4	独立权利要求数,为连续变量,单位为个	2.58	2.68
自变量	X_5	权利要求数,为连续变量,单位为个	13.91	12.97
	X_6	专利性质,为分类变量,产品=1,方法=2,兼合=3	2.12	0.90
	X_7	申请人所属的国家,为分类变量,国内=1,国外=2	1.79	0.41
	X_8	发明人数,为连续变量,单位为人	3.03	2.11
	X_9	为专利审查时间,为连续变量,单位为日	1903.10	792.35

注:上述因变量为二分类变量,自变量有 9 个,其中 2 个为分类变量,7 个为连续变量,采用描述性统计均值和标准差。

3.Spearman 秩相关分析

Spearman 秩相关系数是衡量两个变量的依赖性的非参数指标。本文因变量为二分类变量,自变量有 9 个,其中 2 个为分类变量,7 个为连续变量。本文采用 SAS9.4 完成各变量的 Spearman 秩相关性分析,结果如表 3 所示。相关变量均通过 Spearman 秩相关分析方法,计算出高收益专利创新方向(Y)与自变量 X_1—X_9 之间的相关系数。根据相关系数的强弱计算出高收益专利创新方向(Y)与自变量 X_1—X_9 之间的影响因素的权重值。高收益专利各变量的描述性统计与相关系数 r(Spearman 秩相关系数)如表 3 所示,各不同变量之间的相关系数 r 分别满足高度相关或强相关:$0.7 \leqslant |r| < 1$ 的相关;中度相关:$0.4 \leqslant |r| < 0.7$ 的

相关；低度相关或弱相关：$|r| < 0.4$ 的相关。可以看出专利创新方向与 IPC 分类号数、部类数、小类数、独立权利要求数、权利要求数、专利性质、申请人国别、审查时间变量之间具有一定的相关关系，为后续验证提供了判定基础。

表 3　变量 Spearman 秩相关性分析

		Y	X_1	X_2	X_3	X_4	X_5	X_6	X_7	X_8	X_9
Y	相关系数	1	−.423**	−.985**	−.628**	−.149**	−.091**	−.096**	−.170**	−.080**	−.144**
	Sig.(双尾)	.	0.000	0.000	0.000	0.000	0.000	0.000	0.000	0.000	0.000
X_1	相关系数	−.423**	1	.434**	.645**	.267**	.207**	.160**	.441**	.059**	.316**
	Sig.(双尾)	0.000	.	0.000	0.000	0.000	0.000	0.000	0.000	0.000	0.000
X_2	相关系数	−.985**	.434**	1	.645**	.147**	.096**	.094**	.176**	.082**	.151**
	Sig	0.000	0.000	.	0.000	0.000	0.000	0.000	0.000	0.000	0.000
X_3	相关系数	−.628**	.645**	.645**	1	.231**	.151**	.173**	.251**	.046**	.221**
	Sig.(双尾)	0.000	0.000	0.000	.	0.000	0.000	0.000	0.000	0.000	0.000
X_4	相关系数	−.149**	.267**	.147**	.231**	1	.494**	.501**	.213**	.055**	.193**
	Sig.(双尾)	0.000	0.000	0.000	0.000	.	0.000	0.000	0.000	0.000	0.000
X_5	相关系数	−.091**	.207**	.096**	.151**	.494**	1	.280**	.262**	.029*	.224**
	Sig.(双尾)	0.000	0.000	0.000	0.000	0.000	.	0.000	0.000	0.018	0
X_6	相关系数	−.096**	.160**	.094**	.173**	.501**	.280**	1	.030*	.100**	.104**
	Sig.(双尾)	0.000	0.000	0.000	0.000	0.000	0.000	.	0.015	0.000	0.000
X_7	相关系数	−.170**	.441**	.176**	.251**	.213**	.262**	.030*	1	−.055**	.449**
	Sig.(双尾)	0.000	0.000	0.000	0.000	0.000	0.000	0.015	.	0.000	0.000
X_8	相关系数	−.080**	.059**	.082**	.046**	.055**	.029*	.100**	−.055**	1	−0.015
	Sig.(双尾)	0.000	0.000	0.000	0.000	0.000	0.018	0.000	0.000	.	0.234
X_9	相关系数	−.144**	.316**	.151**	.221**	.193**	.224**	.104**	.449**	−0.015	1
	Sig.(双尾)	0.000	0.000	0.000	0.000	0.000	0.000	0.000	0.000	0.234	.

注：* $p < 0.05$，** $p < 0.01$，*** $p < 0.001$。

（三）回归模型构建

由于用于反映专利创新方向的自变量数据既有连续变量，也有分类变量，且考虑到因变量高收益专利创新方向（Y）为二元变量，以及 Logistic 模型的变量预测特征，本文采用二元 Logistic 回归模型来分析高收益专利创新方向的影响因素。

设高收益专利创新方向为纵向的概率为 $P(0 < P < 1)$，高收益专利创新方向为横向的概率为 $1 - P$，判断高收益专利创新方向是纵向还是横向的指标有 q 个，分别为 X_1，X_2，X_3，X_4，X_5，X_6，……Xq。

二元 Logistic 回归模型为：$p = \dfrac{1}{1 + \exp(-\alpha - \sum\limits_{i=1}^{q} \beta_i x_i)}$，

其等价公式为 $\dfrac{P}{1-P}=\exp(\alpha+\sum\limits_{i=1}^{q}\beta_i x_i)$，两边取自然对数得到 $\ln(\dfrac{P}{1-P})=\alpha+\sum\limits_{i=1}^{q}\beta_i x_i$，得到二元 Logistic 回归模型为：$\ln(\dfrac{P}{1-P})=\alpha+\beta_1 x_1+\beta_2 x_2+\cdots+\beta_q x_q$。

为了使反映专利创新方向的数据更具可靠性，自变量参数选取具有高相关性和多维性，这导致 Logistic 回归分析存在共线性问题。Logistic 回归模型和其他多元回归模型一样，对多重线性敏感，变量间具有较高的相关性，这会在分析中模糊一部分数据，从而导致模型输出结果的高精度受影响。

由于每件专利的创新方向变量具有 n 个指标，各指标间存在较强的相关性。首先对变量进行标准化处理 $X=(X_1,X_2,X_3,\cdots,X_n)'$，用 $F_1,F_2,\cdots,F_m$ 表示标准化的公共因子，则 $F=(F_1,F_2,F_3,\cdots,F_m)'(m<n)$，且特殊因子用 ε 表示，$\varepsilon=(\varepsilon_1,\varepsilon_2,\varepsilon_3,\cdots,\varepsilon_n)'$。在满足以下要求的情况下：(1) $E(X)=0$，协方差矩阵 $cov(X)=\Sigma$。由于各指标数值经过标准化处理，可知协方差矩阵与相关系数矩阵相等。(2) $E(F)=0$ 且向量 F_i 间相互独立。(3) $E(\varepsilon)=0$ 且 ε 的各分量 ε_i 相互独立，构建因子模型如下式(1)。

$$\begin{cases} X_1=a_{11}F_1+a_{12}F_2+\cdots+a_{1m}F_m+\varepsilon_1 \\ X_2=a_{21}F_1+a_{22}F_2+\cdots+a_{2m}F_m+\varepsilon_2 \\ \qquad\qquad\cdots\cdots \\ X_n=a_{n1}F_1+a_{n2}F_2+\cdots+a_{nm}F_m+\varepsilon_n \end{cases} \tag{1}$$

因此，为了进一步深入探究各影响因子背后的深层结构，简化指标体系，本研究对多个自变量进行降维、因子分析，[1]提取公共因子，消除自变量间的相关性，减少原始数据信息丢失。为了考虑公共因子 F_j 与所有原始变量的关系，我们需要通过公式 $g_j^2=a_{1j}^2+a_{2j}^2+a_{3j}^2+\cdots+a_{nj}^2$ 知道公共因子 F_j 对 X_i 的方差贡献率，并提取 g_j^2 大的 F_j 作为公共因子。将多个影响指标综合成为几个少数综合因子，起到降维的作用。

最后因子分析的二元 Logistic 回归模型的模型可设定为 $\ln(\dfrac{P}{1-P})=\alpha+\beta_1 F_1+\beta_2 F_2+\cdots+\beta_i F_i$。

二、实证分析

(一) 因子分析

由于变量间的强相关性，为了进一步深入探究各影响因子背后的深层结构，简化指标体系，本文采用 SAS9.4 软件对目标样本专利数据进行因子分析。[2] 从表 4 KMO 和巴特利特检验中可以看出，各影响因子之间相关性指标 KMO 为 0.691，KMO 大于 0.6，表明自变量之间存在较强的相关性，适合因子分析；在巴特利特的球形度检验中，巴特利特球形度检验为 11293.224。Sig 值为 0.000，小于 0.05($df=36$，$p<0.000$)，达到极其显著的水平，表明不

---

① 黄国群：《专利创造性判断的系统分析与影响因素实证研究》，载《情报杂志》2015 年第 7 期。
② 黄国群：《专利创造性判断的系统分析与影响因素实证研究》，载《情报杂志》2015 年第 7 期。

存在相关性的假设不成立。巴特利特球形度检验通过，因此进行因子分析提取公共因子是合适的。两种检验都表明，适合因子分析。进行因子分析，将多个高度相关的自变量综合成几个少数公共因子，以解决回归中多重共线性的问题。

1. KMO 和巴特利特检验

采用 KMO 统计量检验、巴特利特球形检验来确定指标间的相关性，结果如表 4 所示。

表 4　KMO 和巴特利特检验

KMO 取样适切性量数		0.691
巴特利特球形度检验	近似卡方	11293.224139
	自由度	36
	显著性	0.000

2. 解释的总方差

根据因子分析标准抽取了 3 个特征值大于 1 的主因子，从表 5 解释的总方差中可以看出，三个主因子保留的原始数据信息分别为 29.635%、15.414%、13.059%，其累计方差贡献率达到 58.109%，总共能够解释总体变量约 60%，三个主因子保留信息程度勉强达到要求，降维的效果较好，提取前三个主因子较为合适。这样本文研究的影响专利创新方向应变量 Y 的 9 个指标就综合成为 3 个主因子。

表 5　解释的总方差

成分	初始特征值			提取平方和载入		
	合计	方差的百分比	累计百分比	合计	方差的百分比	累积百分比
1	2.667	29.635	29.635	2.140	23.778	23.778
2	1.387	15.414	45.050	1.755	19.500	43.278
3	1.175	13.059	58.109	1.335	14.831	58.109
4	0.927	10.301	68.410			
5	0.803	8.921	77.332			
6	0.660	7.338	84.670			
7	0.585	6.498	91.168			
8	0.494	5.486	96.654			
9	0.301	3.346	100.000			

3. 旋转因子载荷矩阵

参考表 6 旋转因子载荷矩阵结果，可以看出各因子具有较好的区分效度。且三个要素所对应的变量均能够在所属维度上体现出最大负荷，整体矩阵实现了化繁为简的效果。从而可以认为本文高收益专利创新方向的影响因素的选择是合理的，且具有较为精准的预测效果。自变量 IPC 分类号数 X_1、部类数 X_2 和小类数 X_3 构成一个主因子 1，将该主因子 1

定义为创新导向因子;独立权利要求数 X_4、权利要求数 X_5 和专利性质 X_6 构成一个主因子2,将该主因子2定义为创新协变因子;申请人国别 X_7、发明人数 X_8 和审查时间 X_9 构成一个主因子3,将该主因子3定义为创新附加因子。

表6　旋转因子载荷矩阵

指标	主因子1	主因子2	主因子3
IPC分类号数 X_1	**0.709**	0.205	0.206
部类数 X_2	**0.821**	-0.012	-0.006
小类数 X_3	**0.876**	0.106	0.085
独立权利要求数 X_4	0.090	**0.797**	0.108
权利要求数 X_5	0.016	**0.763**	0.225
专利性质 X_6	0.141	**0.614**	-0.209
申请人国别 X_7	0.258	0.117	**0.729**
发明人数 X_8	0.233	0.232	-0.559
审查时间 X_9	0.218	0.200	**0.579**

4. 因子得分系数矩阵

由表7的因子得分系数矩阵可以计算得到三个主因子,其公式如下:

$$F_1 = 0.317 x_1^* + 0.433 x_2^* + 0.434 x_3^* - 0.077 x_4^* - 0.126 x_5^* + 0.014 x_6^* + 0.028 x_7^* + 0.159 x_8^* + 0.014 x_9^*$$

$$F_2 = 0.013 x_1^* - 0.121 x_2^* - 0.063 x_3^* + 0.476 x_4^* + 0.455 x_5^* + 0.379 x_6^* - 0.020 x_7^* + 0.155 x_8^* + 0.049 x_9^*$$

$$F_3 = 0.061 x_1^* - 0.106 x_2^* - 0.049 x_3^* + 0.013 x_4^* + 0.119 x_5^* - 0.233 x_6^* + 0.542 x_7^* - 0.494 x_8^* + 0.420 x_9^*$$

表7　因子得分系数矩阵

指标	主因子1	主因子2	主因子3
IPC分类号数 X_1	0.317	0.013	0.061
部类数 X_2	0.433	-0.121	-0.106
小类数 X_3	0.434	-0.063	-0.049
独立权利要求数 X_4	-0.077	0.476	0.013
权利要求数 X_5	-0.126	0.455	0.119
专利性质 X_6	0.014	0.379	-0.233
申请人国别 X_7	0.028	-0.020	0.542
发明人数 X_8	0.159	0.155	-0.494
审查时间 X_9	0.014	0.049	0.420

因子分析结果验证了本文所选取的数据参数精准合理,回归模型具有良好的适配性和合理性,并且使得研究假设得以验证,较好地反映了影响高收益专利创新方向判断的深层结构,各个因子反映了各个变量的结构关系。因此,本文数据较好地证明了本模型结构的创新性和合理性。且因子分析结构还进一步验证了所选取的目标专利数据与假设 H_1、H_2 和 H_3 之间能够充分及可靠地相匹配,并为后续假设 H_1、H_2 和 H_3 验证提供了可靠依据。

(二)逻辑回归分析

1. 主因子二元 Logistic 回归

通过上述因子分析公式,综合计算得到三个主因子,将主因子带入二元 Logistic 回归方程,得到二元 Logistic 回归分析结果,在二元 Logistic 模型回归分析中选择上述 3 个主因子替代原有的 9 个变量开展相关研究。根据建立的因子二元 Logistic 回归分析结果,通过对 6717 件高收益专利样本数据,借助 SAS9.4 软件,对模型进行估计,最终得到的回归模型为

$$\ln(\frac{P}{1-P}) = 0.8014 \times F_1 + 0.2031 \times F_2 - 0.0506 \times F_3 - 3.6668。$$主因子 Logistic 回归模型对专利创新方向总体的正确预测率达到 85%,预测准确率较高。表 8 二元 Logistic 回归分析结果中的模型 Sig 值<0.001,通过 5% 的显著性水平检验,表明自变量提供的信息能较好地解释因变量。-2LogL 值为 8984.293、SC 值为 8993.105 和 AIC 值为 8986.293 表明模型整体拟合优度较好。

表 8   二元 Logistic 回归分析结果

	B	标准误差	瓦尔德	自由度	显著性	Exp(B)
创新导向因子 f_1	0.8014	0.0222	1304.894	1	<.0001	2.229
创新协变因子 f_2	0.2031	0.00709	819.5283	1	<.0001	1.225
创新附加因子 f_3	−0.0506	0.00148	1160.804	1	<.0001	0.951
常数项	−3.6668	0.1128	1057.496	1	<.0001	
综合性检验	卡方值为 1345.6047		自由度为 3		Sig 值<.001	
模型拟合优度检验	−2 LogL 值为 8984.293		SC 值为 8993.105		AIC 值为 8986.293	

2. 回归结果分析

运用主因子 Logistic 回归检验前文所提出的相关假设,借助 SAS9.4 软件,基于 2000 年申请的 6717 件授权维持期限届满的发明专利数据,对模型进行估计,参考表 8 二元 Logistic 回归结果分析发现以下结论。

首先,创新导向因子 f_1 是高收益专利创新方向的重要影响因素。从表 8 中主因子二元 Logistic 回归结果得到该创新导向因子 f_1 的待估参数 B 为 0.8014。创新导向因子 f_1 是由 IPC 分类号数 X_1 部类数 X_2 和小类数 X_3 构成的,根据表 2 中变量定义 IPC 分类号数 X_1 最小值为 1,最大值为 55,部类数 X_2 最小值为 1,最大值为 5,小类数 X_3 最小值为 1,最大值为 14,说明当 IPC 分类号数 X_1、部类数 X_2 和小类数 X_3 越大,该高收益专利创新方向为横向

的可能性越大,与假设相符合。专利 IPC 分类号数 X_1、部类数 X_2 和小类数 X_3 数越多,说明其涉及的技术领域越多样,且这些技术领域可能是相同或相近的技术领域,也有可能是跨度较大的技术领域。创新导向因子 f_1 的 Wals 值、Exp(B)值分别为 1304.894 和 2.229,在全部公因子中位列靠前,说明创新导向因子 f_1 是影响高收益专利创新方向的较为重要的因素。所以当需要完成一件跨领域的横向高收益专利时,可以尽可能地涉猎更多的 IPC 分类号数 X_1、所围的技术范围,[1]从而将多个技术范围扩大形成跨技术领域的创新方案。同时,部类数 X_2 是影响高收益专利创新方向的较为重要的因素。专利涉及的部类数越多,其涉及的不同技术领域越多,在此情况下,专利创新方向更多向横向扩张。小类数 X_3 也是影响高收益专利创新方向的较为重要的因素。IPC 分类号的小类数 X_3 越多,其专利涉及的细化的技术领域也越多,其采用其他相邻技术领域的技术解决本领域技术问题的可能性也更大,专利创新方向更趋于横向。

其次,创新协变因子 f_2 也是高收益专利创新方向的另一主因子。从表 8 中因子二元 Logistic 回归结果得到该创新协变因子 f_2 待估参数 B 分别为 0.2031。创新协变因子 f_2 的 Wals 值、Exp(B)值分别为 819.5283 和 1.225,在全部公因子中位列最后,说明创新协变因子 f_2 是影响高收益专利创新方向的较弱因素。创新协变因子 f_2 由独立权利要求数 X_4、权利要求数 X_5 和专利性质 X_6 组成。由此可见,虽然权利要求数 X_5 越多,但是因为专利权利要求包括独立权利要求和从属权利要求,且专利通常所具有的独立权利要求较少,从属权利要求较多,从属权利要求通过引用独立权利要求,记载附加技术特征形成更为下位及更小的保护范围,因此从属权利要求多可能导致专利所述的技术领域相对集中,权利要求数 X_5 的多寡没有直接对专利创新方向产生相关影响。而独立权利要求在满足单一性的前提下,独立权利要求数 X_5 越多,该项专利所涉及的技术领域更广泛。独立权利要求数 X_4 越多该高收益专利创新方向为横向的可能性越大,与假设相符合。但由于权利要求数 X_5 越多对专利创新方向的影响较不显著,因此整体创新协变因子 f_2 高收益专利创新方向影响相对不那么强烈。专利性质包括产品专利、方法专利和兼合专利,当专利性质 X_6 为兼合(赋值 3)的时候,该高收益专利创新方向为横向的可能性越大。这也与假设相符合。

最后,创新附加因子 f_3 是高收益专利创新方向的最后一主因子。从表 8 中因子二元 Logistic 回归结果得到该创新附加因子 f_3 待估参数 B 为 -0.0506。创新附加因子 f_3 的 Wals 值、Exp(B)值分别为 1160.804 和 0.951,在全部公因子中位列中间,说明创新附加因子 f_3 是影响高收益专利创新方向的较重要的因素。创新附加因子 f_3 由申请人国别 X_7、发明人数 X_8 和审查时间 X_9 构成。专利权人的国别 X_7 属于国外,则说明这件专利所涉及的技术领域越多样,这些技术领域可能是相同或相近的技术领域,也有可能是跨度较大的技术领域,其创新方向很可能为横向。高收益发明专利的发明人数 X_8 对该专利的创新方向影响较小。由于专利的发明人可以一个也可以多个,而对于高收益专利来

---

① C. Lee, D. F. Kogler, D. Lee, Capturing Information on Technology Convergence, International Collaboration, and Knowledge Flow from Patent Documents: A case of Information and Communication Technology, *Information Processing & Management*, 2019, No.56, pp.1576-1591.

说,采用本领域技术手段还是借鉴其他领域技术手段,与发明人数的多少没有太大关系。是否采用其他技术领域的技术手段更多在于该发明人本身是否具备复合型知识。这也从另外一个方面反映了一件发明在研发过程中,大部分以具有相同技术背景的开发人员独自或协同完成,这是发明创造过程中需要首先在本领域积累深厚的专业技能,当发明人具备跨领域专业技能时,其更能够将其他技术领域的有效手段嫁接到本领域中来,形成良好的知识场效应的融合。[①] 审查时间 X_9 越长,则说明这件专利所涉及的技术领域越多样,很可能需要不同领域的审查员共同完成审查工作,因此这类专利的创新方向很可能为横向。

三、主要结论及研究不足

(一)主要研究结论及启示

以 2000 年申请授权后维持至期限届满 20 年的中国授权专利为样本专利数据,基于 Logisitc 模型探讨了高收益专利创新方向的影响因素,并通过实证分析验证,得出如下三点结论:一是高收益专利创新方向判断过程具有客观化,在统计意义上是显著的。二是高收益专利创新方向判断与 IPC 分类号数、部类数、小类数、权利要求数、独立权利要求数、专利性质、发明人、申请人国别、审查时间 9 个影响变量之间均具有显著相关性。三是高收益专利创新方向判断中的主要影响变量可归属为可识别的特定因子。分别为创新导向因子,其由自变量 IPC 分类号数 X_1、部类数 X_2、小类数 X_3 构成;创新协变因子,其由独立权利要求数 X_4、权利要求数 X_5 和专利性质 X_6 构成;创新附加因子,由申请人国别 X_7、发明人数 X_8 审查时间 X_9 构成。

综上所述,通过对专利文献和专利数据中的技术信息进行综合挖掘和分析,能够用于技术演变和预测,即若企业现有专利所涉及的 IPC 分类号数越多、部类数越多、小类数越多、专利性质为兼顾方法和产品专利、独立权利要求数越多、申请人国别为国外、权利要求数越多、审查时间越长,则该企业可以在创新过程中更多地进行探索式创新;反之,若一个企业现有专利所涉及的 IPC 分类号数越少、部类数越少、小类数越少、专利性质为方法专利或产品专利、独立权利要求数越少、申请人国别为国内、权利要求数越少,审查时间越短则该企业可以在创新过程中更多地进行开发式创新。

(二)研究不足与展望

由于本文所选择的样本及研究模型的选择局限性,存在一定的不足之处,待进一步改进:

(1)选取的样本专利数据较为集中,属于同一年份且属于同一部类的专利,而中国的专利数据巨大,其中符合本文中所定义的高收益专利,除了 2000 年申请的,2000 年之前申请的样本专利数据没有进行分析,因此本文在样本多样性和广泛性选择上受到一定局限。在进一步研究中,将优化选取样本,选取更多年份更多部类的专利,全面分析高收益专利创新

---

① Nonaka,H. Takeuchi,The Knowledge-Creating Coumpany:How Japanese Companies Create the Dynamics of Innovation,*Long Range Planning*,1996,Vol.29,No.40,pp.196-201.

方向的判定流程及影响机制,从而实现对高收益专利创新方向的精准把握,才能够更好地指导创新主体进行方向性的创新。

(2)没有采用专利引用信息作为构建 Logistic 二元回归模型的参数。专利引用信息对于专利而言是较为重要的统计参数,其没有纳入高收益专利的创新方向指标系统,使得模型在参数选择上受到一定限制。进一步的研究将纳入引用信息作为高收益专利创新方向影响因子,从而构建全方位的高收益创新方向评价体系。

反向行为保全在知识产权案件中的适用*

■鲍一鸣　孟奇勋**

摘　要：与普通民事诉讼案件不同,知识产权纠纷具有诉讼周期长、权利关系复杂、权属状态变动等特点。以现有的知识产权行为保全制度为基础,我国在司法领域涌现了一批知识产权反向行为保全案件,弥补了行为保全本身存在的审判主体左右为难、诉讼主体释明有限的局限性。对于处于"防御"状态的被告而言,反向行为保全有助于维护其正当利益和应对恶意投诉及恶意诉讼行为。知识产权行为保全与反向行为保全是相对而言的,只是披着不同面纱但性质相同的临时救济措施而已。反向行为保全与反诉、调解、部分侵权的认定等制度能够协调,行政反向行为保全和民事反向行为保全之间同样能够相互借鉴。

关键词：反向行为保全;知识产权;民事诉讼;诉前禁令;诉中禁令

Reverse Act Preservation in Intellectual Property Disputes

Bao Yiming　Meng Qixun

Abstract：Different from ordinary civil litigation cases, intellectual property disputes have the characteristics of long litigation cycle, complicated rights relations, and changes in ownership status. Based on the existing intellectual property preliminary injunction proceedings system, A number of intellectual property reverse aet perserration cases have emerged in the judicial field, which has corrected the dilemma of trial cases in the preliminary injunction proceedings system and of the limitations in clarifying the litigation subject. For the defendant who is in a "defense" state, reverse act preservation helps to safeguard his legitimate interests and respond to malicious acts and litigation. The preservation of intellectual property act and the preservation of reverse act are relative terms, and they are just temporary relief measures of the same nature under different veils. Re-

* 基金项目:教育部人文社科基金青年项目"区块链视角下数字音乐版权治理路径研究"(编号:19YJC820044);中央高校基本科研业务费专项资金重点项目"激励社会公众参与评议的专利审查模式创新路径研究"(编号:2020VI059)。

** 鲍一鸣,女,武汉理工大学法学与人文社会学院 2019 级法律硕士,研究方向为知识产权;孟奇勋,男,武汉理工大学法学与人文社会学院副教授,硕士生导师,研究领域为知识产权法律制度与创新政策、数字版权管理、知识产权运营。

verse preliminary injunction proceedings and the systems of counterclaim, mediation, determination of partial infringement, etc. can be coordinated, and the administrative reverse preliminary injunction proceedings and the civil reverse preliminary injunction proceedings can also be used as reference for each other.

Key Words：reverse act preservation；intellectual property；civil procedures；pretriall injunctions；mid-triall injunctions

一、问题的提出

诉讼保全作为一项权利救济途径在民事诉讼中的地位已不必赘述，而知识产权案件审理耗时长、举证难，行为保全、证据保全等措施对知识产权的司法救济显得尤为必要。行为保全最初是学者在大陆法系"假处分"和英美法系"中间禁令"的基础上提出来的。对诉前行为保全要求申请人提出相应的担保，由于情况紧急不作出保全可能会对行为人造成难以弥补的经济损失的，法院有48小时的裁定权。然而，在知识产权案件中纯粹适用诉讼行为保全制度反而可能造成不应有的"恶果"。反向行为保全的出现对完善我国行为保全制度有一种警示作用。在现有制度范式中，《侵权责任法》和《电子商务法》对"Notice and Takedown"的定位清除范围予以扩张，调整为"通知和必要措施"模式，法院裁定稍有不慎对两造当事人的利益影响不可估量。反向行为保全正是为被告在因原告的起诉、投诉、发函、公开声明等行为遭受损失时的救济路径。

最高人民法院2018年就知识产权行为保全出具了专门的司法解释，对于诉前责令停止知识产权侵权行为的请求权主体予以限定，解释内容还涉及行为保全请求提出的条件、行为保全的实质要件即"情况紧急"、"申请有错误"和"难以弥补的损害"的判断标准、法院在作出行为保全裁定前的必要考量因素，保全措施期限、当事人不服保全裁定的救济途径以及保全的解除等。知识产权诉前行为保全的必要性问题，核心在于结合知识产权区别于一般债权或物权的特性，要考虑到申请保护的知识产权日后可能被宣告无效的问题，以及申请方提供的担保（况且是否必要提供担保尚具有一定的不确定性）与被申请人可能因保全造成的损失不对等的问题。涉及保全，一定存在保全错误的情形，一般的民事案件可以通过申请人提供担保来实现权利的救济。然而，知识产权尤其是专利，一旦被宣告无效，诉讼本身就缺乏了诉的基础，更没有谈论是否存在侵权的必要。但是，法院一旦作出裁定，就审查是否裁定错误如果局限于《最高人民法院关于审查知识产权纠纷行为保全案件适用法律若干问题的规定》第16条和第17条的规定情形，很可能被恶意诉讼所利用，[①]因为如果参照一个月内申请人没有提出诉讼或申请仲裁的标准，被申请人可能因此在知识产权竞争市场中损失惨重。一个月对于知识产权本身可能发生的变化，任何人都不能作出一个精准推测。真正的权利人可能并未主张实体权利，但是诉讼投机一方已经做足了攫取法律程序时效利益的准备，尤

---

① 财产保全以及"先行责令被告立即停止侵犯专利权行为"的裁定不属于《专利法》第47条第2款规定中的"判决、裁定"，申请人是否存在恶意，不影响其因申请错误给他人造成损失应承担赔偿的义务。申请人申请行为保全或财产保全错误，对被申请人由此造成的财产损失应予赔偿。

其在申请知识产权保全时是否需要提供担保尚存裁量空间的制度背景之下。诉讼行为保全是为了防止真正权利人受到侵犯的紧急适用制度，对于诚信的权利人保护当然不置可否，等于说在法官未实质审查之时，依据程序法的专门规定，为权利人赢取一个权利救济的时间差。然而这样一个时间差可能会成为某种虚假诉讼的工具，为所谓的知识产权利益提供一个借用公权力以不确定换确定利益的手段。

二、知识产权案件适用行为保全的现实困境

知识产权作为一种特殊的权利，当事人在司法实践中申请知识产权保全，更多地为了保护其财产价值。作为一项特殊的财产，知识产权的价值存在不确定因素，处于从价值为零到价值不菲这样一个弹性较大、回旋余地较大的区间。知识产权价值评估需要专门具备资质的机构作出，在较短的时间内法官很可能是无法作出准确判断的。行为保全的隐含条件是存在较大的胜诉可能性，胜诉可能性成为原告证明的关键，因为胜诉可能性和知识产权的有效性、稳定性、权利归属的无瑕疵性以及侵权行为的存在相关。然而，在未经过法院的实质审理过程，在当事人未就举证、质证、辩论等诉讼程序予以参加，甚至在未听取被申请人一方意见的情形下，针对知识产权这样一个价值不确定、真正权利主体难以明晰、标的额差异明显、实为参与市场竞争的筹码、商事主体管理的特殊资产，着实给法官提供了一个判断难题。因此，以知识产权的类别划分清晰，将版权、专利、商标的诉前行为保全的申请标准予以细分，是解决知识产权行为保全利益失衡这一矛盾的关键。①

（一）审判主体左右为难

行为保全具体划分为三个阶段，当事人申请阶段、法院审查阶段、事后救济阶段。2018年12月13日，最高人民法院发布了5起知识产权纠纷行为保全典型案例，涉及禁止向公众提供中超联赛摄影作品案、②杨季康申请责令停止拍卖钱钟书信手稿案、③美国礼来公司等与黄某某侵害商业秘密纠纷诉中行为保全案、④"网易云音乐"侵害信息网络传播权诉前行为保全案、许赞有因申请停止侵害专利权损害责任纠纷案，⑤其中前四个和版权、商业秘密有关的案件，法官均采纳了当事人一方的申请意见，主要理由在于行为保全本身具备紧迫

① 宋鱼水、杜长辉、冯刚等：《知识产权行为保全制度研究》，载《知识产权》2014年第11期。

② 北京市朝阳区人民法院（2014）朝民（知）初字第40334号民事判决、北京市第三中级人民法院（2014）三中民（知）终字第15098号民事裁定、北京知识产权法院（2015）京知民终字第1818号判决以及北京市高级人民法院（2020）京民再128号判决。

③ 北京市第二中级人民法院（2013）二中民初字第10113号民事判决、北京市高级人民法院（2014）高民终字第1152号杨季康与中贸圣佳国际拍卖有限公司、李国强隐私权纠纷案，二审法院裁判结果为驳回上诉、维持原判。

④ 上海市浦东新区人民法院（2018）沪0115民初53931号上海华制改善企业管理咨询有限公司与上海企行企业管理有限公司、黄某某等侵害商业秘密纠纷一审民事判决书。

⑤ 江苏省高级人民法院公报案例，江苏拜特进出口贸易有限公司、江苏省淮安市康拜特地毯有限公司诉许赞有因申请临时措施损害赔偿纠纷案，南京市中级人民法院一审过程中许赞有因申请了"先行责令被告立即停止侵犯专利权行为"，该申请属于诉讼中临时措施的申请，但在二审期间，被告的涉案专利被宣告无效。

性和必要性,否则将会给申请人造成无法弥补的损害。第五个有关专利权行为保全的案件,法官在判定保全的必要性时主要考虑到专利权的稳定性是相对的,一项专利随时可能被宣告无效,且申请人最终败诉的可能性无法排除。在权衡被申请人的损失和申请人的利益之时,法官的态度可谓十分谨慎,要求申请人提供相应担保并说明申请理由,并推知申请人能够预见专利权申请保全本身的风险。关于此风险的具体内涵,法官并未予以阐明,可以结合本案理解为败诉风险、专利被宣告无效的风险、①被申请人因此造成的难以弥补的损失风险、申请人先行申请责令被申请人立即停止专利权可能给社会造成的相对人合理信赖损失风险以及法院裁定有误对于行为保全本身司法公信力的影响风险。难以弥补的损害判断,参考因素众多,涉及无法计算损害赔偿数额、对商誉的损害、市场竞争地位的下降、员工流失、失去分配特定商品的交易机会等。②

最高人民法院知识产权法庭审理的第一案上诉人厦门卢卡斯汽车配件有限公司(以下简称"卢卡斯公司")、厦门富可汽车配件有限公司(以下简称"富可公司")与被上诉人法国瓦莱奥清洗系统公司(VALEO SYSTEMES D' ESSUYAGE,以下简称"法国瓦莱奥公司")、原审被告陈少强侵害发明专利权纠纷一案,法国瓦莱奥公司申请法院就卢卡斯公司、富可公司、陈少强是否构成侵害涉案专利权先行作出部分判决,并判令其停止侵权。此外,法国瓦莱奥公司还提出了诉中行为保全(又称临时禁令)申请,请求法院责令卢卡斯公司、富可公司、陈少强立即停止侵权行为。一审上海知识产权法院作出部分判决,认定卢卡斯公司、富可公司构成侵权并判令其停止侵权,亦因此未对临时禁令申请作出处理。由于案件标的额600万元,价值不菲,一审法院作出了部分判决,可谓探讨了平衡知识产权停止侵害部分的部分判决和临时禁令的制度关系的裁判路径。行为保全裁定与判令停止侵害的部分判决内容存在重叠、功能存在明确法律关系状态和提高争议解决效率等相似之处,但是行为保全本身具备独立价值,如判令停止侵害的部分判决尚未生效、上诉期内申请人利益损失处于紧急状态之时,诉中行为保全可以达到止损并且保护专利权的双重作用。尤其是我国民事诉讼相关法律未就未生效判决的临时执行制度明确规定,责令停止侵害的行为保全裁定更具实践意义。③ 本案中,法国瓦莱奥公司在二审程序中坚持其责令卢卡斯公司、富可公司停止侵害涉案专利权的诉中行为保全申请,但是法国瓦莱奥公司提交的证据并不足以证明发生了给其造成损害的紧急情况,且二审法院已经当庭作出判决,判决已经发生法律效力,另行作

---

① 《专利法》第 47 条第 1 款:"宣告无效的专利权视为自始即不存在。"一旦不享有涉案专利权,申请人申请行为保全错误,对被申请人由此造成的财产损失应予赔偿。法院因当事人提起财产保全以及"先行责令被告立即停止侵犯专利权行为"申请作出的裁定,主要是为了保证法院作出的判决能够得到有效执行,避免继续侵权导致专利权人损失扩大,其内容并不含有关于被控侵权人的行为是否侵犯他人专利权的评价。

② Mrs. Fields Franchising LLC v. MFGPC, 10th Cir., No.19-4046, 11/7/2019.

③ 第二审人民法院对于停止侵害专利权的行为保全申请,可以考虑如下情况,分别予以处理:如果情况紧急或者可能造成其他损害,专利权人提出行为保全申请,而第二审人民法院无法在行为保全申请处理期限内作出终审判决的,应当对行为保全申请单独处理,依法及时作出裁定;符合行为保全条件的,应当及时采取保全措施。此时,由于原审判决已经认定侵权成立,第二审人民法院可根据案情对该行为保全申请进行审查,且不要求必须提供担保。如果第二审人民法院能够在行为保全申请处理期限内作出终审判决的,可以及时作出判决并驳回行为保全申请。

出责令停止侵害涉案专利权的行为保全裁定已无必要。因此,对于法国瓦莱奥公司的诉中行为保全申请,法院不予支持。最高人民法院知识产权法庭利用当庭宣判在维持一审判决的同时,就未对临时禁令申请作出处理作出了说明,认为既然已经当庭宣判,判决当即发生了效力,主张诉前禁令已无适用之事实上的必要。权利人的利益已通过效率审判得到了充分保护,诉前禁令的目的之一是防止权利人的权利受到紧迫的损害,本案从一审判决下达到二审当庭宣判,历经两个月,可谓体现了效率优势,没有正面回应诉前行为保全的判断过程,但是确实为知识产权尤其是专利的诉前禁令制度提供了一个迂回策略。①

(二)申请主体释明有限

申请人申请行为保全,负有对请求及请求的理由予以释明的义务。释明和证明之间存在差距,民事诉讼的证明要讨论证明标准、证明对象和证明责任的问题,负有证明责任的一方举证不能将承担败诉风险。而在知识产权诉讼行为保全案件中,释明的标准没有统一,法官行使行为保全的自由裁量权基于申请人的释明程度。在原告丁晓梅与被告郑州曳头网络科技有限公司(以下简称"曳头公司")、南通苏奥纺织品有限公司(以下简称"苏奥公司")、浙江天猫网络有限公司(以下简称"天猫公司")侵害外观设计专利权纠纷一案中,原告丁晓梅向法院提起诉讼之前,曾向天猫公司投诉,要求其在接收到通知后删除被告在天猫运营平台上的销售链接。天猫公司据此持谨慎态度,听取了投诉方和被投诉方双方意见后,并委托第三方专门机构对是否成立侵权作出了判断,结论是不存在外观设计侵权行为,曳头公司销售的产品未落入原告丁晓梅外观设计专利权保护范围,天猫公司遂拒绝删除曳头公司的销售链接。在得知通过网络运营平台天猫公司"救济"无望后,丁晓梅向法院提起外观设计侵权诉讼,并再次向天猫公司投诉,天猫公司遂予以删除。本案中原告丁晓梅是否向法院申请了针对外观设计专利的行为保全不得而知,但是就保全本身,有效途径只有一个,即天猫公司的协助删除行为。

作为原告,丁晓梅的外观设计专利是真实存在的,但是其权利是否确实受到侵犯并有紧迫现实的危险,未经专业机构评估或者法院作出实质审理,是没有确切答案的。简单的投诉行为或者提起诉讼、主张诉讼请求,请求法院进行诉前行为保全,同样无法证明权利的紧迫危险性,甚至无法证明被告行为和自身权利之间的关联性。在行为保全的申请资质上,就申请人的释明义务而言,应当参考以下因素进行具体规范:第一,对行为保全的紧迫性予以释明;第二,对具体需要保全的市场价值作出准确释明;第三,释明须具备逻辑周延,列明具体理由及相应证据。法院在听取申请人释明的同时,对于保全错误可能给被申请人造成的损失,向申请人作出一个反释明,并告知其可能因为保全错误而承担的诉讼风险和赔偿责任,反复向其询问是否坚持行为保全的申请。只有当申请人的释明满足优势条件,法院才有作出行为保全裁定的依据。② 发明专利和实用新型专利案件较之其他类型的知识产权案件往

---

① 公报案例(2019)最高法知民终 2 号瓦莱奥清洗系统公司与厦门卢卡斯汽车配件有限公司、厦门富可汽车配件有限公司、陈少强侵害发明专利权纠纷案,原审法院虽已作出关于责令停止侵害涉案专利权的部分判决,但并未生效,专利权人继续坚持其在一审程序中的行为保全申请。最高人民法院认为,虽然该行为保全申请与判令停止侵害的部分判决在内容与功能上存在重叠的可能,但作为两种不同的制度设计,责令停止侵害的行为保全申请在特定情况下仍具有独特价值。

② 刘芳:《我国知识产权诉讼行为保全的适用标准研究》,载《学习与实践》2019 年第 2 期。

往具备更为周知的复杂性,在德国,引入专家协助法官就专门复杂技术问题予以应对已成为特色,法官往往乐意接受那些内容具体的诉前禁令申请,就有争议的侵权行为进行初步举证,如以搜集含有特定广告、网站信息或宣传语的报纸、传单等载体的方式加以证明。由于诉前禁令的请求基础可能并非既定侵权事实(符合法定侵权行为要件),一些法院要求申请者就诉讼费用承担 20%~30% 的比重。另外,在禁令请求方面减轻争议侵权行为可能会取代停止争议侵权行为,且就特定信息的申请、停止商标使用的申请和请求赔偿的诉前禁令申请不被允许,尤其考量到将来经过实体审理推翻诉前禁令的可能及危害性。[①]

(三)被告困于精准抗辩

根据民事诉讼"谁主张,谁举证"的一般规则,被告在受到行为保全的限制之时,可以援引请求申请人作出充分举证的抗辩权,申请人如果未就胜诉可能性予以较为完整和充足的释明,被申请人得以拒绝履行法院的行为保全措施。此为消极的抗辩,带有防御性质。同时,被申请人可以以双方因为判决结果可能承担的损失比较,具体而言,可以借助第三方评估机构,如原告丁晓梅与被告曳头公司外观设计专利纠纷一案,网络服务提供商天猫公司曾经在原告第一次投诉时,便组织了专业机构进行外观设计专利类比并作出了不侵权的判定,曳头公司当然可以直接援用第三方专业评估机构的结论,在法院征求原被告意见时作为必要的有利证据。但是,本案的曳头公司并没有止步于采取简单意义的消极抗辩,而是更进一步,"以其人之道还治其人之身",直接向人民法院申请针对丁晓梅一方的反向行为保全。反向行为保全在申请之初是为了回应申请人的行为保全,具备一定的防御特点,但反向行为保全并不依赖于行为保全而存在,其具备相对的独立性,恰恰能够保障两造的平衡对抗,是双方当事人在民事诉讼程序中地位平等原则的具体体现。

此外,被申请人在抗辩时若从多角度、全方位寻找有利因素,比如所持有或获得授权的专利系与公共利益相关的抗癌药或治疗艾滋病的药物,一旦作出行为保全将对公共健康利益造成重大的负面影响。再如,著作权纠纷案件中,被申请人可以言论自由为抗辩,寻求与公共利益的契合点,在维权的同时避免了损失呈现无法控制的扩大趋势。当然,上述抗辩或主张理应同事实相符,对于错误保全产生的损失计算同样消耗花费时间精力,被申请人在面对知识产权行为保全的申请时,不应当完全被动消极,仅仅以申请人一方"恶意诉讼"、己方知识产权并未落入申请人一方保护范围为由抗辩,是偷懒式的抗辩。因为在未经过法院实质审理,未经过专家就专利技术进行细致准确的比对,是否侵权是一个模糊的、难以定论的主张。如何说服法官就行为保全再三定夺,为不确定的事实和价值判断中增添变量,以抵消申请人一方的释明作用,值得被申请人反复推敲、琢磨。

三、知识产权反向行为保全的缘起与演变

据不完全统计,2013 年至 2017 年五年间,全国法院分别受理知识产权诉前停止侵权和诉中停止侵权案件 157 件和 75 件,裁定支持率分别为 98.5% 和 64.8%,行为保全措施对知

---

① A. Deutsch, Preliminary Injunction Proceedings in German Intellectual Property Disputes, *Journal of Intellectual Property Law & Practice*, 2013, Vol.8, No.2, pp.136-145.

识产权权利人迅速制止侵权行为、及时获得司法救济发挥了重要作用。[①]《最高人民法院关于审查知识产权与竞争纠纷行为保全案件适用法律若干问题的规定》，就行为保全申请有错误的认定及反赔诉讼、行为保全措施的解除等作出了规范，基于具体的规定和长期的知识产权审判经验，知识产权行为保全被申请人一方能够获得相应的救济。然而，近年来国内涌现了一批知识产权反向行为保全案件，如徐春山与田庆红、刘延波等"阿胶糕盒子标签"著作权侵权纠纷，[②]丁晓梅与郑州曳头网络科技有限公司、南通苏奥纺织品有限公司等侵害外观设计专利权纠纷，[③]广州虎牙信息科技有限公司与武汉鱼行天下文化传媒有限公司著作权侵权纠纷等。上述案件均是电商之间的纠纷，其中一起和游戏直播平台相关。

（一）反向行为保全的理论借鉴

"通知＋必要措施"规则存在法律和事实上适用的真空，对于网络服务提供者可能过分苛责，对于被采取必要措施一方的损失可能无法有效救济。知识产权诉讼案件事实复杂、技术门槛高、难以取证、诉讼周期长、损害赔偿数额难以确定、权利状态不稳定、权利主体复杂、侵权判定成本高等因素导致诉讼周期漫长，但是权利主体的权利救济愿望是紧迫的，相应的保全措施是在相当紧迫的情形之下实施的。有关网络服务提供者就网络用户实施的版权侵权行为应采取的删除、屏蔽、断开链接等必要措施具体规定在《侵权责任法》第36条，该"避风港规则"与诉前禁令存在本质区别，但是在止损的效果上两者接近。"通知＋必要措施"规则应用于电子商务领域，具体规定在《信息网络传播权保护条例》第14条和第15条，就网络服务提供者的审查而言，从保护知识产权和维护交易秩序双重视角出发，既排除对网络服务平台运营商苛以过重的审查义务，又避免权利主体过高的权利救济门槛。毕竟站在权利人视角，诉前禁令的时间成本和经济成本远高于"通知＋必要措施"这一特殊程序。电子商务具有明显的商业竞争特点，"通知＋必要措施"规则会被作为恶意竞争的工具，以未经实质审查的知识产权为申请对象，对于滥用此规则而引发的赔偿存在举证困难的弊端。[④]"通知＋必要措施"规则存在法律和事实上适用的真空，站在网络服务提供商的视角，杭州刀豆网络科技有限公司与长沙百赞网络科技有限公司、深圳市腾讯计算机系统有限公司侵害作品信息网络传播权纠纷案[⑤]一案说明单从网络服务商提供的数据或链接的行为外观而适用此处

---

① 人民法院新闻传媒总社关于最高人民法院召开审判委员会全体会议审议并原则通过《最高人民法院关于审查知识产权与竞争纠纷行为保全案件适用法律若干问题的规定》的报道。

② 徐春山、田庆红、刘延波等诉前行为保全裁定，浙江省杭州市余杭区人民法院（2019）浙0110行保1号案件。

③ 江苏省高级人民法院（2019）苏民终1822号民事裁定书，上诉人丁晓梅因与被上诉人郑州曳头网络科技有限公司、南通苏奥纺织品有限公司、浙江天猫网络有限公司侵害外观设计专利权纠纷一案，丁晓梅不服江苏省南京市中级人民法院（2019）苏01民初687号民事判决，后又于2020年3月18日向江苏省高级人民法院申请撤回上诉。

④ 兰昊：《电商领域知识产权"通知—删除"规则的困境与出路》，载《知识产权》2020年第4期。

⑤ 参见杭州互联网法院（2018）0192民初7184号民事判决书，在判决书中，法院认为微信小程序服务类似《信息网络传播权保护条例》第20条规定的自动接入。自动传输服务，腾讯公司不属于提供信息存储空间或者搜索、链接服务的网络服务提供者，因此不适用"通知—册除"规则。

罚规则,对于并未直接接触、存储服务对象提供的信息的腾讯公司是不公平的。①

(二)反向行为保全的实践先行

知识产权行为保全申请人一方的释明义务在于达到"胜诉可能性"的标准,由此判断法官是否裁定出错误的行为保全,是存在脱离实际的嫌疑的。只有胜诉才说明行为保全的正当性,无疑将保全行为本身机械化对待,意味着庭前进行了类实质化审理,将加重两造当事人和法官的负担。最高人民法院《关于审理知识产权纠纷行为保全案件适用法律若干问题的规定》已将"申请人在本案中是否有胜诉可能性"替代为"是否有事实基础和法律依据,以及请求保护的知识产权效力是否稳定"。显然,对于申请人的释明义务,从"胜诉可能性"已经有所下降,调整至关注知识产权的效力因素,即专利是否经过实质审查、是否存在被宣告无效或撤销的可能性、是否存在权属争议等;实用新型和外观设计保全的申请人是否提交国务院专利行政部门提供的检索报告、专利权评价报告或专利复审委员会维持专利有效的决定证明。诉讼保全存在不确定性,而知识产权尤其是专利为保全本身增添了更多的不确定因素,最高人民法院强调了对于权利本身的关注,因为这是诉的基础,如果一项专利在诉讼过程中被宣告无效或者被撤销,意味着案件的争点随即消失,如同原告"被动撤诉"一般。②

可见,最高人民法院关注到了知识产权的不确定性风险,排斥了"事实上胜诉"以结果论英雄式的机械化判断,对于"胜诉可能性"标准的采取持谨慎态度,然而同时似乎引出一个新的问题,那便是将申请人的释明义务与提供证明权利的形式要件混同,申请人的释明标准从"胜诉可能性"急转直下,横亘于两造当事人之间的天平更多的分量倾斜于申请人一方,申请人在起诉前并未穷尽"通知—必要措施"、投诉、发出警告函、公开发表声明等权利救济方式便能通过申请行为保全达到目的。至于此目的出于善意或恶意竞争,不得而知。除了权利来源和权利的正当性问题,尚有被告是否实施了侵权行为、被告实施的侵权行为同原告损失间是否具备因果关系、诉讼时效等其他逻辑层次的问题需要关注。针对知识产权诉前禁令,一方面抵制庭前实质审理,另一方面为规避错误保全,对于法官而言,在现有的制度背景下,找到双方的利益平衡点显得如此艰难。即使最高人民法院的相关规定旨在赋予法官裁定行为保全更为宽泛的自由裁量权。

知识产权保护标准提高、提高违法成本应取决于行政部门、司法部门的共同协调。在《国家知识产权战略纲要》《国务院关于新形势下加强知识产权强国建设的若干意见》《国务院关于完善产权保护制度依法保护产权的意见》《关于进一步加强知识产权维权援助工作的指导意见》等相关的政策推动下,加大知识产权行为惩治力度,打击链条式、产业化知识产权犯罪行为已是大势所趋。最高人民法院每年均会发布《中国法院知识产权司法保护现状》,对知识产权的案件审理工作予以高度重视,组建了专门的知识产权法庭,就审理侵犯商业秘密纠纷、网络知识产权侵权纠纷、电子商务平台知识产权纠纷、侵犯知识产权刑事案件、知识

---

① 倪朱亮、徐丽娟:《"通知—删除"规则的适用局限及出路——以两则新型网络服务提供者案例为切入点》,载《电子知识产权》2020年第4期。
② 陈明涛、郭洁:《知识产权行为保全是否会继续沦为"花瓶"制度?》,载《中国律师》2019年第2期。

产权民事诉讼证据、加大知识产权侵权行为制裁力度等公开征求意见。[①] 就需要行为保全的知识产权案件而言,在司法主导的同时,行政执法和刑事司法的有效衔接和精准救济,对于保障程序正义,兼顾公平和效率显得尤为重要。另外,知识产权行为保全执行效力和准确程度应当追溯到权利授权之时,商标和专利的确权更加严格和准确,与专利诉讼中的司法个案认定形成一个连贯的过程。[②]

(三)反向行为保全的诉讼依托

被申请人一方对于知识产权行为保全拥有完整的诉的利益。我国民事诉讼法并没有将行为保全的适用主体限定为一方,知识产权确认不侵权诉讼作为一种特殊类型的诉讼,说明被申请人一方提出知识产权反向行为保全存在一定的制度基础。知识产权确认不侵权之诉,被警告人或利害关系人得以提出行为保全,那么在普通的知识产权诉讼中,被申请人同样可以申请行为保全,两者存在逻辑层面的衔接。反向行为保全的必要性在于不申请同样会遭到难以弥补的损失,如被申请人正处于知识产权质押融资、投资开发核心技术的关键时期,如果法院裁定行为保全,引发了上述经营活动的中断,被申请人可能会因此遭受重大机会和现实利益损失。另外,被告的正当经济活动不应受到诉讼行为保全的过度干预,在终审判决作出前,被告要求法院责令原告容忍被告制造、销售、使用涉案产品,且原告不得以积极行为干涉被告的上述行为。[③] 在丁晓梅和曳头公司就外观设计专利权争议的案件中,对于被申请人曳头公司而言,在销售链接被删除之前,于天猫网购服务平台其生产的蚊帐销售量已经做到同类产品第一名的成绩。"6·18"活动是继"双11"之后公知的第二个大型销售推广活动,删除销售链接对于曳头公司而言将面临重大的难以弥补的损失。曳头公司申请法院裁定天猫恢复被诉侵权产品在天猫网购平台上的全部销售链接。目前我国出现的反向行为保全的几个案例,均是同电子商务平台服务相关,即法院裁定行为保全需要借助相应的网购平台或游戏运营商等电子网络服务平台的协助。电子商务平台的销售商、运营商之间的竞争激烈,删除服务链接对于相关主体可能会造成"致命"打击。即使通过后续的赔偿诉讼,被采取行为保全的一方同样要举证申请人的恶意,如果不存在故意类似本案恶性竞争的理由并加以举证,赔偿是一个未知数。即使获得赔偿,很可能和因为行为保全错失经营机会的损失无法持平。知识产权行为保全制度应当杜绝"恶人先告状"及"责任不对等"的现象。[④]

[①] 最高人民法院《关于加大知识产权侵权行为制裁力度的意见(征求意见稿)》《关于审理侵犯商业秘密纠纷民事案件应用法律若干问题的解释(征求意见稿)》《关于涉网络知识产权侵权纠纷有关法律适用问题的批复(征求意见稿)》《关于审理涉电子商务平台知识产权纠纷案件的指导意见(征求意见稿)》《关于办理侵犯知识产权刑事案件具体应用法律若干问题的解释(三)(征求意见稿)》。

[②] 李扬:《中国需要什么样的知识产权行为保全规则》,载《知识产权》2019年第5期。

[③] 蒋利玮:《知识产权行为保全申请主体资格研究——兼评行为保全司法解释征求意见稿第一条》,载《科技与法律》第2016年第2期。

[④] 任重:《我国诉前行为保全申请的实践难题:成因与出路》,载《环球法律评论》2016年第38卷第4期。

四、知识产权反向行为保全的制度内涵

反向行为保全同行为保全一样旨在及时止损,虽然基于存在利益冲突的不同主体提出并具有对抗性质,但反向行为保全可以参照行为保全的原理进行适用。行为保全适用于专利侵权、商业秘密、网络不正当竞争、网络游戏版权、域名权属、信息网络传播权等纠纷,总结而言归为知识产权与竞争纠纷,记载于《民事案件案由规定》知识产权权属、侵权纠纷和不正当竞争、垄断纠纷,具体体现在著作权、商标权、专利权、植物新品种权、集成电路布图设计专有权、计算机网络域名权属、侵权纠纷、发现权纠纷、发明权纠纷、其他科技成果权纠纷、确认不侵权纠纷和因申请临时措施损害赔偿纠纷。①

(一)反向行为保全与反不正当竞争

国内出现的反向行为保全案例和互联网不正当竞争相关绝非偶然,原因在于互联网产业本身经营模式相似,生产出来的商品或服务具备同质性,互联网作为一个交易平台既为经营者带来了机遇又带来了挑战。互联网环境瞬息万变,从商品、内容的竞争发展到数据、平台等的竞争。行为保全制度和互联网不正当竞争纠纷之间存在天然联系,互联网商业机会转瞬即逝,如前述的丁晓梅和曳头公司就蚊帐外观设计专利纠纷,蚊帐本身适用于特殊季节,案件发生背景系一年一度的网络大型购物促销节,一旦被删除链接并采取相应的行为保全措施,对于网络商品、服务提供商而言,竞争优势及市场份额随即锐减乃至消失。

与互联网为媒介的数据不正当竞争同样可能侵犯知识产权,在相关案件大量涌现的背景下,为行为保全和反向行为保全的实施提供了充足的空间。举例而言,网购平台嵌入深度链接,用户在搜集此平台商品或服务信息时自动跳转至彼网站,达到某种强制浏览的效果。网络平台运营商的利润来源以数据为王,用户停留越多的时间浏览界面则意味着更多的利润。深度链接导致的网页自动跳转或者网页绑定,②是一种“搭便车”的不正当竞争行为,③同时可能侵犯到原网络运营平台的信息网络传播权和域名权等。消费者通过互联网长期的消费行为会产生某种消费依赖或消费惯性,网络服务运营商之间为了吸引消费者的眼球,从运营平台的界面设计、广告布局到商品、服务的销售策略都进行了精心布局,和老顾客建立了深度的服务合同关系,有关消费记录信息构成了网络运营平台或销售商的重要参考数据,

---

① 宋晓明、王闯、夏君丽等:《〈关于审查知识产权纠纷行为保全案件适用法律若干问题的规定〉的理解与适用》,载《人民司法》2019年第7期。

② “深度链接”(deep linking)通常是指绕过被链接网站首页而直接链接到分页的某个文本、图片等的超链接方式,或者点击链接后,可以在不脱离设链网站的情况下,从被链网站在线打开文件的超链接方式。在这种链接服务中,用户下载的资料并没有存储在设链网站的服务器上,而是来源于被设链服务器。深度链接服务提供者不对搜索、链接的内容进行选择、编辑或加工,链接的过程完全由计算机程序自动完成。

③ 天津市第二中级人民法院(2012)二中民三知初字第382号上海聚力传媒技术有限公司诉天津津报传媒网络发展有限公司、北京若博佰思咨询有限公司等侵犯作品信息网络传播权纠纷案,就深度链接行为与不正当竞争关系问题,法院认为深度链接行为仅是跳开被链网站主页,直接链接至网页内容,并不对被链侵权作品作人为改变或编排、推荐。

以消费记录为样本可以推知消费行为背后的消费群体年龄、性别和相对应的消费偏好等关键信息，和商业秘密形成了某种密切关联，并且可能采取"大数据杀熟"的消费欺诈技术手段。① 因此，网络信息相关不正当竞争引发的知识产权侵权行为，对于权利人而言造成的损失是显而易见的，由于巨额利益的驱动，只要商品或服务存在关联的竞争者之间，都可能引发类似的纠纷。如淘宝和载和公司、百度和360、大众点评和百度地图、淘宝与百度、顺丰与菜鸟快递之间的数据劫持等案件，②均和数据不正当竞争相关，同时表明建立完善的知识产权行为保全制度以及时止损的必要性。③

反向行为保全首先在电商领域出现不足为奇，以徐春山、刘延波、田庆红等知识产权侵权纠纷为例，基于淘宝销售阿胶包装盒的著作权争议展开。④ 被投诉的侵权人作为申请人，以恶意通知为由请求反向行为保全。⑤ 另一方以著作权侵权为由向阿里巴巴知识产权保护平台先后投诉了17次，导致被投诉人8条热销商品链接被删除，涉嫌同行间的恶意商业竞争，并且销售的商品具有时令性。经查，被申请人田庆红涉嫌使用伪造的权属信息向阿里巴巴知识产权平台登记投诉。值得注意的是，本案中的被投诉人除了经营行为受限以外，由于网络店铺被扣分、被临时监管、发布活动被限制等，造成被投诉人软性评价指标呈现负向趋势。因此，如果不采取反向保全措施，会造成被申请人一方由于上述恶意投诉行为，遭受店铺销量减少、竞争能力削弱、市场份额降低等难以弥补的损害。本案中法院参考了商品处于销售旺季的事实，将保全措施期限的截止时间确定为旺季末尾。

(二)民事反向行为保全与行政反向行为保全

行政行为反向保全制度是建立在借鉴民事反向行为保全基础之上的，行政行为反向保全是在公权力可能侵犯行政相对人利益之时，具体由法院行使自由裁量权。借鉴域外对于假处分程序的实践经验，反向行为保全本身原则不因对方提供反担保而撤销，且行政行为反

---

① 长沙市芙蓉区人民法院(2018)湘0102民初13515号、湖南省长沙市中级人民法院(2019)湘01民终9501号刘权与北京三快科技有限公司侵权责任纠纷一案民事判决书，刘权认为三快科技公司的区别定价行为利用行业垄断优势和"大数据杀熟"的技术手段，实施价格欺诈行为。美团外卖平台在有折扣、优惠、减免时会在价格旁标明原价，否则将明显侵犯消费者知情权和公平交易权。

② 北京市海淀区人民法院(2016)京0108民初14003号北京奇虎科技有限公司与北京搜狗信息服务有限公司不正当竞争纠纷一审民事判决书、广州市动景计算机科技有限公司等与北京搜狗科技发展有限公司等不正当竞争纠纷一审民事判决书中均记载，涉及今日头条等多家互联网公司共同发表关于抵制流量劫持等违法行为的联合声明，域名劫持表现为用户正常联网状态下，目标域名会被恶意地错误解析到其他IP地址，造成用户无法正常使用服务；数据劫持表现为对于返回的内容，会在其中强行插入弹窗或嵌入式广告等其他内容，干扰用户的正常使用。

③ 廖怀学：《行为保全制度在互联网不正当竞争中的适用——基于全国47例典型行为保全案例实证分析》，载《电子知识产权》2019年第4期。

④ 徐春山、田庆红、刘延波等诉前行为保全裁定，浙江省杭州市余杭区人民法院(2019)浙0110行保1号案件。

⑤ 针对《电子商务法》规定的"恶意通知"行为，被通知人可以向法院申请诉前或诉中行为保全，请求法院责令通知人撤回通知或者禁止通知人继续发出通知。法院可以从通知人的恶意程度、通知人的恶意通知行为对被投诉店铺的影响程度、不采取行为保全措施对被通知人造成的损害是否超过采取行为保全措施对通知人造成的损害以及采取行为保全措施是否损害社会公共利益等多个方面审查认定是否准许保全。

向保全与主诉程序保持程序上的独立性。对于行为保全和反向行为保全均可以申请异议，作为程序上的救济，目的均在于止损，即及时避免损失进一步扩大。对于行政反向行为保全制度而言，在裁定时可以比较行政相对人和行政机关所遭受的损失，同时须权衡是否会给公共利益带来不利影响。简言之，行政反向保全的申请人是行政相对人，理由在于不采取反向保全遭受的损失可能大于行政机关由于禁制令本身遭受的损失，两害相权取其轻，同时考虑到未侵犯到公共利益，因此，为了弥补穷尽实体法救济手段但呈现出进一步扩张的损失，行政反向保全是必要且紧迫的。[①] 行政反向行为保全和民事反向行为保全相互借鉴，能够和诉讼本身进行衔接，及时制止真正的侵权行为并防止损失进一步扩大，同时在计算具体损失数额时可以通过删除销售链接前后的营业数额变化作为量化参考。

（三）反向行为保全与民事调解制度

知识产权诉讼周期长，临时禁令的执行错误风险高，因此，机械式地采取临时禁令对于当事人和法院而言，均存在较高的机会损失成本。尤其是专利复杂且众多、必要技术特征难以比对，评估结论相差悬殊之时，作出的临时禁令可能损害市场中的创新主体，应当优先考虑调解。在裁定行为保全或反向行为保全之前，调解能够为纠纷解决增添更多理性因素，便于被告揣摩原告的诉讼意图，原告申请行为保全或被告申请反向行为保全的动机和理由逐一浮现，有助于法官应对复杂的专利案件并作出平衡当事人利益的抉择，避免裁判的不经济。调解能够有效地避免诉讼拖延给当事人造成的时间和经济损失，与知识产权权利的司法救济没有矛盾之处，只要本着自愿、合法、公平的原则进行即可。[②]

（四）反向行为保全与部分侵权认定

行为保全具有停止侵害的部分判决不可比拟的效果，但停止侵害的部分判决不得取代知识产权行为保全。反向行为保全的目的是防止损失进一步扩大，认定部分侵权则为权利人主张损害赔偿确定了法定理由，且侵权行为的认定需要经过法院实体判决，就侵权行为、损害后果、因果关系和过错进行认定（无过错责任情形仅需认定三要件即可）。知识产权作为一项商业市场竞争筹码，其市场价值处于变动之中，而知识产权案件审理周期长、侵权难以认定、权利存在不确定性和不稳定性，反向行为保全的申请优势在于既能及时止损、满足权利的救济，又能不经过实体审理，节约了大量的时间成本。部分侵权的认定作为知识产权案件一种独有的特色，具有其他普通民事案件不具备的显著特征。原因在于当事人提出的诉讼请求难以完全满足，在实体正义无法及时实现或难以判定时，平衡两造当事人的利益，作出最符合程序正义的裁定，满足了权利救济的效率需求。部分侵权的判定与反向行为保全之间并不存在直接关系，只能说两者在兼顾效率价值和公平价值的出发点是一致的，是符合知识产权案件处理的特色制度。部分侵权判决兼顾到具体程序，比如已经到最终下达判决的环节，实体争议已经明晰，且诉前已经采取了行为保全，再通过最终的判决填平已弥补的部分损失，已经没有现实必要。或者原告与被

[①] 孔祥雨、付东年、宋涛：《对我国行政行为反向保全制度的几点思考》，载《广西政法管理干部学院学报》2004 年第 1 期。

[②] Rizvi S，Dhagat M，Mediation In Cases Of Intellectual Property Disputes. The IMW POST，https://imwpost.com/mediation-in-cases-of-intellectual-property-disputes/，下载日期：2020 年 7 月 10 日。

告之间已经达成了部分和解,一部分争议已经得到了"内部消化",再进行全部侵权认定,无疑违反了当事人的处分原则。

(五)反向行为保全与反诉制度

反向行为保全作为一项诉前或诉中的救济程序,主要体现了临时性特点。反向行为保全并非一种抗辩权,其目的虽然针对行为保全本身,为了说明行为保全存在的错误风险以及由此可能给被申请人造成难以弥补的损失,具备某种对抗性质。而反诉是一项与本诉相独立的诉讼,是对案件的基础实体法律事实及其证据的完整展开,并且承担举证不能的败诉风险。知识产权反向行为保全和反诉就具备执行效力,只不过前者需要借助特殊的手段如网络服务平台运营商,且具备紧急的特点,后者需要经过实体审理。

作为被告如果未提起反诉,不影响其申请行为保全。反向行为保全和胜诉的反诉判决在权利救济层面存在共性,但是两者的侧重点和表现形式不同,行为保全一是节省了权利救济的时间成本,二是在减少损失扩大层面具备先天优势。有不同意见认为反向行为保全的直接监督主体是电商平台,如发出删帖删链接的警告或者要求行为人作出公开声明,禁令在形式上和法院判决具备质的差异。电商平台没有作出行为保全决定的权力,而是负责执行法院裁定的辅助主体。在法院作出终审判决前,任何人不得妨碍被告从事正常的商业行为。即使是确认不侵权之诉的反诉,和反向行为保全之间也并没有必然的因果关系,是否选择反诉或申请反向行为保全,均是当事人的权利自由。

结　语

我国对知识产权类案件的处理高度重视,一直在不断提升侵权成本、加大知识产权侵权的惩罚力度,旨在保护知识产权人的正当权利。最高人民法院就知识产权行为保全出具了专门的司法解释。但是结合目前的案件情况,对于知识产权诉讼和行为保全而言,要考虑到知识产权权利状态可能发生变动、知识产权归属难以判断等特征,平衡两造当事人的利益。一些民事主体借助知识产权互联网避风港制度和行为保全制度本身,进行恶意投诉和恶意诉讼,实际上是利用了知识产权特殊制度打击竞争对手,给被投诉方或被申请人造成难以弥补的损失,同时破坏了正常的市场竞争秩序和交易安全,甚至损伤了知识产权保护制度的公信力。推定的被告或侵权行为人面对投诉或恶意诉讼,只有两条路可选:一则继续实施、等待被诉,并于诉讼中想办法主张权利无效或不构成侵权;二则主动起诉,内容为主张权利无效或不构成侵权,能够避免被动带来的败诉风险。

两条路径对于行为人而言均面临高额诉讼费用,推定侵权之诉或投诉申请如同悬挂在被告头顶的"达摩克利斯之剑",滥用投诉或诉讼的结果便是权利人不费一粒一毫使行为人逐步亏空。[①] 在具体的司法审判过程中,由于知识产权案件审理周期长,单一地以"胜诉可能性"作为申请人的释明义务履行标准,对于被申请人一方采取行为保全措施的概率可能过高。因此,知识产权反向行为保全制度需要构建,其目的和知识产权行为保全并无实质差

---

① K. J. Brady, Standing in the Thicket: Reconciling Differing Standards of Judiciability in Intellectual Property Disputes, *Intellectual Property Brief*, 2015, Vol.6, No.2, pp.129-160.

异,均是为了及时止损、保护当事人的正当利益的临时性措施。其在司法层面已经得到了初步运用,案件均和电商领域的商品或服务纠纷相关,并非偶然。此类案件与反不正当竞争密切关联。在处理反向行为保全和反诉、调解、部分侵权的认定、民事诉讼反向行为保全与行政诉讼反向行为保全的关系时,可以借鉴具体案例和域外实践,目的是保证反向行为保全与其他民事制度能够有效衔接。

SEP 全球费率裁判中国际礼让原则的展开

■ 王　轩　代晓焜[*]

摘　要：当前，标准必要专利（SEP）领域诸多基础性问题尚未形成国际共识。基于对 FRAND 承诺的法律属性、SEP 纠纷司法裁判权范围以及司法政策等诉讼关键因素的不同理解，主要法域对 SEP 全球费率司法裁判问题观点相左。信息通信技术（ICT）市场参与者竞相选择有利的法院地，发起"平行诉讼"寻求"禁诉令""禁执令"，以实现自身利益的最大化。这些行为导致部分国家间的司法管辖竞争激烈，SEP 争议解决的司法路径呈现出对抗局面。为了平息管辖冲突而被频繁提及的国际礼让原则又因绝对化的倾向，难以形成广泛的共识。因此，有必要结合 SEP 全球费率司法裁判的主要特点，廓清引入国际礼让原则的必要性和正当性，以"必要礼让"与"适当礼让"规则为基础，促使 SEP 费率争议解决回归理性。

关键词：标准必要专利；FRAND；国际礼让；管辖冲突；平行诉讼

The Application of International Comity Principle in
Global SEP Licensing Rates Judgment

Wang Xuan　Dai Xiaokun

Abstract：Currently, an international consensus has not yet formed about many basic issues in the field of standard essential patents (SEP). Due to different understandings of key litigation factors such as the legal nature of FRAND commitments, the scope of judicial jurisdiction in SEP disputes, and judicial policies, major jurisdictions have different views on the issue of judicial judgments of SEP global rates. The market players of information and communication technology (ICT) select favorable forum where they file "parallel litigation" and seek "anti-suit injunction" and "anti-execution injunction" to maximize their own interests. These actions have led to fierce jurisdictional competition among some countries, and the judicial path of SEP dispute resolution has become confrontational. A broad consensus about the principle of international comity, which is frequently mentioned in order to quell jurisdiction conflicts, is also difficult to form due to the rigid contents. Therefore, it is necessary to clarify the necessity and legitimacy of the introduction of in-

---

* 王轩，男，厦门大学知识产权研究院博士研究生，主要研究方向为知识产权法；代晓焜，女，厦门大学知识产权研究硕士研究生，主要研究方向为知识产权法。

ternational comity principles based on the main characteristics of the global SEP rates judgements，and based on the "necessary comity" and "appropriate comity" rules，to promote the return of SEP rate dispute resolution to rationality.

Key Words：SEP；FRAND；international comity；conflict of jurisdiction；parallel litigation

一、问题的提出：SEP全球费率裁判呈现乱局

近期，通信市场上相关主体"择地行诉"（forum shopping）进而引发平行诉讼（parallel proceedings）的现象不断涌现。不可否认，平行诉讼之中多重司法力量的介入对于促成当事人谈判具有积极的推动作用，域外司法竞争对于提升本地司法裁判的专业能力和国际化水平也具有一定的推动作用。然而，SEP费率纠纷中不同国家间司法管辖的冲突带来的消极影响不容小觑。在国家司法主权层面，平行诉讼和规制这种重复诉讼行为的"禁诉令"与"反禁诉令"尽数登场，使国际司法管辖呈现出对抗之势，由于司法管辖通常与国家主权密切相关，这类问题又常被解读到国家主权冲突的层面；不同国家的法院相互龃龉的裁判结果，既浪费了宝贵的司法资源，又在一定程度上削弱了本地的司法权威性。产业发展层面，不同地区法院差异较大的费率裁判结果将给许可谈判的达成带来诸多不确定因素，与促进纠纷解决的初衷背道而驰；难以预测的诉讼结果可能打击SEP使用者市场扩展的积极性，造成产业布局割裂化、迟滞的不利局面。从当事人利益层面而言，跨司法辖区的重复诉讼诉使市场主体徒增司法成本；旷日累时的司法博弈可能引发非理性的抗争情绪，不利于纠纷的化解。从消费者福利层面而言，SEP使用者的司法成本最终必然转嫁给消费者，许可达成的复杂化垒高了行业门槛，也将延缓新技术的产业应用，消费者享受技术发展成果将支付更高的对价。

SEP全球费率纠纷的乱象引起广泛关注，理论与实务界希冀援引"国际礼让"原则以化解国际管辖冲突问题。然而，对于国际礼让原则在上述冲突中的具体展开，实践中尚无成熟、务实的解决方案：或过于强调在后法院对在先法院的"绝对避让"义务而不免显得理想化，缺乏达成共识的基础；或由于处于在后地位，泛化使用"国际礼让"概念，将仅涉民商事领域的纠纷拔高至主权层面；遑论过于消极、缺乏适当作为，背离SEP纠纷解决中法院的角色定位。

基于此，有必要对近期国内外有关SEP费率纠纷的司法裁判情况进行类型化梳理，明确主要法域的司法动向，进而有针对性地提出国际礼让原则在SEP费率裁判中的具体展开路径、法院在SEP费率裁判中的角色定位，以期为SEP费率纠纷解决的司法实践贡献逻辑自洽、和合互惠、稳妥可行的方案。

二、主要司法辖区SEP费率裁判类型化分析：法院对判定全球费率态度不一

SEP主要司法辖区对FRAND的法律属性认知差异较大，具体表现为：普通法系国家认定FRAND属于第三方受益合同，大陆法系国家则认为FRAND是标准必要专利人自行

施加的单方义务,而我国司法实践中将 FRAND 许可纠纷认定为"兼具侵权和合同纠纷"。①由此,对于 SEP 费率的司法裁判各主要辖区的法院态度迥异:美国法院拒绝在侵权之诉中裁判全球许可费率;同为普通法的英国法院则在侵权之诉中既颁发了禁令又裁定了全球费率;德国、荷兰、法国等大陆法系的国家对在侵权之诉中裁判全球费率持保留态度;②我国法院在认定"纠纷具有特殊性"的前提下支持全球费率的裁判。

各国法院对 SEP 纠纷性质的不同判断及对全球裁判的迥异态度直接影响了当事人的司法救济路径,合理有序的司法裁判规则才能为当事人救济的获取提供更多指引。虽然标准具有一定的公共属性,但 SEP 许可仍属于民事主体自治的私法领域。唯有推动 SEP 费率纠纷朝着对当事人更加公平、合理的方向迈进,司法力量的介入才具备更多正当性。因此,有必要对当前主要辖区的法院有关全球费率裁判的观点进行类型化梳理,以期在明晰主要国家有关全球费率司法裁判尺度的基础上,探索全球费率司法裁判共识建立的方向。

(一)当事人提供可选择费率,法院主动裁判全球费率

"Unwired Planet 与华为案"③是全球首个在双方未达成合意之时,法院主动裁定 SEP 全球费率的案件。④ 英国最高法院在"Unwired Planet 与华为上诉案"中坚持了一、二审法院的判决,提出了关于裁判全球费率正当性的诸多观点。⑤ 此举一出,引起学界与实务界的广泛关注与讨论,也引发了对 SEP 纠纷案件全球司法管辖秩序的担忧。

英国最高法院主要从效率角度论证裁决全球许可费率的合理性:"让当事人在专利族所在的每个国家逐一提起法律程序,查明专利的有效性、对于标准的必要性以及相关使用者是否构成侵权是不可行的……任何理性企业都不会试图逐个国家谈产品的专利许可。"⑥英国最高法院认为全球费率谈判的效率性属于 SEP 谈判中相关专家"必然会意识到"的行业惯例。对于管辖权问题,法院认为管辖依据是当事人基于 ETSI 的知识产权政策所签订的合

---

① 最高人民法院(2019)最高法知民辖终 157 号民事裁定书。

② 赵启杉:《司法裁判 FRAND 许可条件的政策选择及其对全球 SEP 诉讼的影响》,载《知产财经》2020 年第 3 期。

③ Unwired Planet International Ltd. and another(Respondents)v. Huawei Technologies(UK)Co Ltd. and another(Appellants),Case ID:UKSC 2018/0214,https://www.supremecourt.uk/cases/uksc-2018-0214.html.

④ 仲春:《标准必要专利全球裁判思辨》,载《知识产权》2020 年第 10 期。

⑤ 该案的基本情况:2014 年 3 月 10 日,UP 在英国起诉华为、三星、谷歌,指控其专利侵权并寻求禁令,同时 UP 也在德国发起平行诉讼,2015 年和 2016 年谷歌和三星先后与 UP 达成和解。在 2015 年到 2016 年期间英国法院就涉案英国专利的有效性以及是否构成侵权进行认定,英国法院认定其中 2 件专利有效并且属于必要专利,其中的另外 2 件被认定为无效,其他专利的认定被搁置。同时,华为也在中国对 UP 持有的涉案英国专利的中国同族专利及其他专利提出无效宣告。2017 年 4 月,英国高等法院的 Birss 法官为 UP 和华为裁决了一个全球性的许可条款,如果华为不接受此许可,则会被颁发禁令。英国高等法院认为全球许可是符合 FRAND 的许可,而华为只愿意接受针对英国专利的许可,华为因此上诉至英国最高法院。徐敏:《英国最高法院 UP 案、康文森 SEP 纠纷上诉裁决评析》,http://www.zhichanli.com/article/9351.html,下载日期:2021 年 1 月 13 日。

⑥ 正如 Birss J.在其一审判决中所解释的{[2017] EWHC 2988(Pat),[2017] RPC 19(第 544 段)},如果可以避免,任何理性的企业都不会试图逐个国家许可产品。

同（contractual arrangement）。① 为了回应被告有关地域性的质疑，英国法院提出基于合同的管辖并不会冲击各国对专利有效性的专属管辖——实施者仍保有挑战专利有效性和侵权与否的权利，如果其挑战成功，对应专利的许可费率可以减除。

在裁定全球费率的同时，英国法院还对华为颁布了禁令：在此情形下，实施者一方面被裁决全球费率并被要求加入一个全球性的许可条款，不加入会被执行禁令，以更加高效地达成许可。虽然被许可人有挑战专利的有效性、必要性、侵权与否的权利，以减除对应许可费，获得更合理的许可费率，但实际上 SEP 许可纠纷的司法天平已经偏向了权利人一方——全球费率与禁令两相叠加使得被许可人陷入"专利劫持"局面。② 为了避免承担不利许可条件，权利人或实施者可能会直接选择对自己有利的法院尽快地提起诉讼，由此激发"择地行诉"。申言之，"主动裁判全球费率＋颁布禁令"的裁判结果，将会严重扭曲 FRAND 的实质内容，背离司法介入的初衷。

（二）当事人主动提出全球费率，各国法院态度分化

美国司法实践中将 FRAND 性质认定为第三方受益的合同，当事人可以在合同违约之诉中请求法院裁判全球费率。③ 例如在"微软诉摩托罗拉案"④中，法院认为微软作为摩托罗拉对标准组织 FRAND 的第三方受益人，有权利提起关于 FRAND 许可合同争议的诉讼，当微软愿意接受 FRAND 原则的许可且认为专利权人未能履行 FRAND 许可义务时，唯一的途径就是请求司法裁决。而在侵权诉讼中，美国法院拒绝裁判全球费率。在 PanOptis 诉华为和 PanOptis 诉苹果案中，法院最终驳回了整个的诉请，认为美国专利和非美国专利在无法区分的情况下，法院不能认定全球费率。⑤

为了判决效力不被影响，英美法院还会采取"禁诉令"等民事程序措施。例如在"Unwired Planet 与华为案"一审判决后（2017 年 6 月），华为曾向我国深圳市中级人民法院提起对 Unwired Plane 反垄断之诉（2017 年 7 月），后由于 Unwired Planet 向英国法院申请了禁诉令且被法院批准，华为被迫撤回了在深圳市中级人民法院的起诉（2017 年 10 月）。中兴就其与 Conversant 的 FRAND 纠纷在深圳中院的起诉（2018 年 1 月）也因英国法院以干扰其更早受理（2017 年 7 月）的双方诉讼为由而发布的禁诉令影响，最终和解撤诉。⑥ 美国法院在侵权诉讼中通常会拒绝裁判全球费率，仅在当事人双方一致同意时才会裁判全球

① 英国最高法院认为，ETSI 的知识产权政策（"IPR 政策"）是一份合同文件，它对标准必要专利的权利人规定了"stipulation pour autrui"义务——第三方实施者可以实施权利人的专利；通过研读 ETSI 的知识产权条款，英国最高法院认为 ETSI 有关权利人对其专利族公开的相关规定，表明了其规则在国际范围内适用的意图 UKSC 2018/0214（第 11 段）。

② 张琪珩：《英国法院就 SEP 许可范围裁判的合理性分析——以 UP 诉华为为背景》，载 2020 年第 1 辑。

③ 刘孔中：《论标准必要专利公平合理无歧视许可的亚洲标准》，载《知识产权》2019 年第 11 期。

④ Microsoft Corp.v. Motorola, Inc., 2013 U.S. Dist. LEXIS 60233, at ＊268（W.D. Wash., Apr. 25, 2013）.

⑤ 赵启杉：《司法裁判 FRAND 许可条件的政策选择及其对全球 SEP 诉讼的影响》，载《知产财经》2020 年第 3 期。

⑥ 祝建军：《我国应建立处理标准必要专利争议的禁诉令制度》，载《知识产权》2020 年第 6 期。

费率,①不过"Unwired Planet 与华为案"中英国法院以"全球费率才符合 FRAND 要求"为由在侵权诉讼中主动裁判全球费率的态度转向可能改变这一局面。

大陆法系国家法律体系不承认"物权"性质的第三方受益合同, 通常把 FRAND 承诺的性质认定为标准必要专利人自行施加的单方义务,②进而也不存在英美法系中针对FRAND 许可的独立纠纷之诉。此外,考虑到标准组织并未对权利人披露的专利之必要性和有效性进行了实质性的审查,所以大陆法系国家通常拒绝在裁判中回应全球费率的问题,如法国法院曾在"Conversant 诉 LG(法国)案"中驳回了权利人就全球许可费的请求。③ 德国、日本的法院都关注当事人在 SEP 谈判中的表现,并以双方当事人在谈判中的表现是否符合 FRAND 原则的要求作为颁发禁令的主要考量要素。④

我国法院对 SEP 许可费率问题的裁判进行了诸多探索,在"华为诉 IDC 案"中,法院参考了 IDC 对苹果公司的全球许可情况,认定 IDC 对华为公司方许可给华为公司的专利许可使用费率过高。⑤ 虽然在该案中华为并未请求全球费率,IDC 对其他公司的全球许可费率也只是法院用来决定本国费率的参考对象,但作为标准必要专利率裁判的第一案其仍产生了深远的影响,在法律规定和具体裁判规则方面都有具体体现:《最高院人民法院关于审理侵犯专利权纠纷案件应用法律若干问题的解释(二)》第 24 条有关专利许可费确定的规定,《广东省高级人民法院关于审理标准必要专利纠纷案件的工作指引(试行)》第三部分专门规定"关于确定标准必要专利许可使用费的问题",根据该指引第 16 条,法院可以在当事人提出且另一方无异议或异议不成立的情况下就全球许可费率问题进行裁判。⑥

2020 年 9 月 23 日,武汉市中级人民法院就小米及其关联公司与 IDC 及其关联公司标准必要专利许可费率争议裁决纠纷案作出裁定。该裁定备受瞩目:一方面该案中法院对交互数字公司及其关联公司作出禁诉令,这一民事措施在我国较为罕见;另一方面,在该裁定中,专利实施者小米及其关联公司请求法院按照 FRAND 规则对双方之间的 SEP 许可全球费率或费率范围进行裁决,我国裁判全球费率的案件也较为少见。⑦2020 年 12 月 4 日,武汉市中级人民法院对 IDC 针对小米公司 FRAND 费率纠纷复议作出决定,复议申请人提出"即使武汉法院要裁决双方费率争议,也应局限于中国费率,而不是全球费率,更不该发布全球禁诉令,禁诉范围明显过宽",武汉市中级人民法院则基于对 FRAND 规则承诺的许可实施市场地域范围、SEP 费率争议裁决诉讼的考虑因素以及诉讼目的的考量,驳回了 IDC 的复

---

① 祝建军:《标准必要专利全球许可费率司法裁判问题研究》,载《知识产权》2020 年第 10 期。

② 刘孔中:《论标准必要专利公平合理无歧视许可的亚洲标准》,载《知识产权》2019 年第 11 期。

③ 赵启杉:《司法裁判 FRAND 许可条件的政策选择及其对全球 SEP 诉讼的影响》,载《知产财经》2020 年第 3 期。

④ 赵启杉:《标准必要专利合理许可费的司法确定问题研究》,载《知识产权》2017 年第 7 期。

⑤ 广东省高级人民法院(2013)粤高法民三终字第 305 号民事判决书。

⑥ 《广东省高级人民法院关于审理标准必要专利纠纷案件的工作指引(试行)》第 16 条规定:标准必要专利权人或实施者一方请求裁判的有关标准必要专利的许可地域范围超出裁决地法域范围,另一方在诉讼程序中未明确提出异议或其提出的异议经审查不合理的,可就该许可地域范围内的许可使用费作出裁判。

⑦ 湖北省武汉市中级人民法院(2020)鄂 01 知民初 169 号之一民事裁定书。

议。① 与之近似地,深圳市中级人民法院就"OPPO 诉夏普案"管辖异议裁定中就全球费率裁判问题明确指出:由法院裁判全球费率有助于整体效率的提升,可以从本质上解决原、被告之间的纠纷,有效避免双方当事人在不同国家多次诉讼,也更符合 FRAND 原则的本意。② 近期的这些司法动向表明中国法院会在一方明确提出的情况下裁判 SEP 的全球许可费率问题。

三、"国际礼让"原则引入的理论依据:必要性与正当性

具体考察各国法院对 SEP 全球费率裁判的审判实践和主要司法辖区法院的态度转向,可见当前有关 SEP 的相关规则正处于重构的震荡期,各主要市场的法院都在尝试提出符合自身利益、逻辑自洽的司法审判规则。虽然国家间较为割裂的司法政策并不当然阻却当事人获得救济的可能性,但基于成本、效率、公平、消费者福利等诸多利益考量,SEP 全球费率争端解决有必要在国际范围内建立共识,为争端的解决提供公允、明确、可操作的指引。被频繁提及的"国际礼让"原则是触及 SEP 费率争议国际管辖冲突机理的适当理论,而探索建立一套兼具公平与效率的方案,需要对"国际礼让"原则针对 SEP 费率纠纷进行具体展开。

(一)国际礼让原则引入的必要性:基于对 SEP 全球费率冲突性质的分析

明确 SEP 费率裁判中是否有必要引入国际礼让首先要对国际礼让的渊源进行梳理,其次应当结合 SEP 全球许可费纠纷的特点,明确国际礼让原则发挥作用的空间。

1.国际礼让原则的发展

国际礼让原则滥觞于 17 世纪的欧洲,解决一国法律在域外产生影响力的基础问题。彼时乃欧洲主权国家兴起之时,欧洲法律理论界深受博丹的"绝对主权论"影响。在此观点之下,一国法律的效力应当严格限定在领土范围之内。③ 这种法律和司法的狭隘主权属性论证与社会频繁国际商业贸易的现实需求产生了冲突,荷兰法学家胡伯据此提出了经典的"胡伯三原则",从关注商贸利益的角度主张应通过自愿的"礼让"实现国际交往的方便和默契。其原则之三提出:"每一个国家,基于礼让的考虑,都允许一个在其自己国家范围内已经发生法律效力的法律在其他任何地方都保持其效力,只要不至于因此损害本国国家及其臣民的权利或利益。"该原则为国家间频繁的商贸往来引发的司法冲突和国际法律诉求的调和提供了和谐的解决路径。

在随后几个世纪的发展和演变中,国际礼让原则逐渐成为处理国际民商事纠纷的重要指引,其内涵也被不断丰富。在美国 Hilton v. Guyot 案④中,美国法院进一步阐释了礼让原则,认为"礼让"不是一种绝对义务,亦非仅为对他国的善意或尊重,而是出于对国际责任和国家间交往的便利考虑、出于对国民或其他法律保护下人的权利的合理考虑,对另一国所作出的立法、司法、行政行为的承认。在此案中,礼让被认为是一种面向广泛的"司法尊重原

---

① 湖北省武汉市中级人民法院(2020)鄂 01 知民初 169 号之二民事裁定书。

② 广东省深圳市中级人民法院(2020)粤 03 民初 689 号民事裁定书。

③ 刘仁娜:《国际私法的适当主权论》,吉林大学 2012 年博士学位论文。

④ Hilton v. Guyot, 159 U.S. 113, 1895.

则",而不仅仅是着眼于争讼中国家利益的缓和主权冲突的手段。[①]

经济全球化的进程之下,反垄断国际规制和司法协助的客观需要促使礼让原则被进一步充实,发展出了"积极礼让"和"消极礼让"的概念。反竞争行为的危害往往辐射多国,国家产生制止境外反竞争行为、维护本国国民利益的强烈诉求。但单方面行使域外管辖权不仅难以充分收集证据以规制行为人、遏制不当行为,还极易引起国家管辖权上的冲突。[②] 例如在美国雷克案[③],原告雷克航空公司在美国法院起诉包括美国、英国、德国在内的多家航空公司违反《谢尔曼法》。美英两国都认为案件应由本国管辖,均颁发了"不允许当事人参加他国司法程序"的禁令,使当事人无所适从。为了避免类似的司法冲突给纠纷解决带来的现实不便,"积极礼让"原则鼓励一国面对发生在他国境内的反竞争行为,请求他国采取适当行为,而非由自身行使域外管辖权;"消极礼让"原则则要求一国在执法过程中,应主动对另一国利益可能产生的影响进行充分的同情和考虑。礼让的要求建立在自愿的基础上,并不具有强制约束力,但它对尽可能避免国家间管辖冲突、促成国际合作提供了很好的思路。对于实践中愈演愈烈的 SEP 费率全球裁判引发的冲突与争端,结合纠纷特性将礼让原则具体展开,对于破解全球裁判的困局或许是有意义的。

2.SEP 全球费率裁判的诉讼乱局需要礼让原则予以协调

在 SEP 领域,通信技术互联互通的目标要求技术标准具备鲜明的国际化属性;与之相对,司法主权基础上各国专利法制度运行体现出显著的地域性特征。[④] 国际性与国内性的竞合之态是 SEP 制度运行的必然面向,也是 SEP 全球费率的裁判饱受争议和质疑,却又在实践中无法回避的主要原因。

如果一概限制当事人诉讼请求和法院裁定的范围,会从根本上减少因裁判全球费率而产生的争议和冲突,但也与 SEP 的制度特点和根本制度目标背道而驰。移动通信领域,为了保证终端产品的跨国界使用,全球必须形成统一的技术标准。出于成本和效率的考虑,专利权人和其他参与方在市场竞争中往往都会进行全球布局,移动通信行业存在主要由几家跨国公司把持的局面,体现了高度全球化的行业特点。在专利权人拥有多国专利布局、实施者跨国开展业务以及产品的全球漫游属性影响下,[⑤] 出于交易成本的考虑,要求双方在每个地区逐一进行费率谈判是不经济和不现实的。实践中,包含全球各个国家专利组合的一揽子许可费率方案往往才符合当事双方对于该 SEP 许可的根本诉求。

争议双方跨国公司的属性和许可范围的跨地域性的需求造成了平行管辖局面,因而引发了司法管辖冲突。虽然各国对纠纷性质有不同的判断,但无论是英美法院以"利第三人合同"的纯粹合同属性适用管辖规则还是中国法院主张的"SEP 纠纷特性",以"兼合同兼侵权"的纠纷属性判断连接点,与同一案件有"适当联系"的法院往往不止一个。不同当事人为了获取对自身最为有利的结果,挑选法院发起诉讼。但择地行诉的背后既是当事人诉讼机

---

① 李港:《美国冲突法下的国际礼让原则》,中国政法大学 2011 年博士学位论文。

② 张瑞萍:《反垄断国际合作中的积极礼让原则分析》,载《环球法律评论》2006 年第 2 期。

③ Laker Airways Ltd. v. Sabena, Belgian World Airlines, 731 F.2d 909, 922-23, D.C. Cir. 1984.

④ 祝建军:《标准必要专利全球许可费率司法裁判问题研究》,载《知识产权》2020 年第 10 期。

⑤ IPRdaily 中文网:《标准必要专利全球许可的司法管辖争议》,https://mp.weixin.qq.com/s/AXE0LsHTWtZHbBh7tYrwZA,下载日期:2021 年 1 月 22 日。

会的增多,也会使当事人承担更多财政、精力乃至社会评价上的成本;不同法院相悖的费率裁判结果和判决在国际社会上被承认和执行的难度增大,警示着司法资源浪费乃至国际间司法竞争、对抗的风险。从当前SEP费率诉讼领域频发的"禁诉令""禁执令""反禁诉令"中就可见一斑。一旦一国在全球费率裁判中展现出了更为积极主动的态度,其他国家往往也不甘落后,不愿将制定司法裁判规则的权力让与他国,形成一系列管辖权争夺的连锁反应。

从事实层面来看,国际化的标准之下,企业因无法达成SEP许可协议而引发的国际管辖冲突以及由此产生的平行诉讼似乎难以避免;从规范层面来看,国际司法上的冲突和对抗可以通过理性的制度建设加以弥合,以国家间有意识的管辖协调和秩序维护促进纠纷解决的效率与公平,这也是国际礼让原则引入的必要性和主要意义。

(二)国际礼让原则展开的正当性:基于效率与公平的规则建构面向

SEP全球费率纠纷的司法规则构建应当以效率和公平为价值取向,在这两个层面上,国际礼让原则都有其具体展开的正当性基础。

1.诉讼效率的实现

纠纷解决的效率是SEP费率纠纷当事人的核心诉求之一。此处的效率并非诉讼程序的历时长短,而是通过司法这种更具权威性和确定力的外部力量,高效推动SEP权利人与实施者双方许可的最终达成。在当前全球SEP法律诉讼乱局之下,通过礼让原则的展开对于保证SEP全球费率诉讼效率性具有积极意义。

事实上,司法手段并非SEP费率纠纷当事人获得救济的唯一渠道,各国国内较为严格的竞争政策规制和当事人对于市场利益考量亦能起到避免标准与专利结合带来的专利劫持与反向劫持和促成当事人谈判的最终目的。[①] 司法的优势就在于其依据更加明确、结果更加权威;相较于市场部分失灵下的自发调节,SEP权利人或实施者宁愿背负一定的司法成本诉诸法院,通过禁令救济、费率裁判等方式更为高效地推动许可的最终达成。

不言而喻,在SEP费率纠纷的平行诉讼难以避免的情况下,效率这一司法在SEP费率纠纷中的核心价值被极大地消解;对抗性裁判结果也将极大地削减司法裁判的权威性和确定力;"禁诉令"与"反禁诉令"的博弈既加剧了这种乱局下的对立情绪,也使纠纷解决的时间线被"无限"拉长。有学者用"向下竞争"(race to the bottom)表达对全球诉讼态势的担忧,[②]即在这种局面中,当事人投入大量成本、动用一切可能的司法程序,争议事项却因国际管辖权的争端而迟迟无法进入实质性审理阶段。缺乏共识引起的司法冲突和管辖争夺之中,纠纷拖延难决,SEP权利人难以及时获得许可费,实施者则始终背负禁令压力,法院审判的权威性也受到贬损,对各方而言无疑都是致命的低效。

因此,必须建立SEP费率裁判的跨辖区司法协调共识、明确初步管辖规则。以国际礼让原则的展开促进国家间司法理性合作是一种更高效、稳妥、合时宜的路径探索。多边或双边条约的方式能够实现更精细化和约束力的规则制定,但目前条件尚未成熟;谈判往往旷日

---

① 刘孔中:《论标准必要专利公平合理无歧视许可的亚洲标准》,载《知识产权》2019年第11期。

② 赵启衫:《司法裁判FRAND许可条件的政策选择及其对全球SEP诉讼的影响》,载《知产财经》2020年第3期。

持久,且无法将效力扩展至非缔约国,仅能解决一定地域范围内的管辖冲突,①面对 SEP 高度全球化的特点有所局限,这与 SEP 争议解决需求的效率性并不相符。国家间自愿和尊重基础之上的礼让可以更为简明地促成初步司法协调,且其作为国际法的一项基础原则,有广泛的认同基础,能够尽可能地凝聚共识。与此同时,较为弹性和概括原则属性也便于将其针对 SEP 费率纠纷管辖确定的争议焦点特性进行具体展开,提倡结合案情的"适度""有条件"礼让。

SEP 费率管辖规则中的礼让,是明确法院在 SEP 费率纠纷国际管辖和审判中的界限规则,鼓励一国法院在必要时对费率管辖和裁判采取更为克制的态度。礼让原则的展开被期待为是以实现当事人谈判的高效最终达成为导向,当判则判、不当则让,交由有更适宜联系的法院进行裁决,从而尽量避免重复和纯对抗性的司法程序。由此,通过对国际礼让原则具体展开将尽可能地实现当事人诉讼效益层面的效率、法院司法资源层面的效率以及社会消费者整体福利层面的效率。

2.当事人公平利益的维护

在 SEP 费率纠纷领域,一国在司法管辖上的礼让绝非畏惧冲突而消极退让,更不必然导致本国司法主权或本国当事人利益的减损。合理的礼让是立足于保护当事人公平利益之立场,尽可能地规避非必要的国际司法冲突带来的负面影响。

虽然各国对 FRAND 承诺的性质尚有不同的理解,但 SEP 许可费率谈判的本质仍是权利人与实施者在平等民商事主体间的谈判中对私利的处分,只是由于标准的公共性而在任意性谈判基础上增加了"公平合理无歧视"的必要要求。因此,相较于专利的有效性等问题,具体的 SEP 费率条款更接近于合同条款的属性,并不体现国家权力的授权或主权的延伸,也不体现国家的意志。因而 SEP 费率的冲突更多体现跨国商事主体利益上的冲突,而非国家主权的冲突。在这种情况下,司法管辖上可以存在且理应存在一定的礼让空间。

当前,虽然部分国家力图争取 SEP 费率纠纷案件的管辖权主要是出于维护本国当事人利益的考量,但这种 SEP 全球费率裁判司法竞争的趋势事实上反映了非以私人为本位的冲突本位选择思路,不契合现今冲突价值选择的主流。②在"费率决定权"的竞争之下,司法的角色仿佛不再仅是私主体间争议的裁决者,而成为争议中相关的利益方,与其他主权权力进行利益分配和斗争。这可能导致其对于跨国私法关系的处理偏离中立地位,③不利于当事人得到公平合理的救济结果。因此,国家之间应该坚守对全球费率裁判尊重礼让的原则,秉持克制慎重的裁判精神,以维护 SEP 权利人和使用者公平合法利益为目标,防止将对费率

①　事实上,实践中几个旨在解决国际诉讼管辖冲突的公约运行效果都不是非常理想。1971 年海牙《民商事案件外国判决的承认和执行公约》只有三个加入国,无法发挥实质效力;运行较为良好的 1968 年《布鲁塞尔公约》和《卢加诺公约》主要在欧洲发挥效力;1999 年海牙《民商事管辖权及外国判决公约》以及《选择法院协议公约》等也被一些学者诟病并不能充分解决管辖冲突问题。参见刘力:《国际民事诉讼管辖权研究》,中国政法大学 2003 年博士学位论文;张鸣:《〈选择法院协议公约〉对法治全球治理的影响研究——以诉讼和国际仲裁的管辖冲突为视角》,载《河南工业大学学报(社会科学版)》2019 年第 5 期。

②　徐崇利:《冲突法之本位探讨》,载《法律科学》2006 年第 5 期。

③　刘仁娜:《国际私法的适当主权论》,吉林大学 2012 年博士学位论文。

的裁判作为主权权力角逐的战场,尽量避免主权权力导向下无谓的司法冲突产生的负面效应。

与此同时,合理的礼让也有利于司法回归其在当事人谈判和 SEP 许可费率确定中的合理定位,从根本上有利于保证当事人的公平利益。如果各国司法在费率裁判中的作用过于主动,并积极争取其管辖权,当事人就可能会希望更早地发起诉讼程序以占据谈判的"先发优势",由此可能产生"诉讼代替谈判"的趋向,并导致 FRAND 许可偏离市场定价轨道,[①]对当事人利益造成损害,甚至于不利于 SEP 总体制度的健康发展。

此外,礼让原则在 SEP 全球费率裁判中的具体展开应以尽可能地将管辖分配给"适格法院"为目标,而公平合理计算费率的能力也是"适格"的标准之一。因此,不必担忧非本国法院参与裁定费率时会使本国当事人利益受损。虽然费率的计算并无统一确定的评判指标,但实践中逐步确立了关于 FRAND 原则的一定辅助标准。当一国法院关于费率的裁判结果被认为是显失公平或存在明显的利益偏倚,则其事实上失去了受到在后法院礼让的基础。

因此,礼让原则的展开事实上立足于当事人的公平权利,以法院有关 SEP 争议的历史裁判情况为核心,考察其裁判能力,构建合理的约束机制,有利于实现 SEP 费率裁判中更为公正的司法裁判。

四、全球费率裁判中的司法规则

在 SEP 全球费率裁判领域,礼让原则的引入有毋庸置疑的必要意义和正当价值。但如果缺乏相对具体的规则构造,一方面,由于礼让原则定义的不明确性可能会使其沦为一个泛泛而论的概念和浮于纸面的修辞性口号。另一方面,由于礼让原则本身不具有规则的强制性和约束力基础,其实施依赖国家间的自愿自觉。因此,对于复杂的 SEP 费率纠纷,只有探索出更为合理可行的具体实施方案,礼让原则才更易于接受、便于凝结共识,从而真正影响实践,促进国际司法冲突的协调和化解。

因此,在阐明了"应当礼让"的基础上,还应当回答"如何礼让"的问题。从这个意义上而言,将国际礼让原则在 SEP 纠纷中有针对性地展开、探索国际礼让原则之下的具体规则发展是纠纷解决的题中应有之义。

(一)必要的礼让:尊重当事人意思自治

国际私法中,意思自治原则的公平价值和效率价值越来越受到重视,在知识产权侵权领域其适用也呈不断扩张之势。[②] 在 SEP 纠纷中,尊重当事人意思表示可以有效地避免管辖权的冲突和竞争,有利于裁判结果的确定性效力和方便结果执行、节约司法资源。因此,在建构 SEP 相关司法规则时,尊重当事人对管辖和裁判事项的意志是礼让原则的必要展开。

---

① 赵启杉:《司法裁判 FRAND 许可条件的政策选择及其对全球 SEP 诉讼的影响》,载《知产财经》2020 年第 3 期。

② 阮开欣:《论涉外侵犯知识产权法律适用中的意思自治原则》,载《时代法学》2018 年第 3 期。

首先,当事人意思自治是涉外合同法律适用的首要原则,[①]而费率条款具备较强的合同属性。如果双方均希望由法院对全球费率进行裁决,当事人的合意应成为一国法院取得管辖的主要依据。在不影响法院地公共秩序的前提下,应当允许当事人协议选择裁判全球费率的法院。

其次,在 SEP 诉讼中,对于是否一并裁决全球费率应主要依据当事人诉讼请求的范围。只有当事人主动提出请求法院裁判全球费率之时,法院才有决定全球费率的正当性基础;如果当事人未加以请求,法院不应主动代替当事人决策许可和费率范围。SEP 的许可费率主要基于平等主体间的商事谈判,如前所述,其不涉及过多的主权因素或政府利益。法院主要角色应当是当事人谈判的促成者和必要救济的提供者。因此,法院应对其裁判权力秉持较为克制的态度,尊重当事人的意思表达,避免过于积极主动地以法院的判断代替当事人决策、以法院对效率的追求干涉当事人的契约自由。这是一种必要礼让,也类似一种消极礼让,即法院在行使司法裁量的权力之时应克制其权力边界,并考虑对当事人利益的影响,有利于避免潜在的冲突。

需要注意的是,SEP 纠纷具有一定的特殊性,即使是在请求禁令救济的侵权之诉中,也会涉及 FRAND 许可费率的问题,费率裁判和侵权纠纷不应是完全独立的。因此,相较于美国法院以诉由(区分侵权之诉和许可合同之诉)作为界定法院能否作全球费率裁判条件的做法,应当以当事人的标准确定法院应否裁判全球费率。换言之,以当事人明确的诉讼请求为全球费率的裁判可能性基础,在权利人提起的侵权之诉中,如果当事人请求法院一并裁判全球费率,法院也可进行裁判;在当事人的请求不明确之时,法院可以行使释明权,以明确有无裁判全球费率之必要。

(二)适度的礼让:尊重"适格法院"的管辖

对于当事人主动要求法院裁决全球费率的案件,法院在管辖时应从维护当事人利益和效率角度出发,对其他"更适宜法院"对案件的审理和裁判空间适度考虑和尊重。虽然按照一般的诉讼管辖规则 SEP 许可纠纷通常存在不止一个连接点,但为了避免产生管辖冲突,提倡由"适格法院"管辖,而其他法院则进行适度礼让。

具言之,"最密切联系"因素可以成为判断适格法院的主要因素。最密切联系原则的适用能够使管辖的分配回归合理调整民商事关系,为当事人提供公正规则的价值本位,弥合过于倚重冲突规范、僵化适用国际私法连接点确定管辖而产生的盲目性、机械性等局限,[②]而这正是确定 SEP 费率纠纷管辖时所追求的价值取向。因为从冲突法规则出发,平行管辖的现象往往无可避免,法院争取管辖权也并不违反强制性的义务;但是不考虑礼让原则的管辖争夺对于当事人纠纷的化解和 SEP 许可的达成往往有损无益。有鉴于此,应当以最密切联系因素为主要导向分析最为适宜的管辖法院,具体到 SEP 纠纷中,此种联系往往具体体现为与诉争专利密切相关的产品或服务的主要市场。主要市场地的法院进行全球费率裁判也更便于诉讼相关的证据收集、程序推进以及最终判决的执行。

法院裁判能力应当是"适格法院"的辅助判断因素。由于 FRAND 许可规则和费率计算

---

① 许军珂:《论当事人意思自治在涉外民事法律关系适用法中的地位》,载《法学评论》2012 年第 4 期。

② 许光耀:《试论最密切联系原则的利弊得失》,载《法学评论》1999 年第 1 期。

方式较为复杂,因此能够"担此重任"的法院必须具备一定的裁判能力,这种能力主要通过其裁判经验或历史 SEP 费率裁判结果的被认可度进行评估。虽然主要市场地的法院通常都被认为具有一定实力,但"法院能力"判断标准可以对法院的费率计算形成约束,避免擅断。因此,重视 SEP 纠纷裁判中法院在过往案件中表现出的能力,对于法院的裁判具有一定的监督作用,在此标准下,受理法院应当尽可能地保证其费率裁判的公正性。如果其裁量结果被普遍认为与一般标准差距过大而显失公平,"法院能力"便会受到严重质疑,对 SEP 争议司法裁判的权威性不再,该法院会因能力的欠缺而在此类纠纷中丧失介入的正当性。

在"密切联系"和"法院能力"因素的限制之下,适度礼让并非僵化的在先管辖、在后避让。一般情况下,如果在先法院能够被认为符合上述标准,就满足了管辖和裁判全球费率的条件,在后法院应当予以礼让,从而驳回另一方当事人就相同争议发起的平行诉讼;如果在先法院不具备上述能够取得当然管辖权的基础条件,在后的"适格法院"无须礼让,可以采取必要措施阻断在先裁判的干扰,使其不影响本国的裁决。如果在先法院的裁判程序明显违法,在穷尽当地救济的前提下,在后法院也可以对在先法院的裁判进行审查,但这种程序的启动应当慎重,避免由此引发新的乱局。

结　论

虽然当前各国法院对 SEP 相关基本属性认知不一、裁判规则相异、管辖权分配不协调,SEP 领域的国际诉讼呈现出混乱局面,但不可否认的是,SEP 许可纠纷的司法解决路径契合市场参与者高效解决争议的诉求,以司法裁决费率促进 SEP 许可的达成是实践中的大势所趋。因此,建立合理的司法审判规则是 SEP 争议解决机制完善中的重要一环。

英国法院在侵权案件中通过解释标准组织的政策,替当事人决定"符合 FRAND 标准"的许可范围,同时主动裁判全球费率,这种做法从效率层面上来看具有一定的正当性。不过,费率问题上,国内裁判效力向域外的延伸打破了原有的平衡,其他主要辖区法院对全球费率问题势必要有所应对。如果以对等原则处之或是积极参与司法管辖的争夺,则会放任这种诉讼乱局,最终既损害当事人利益,又浪费司法资源、削减消费者福利。从国际礼让原则出发,建立一种平衡稳定、高效共赢的司法合作机制是破解当前 SEP 许可纠纷困局的一剂良药。

就中国的情况而言,国内通信企业主要是 SEP 的实施者,经营活动主要在国内开展,中国已成为全球最大的移动通信市场。因此,对于适宜管辖的 SEP 费率纠纷案件,中国法院应以高效公正的裁决促进纠纷解决;对于不具备充分联系因素的在后案件,则应当恪守国际礼让原则,尊重适格法院的裁决。以 SEP 许可纠纷为切入点,中国法院应积极推进国际礼让原则在构建国际司法协调规则中的具体应用。作为通信市场争议解决的主要司法辖区,中国法院理据扎实、恪守公平判决的国际影响力和示范效应也将在实践中不断得到彰显。

论深层链接行为著作权侵权认定标准[*]

■ 张靖辰^{**}

摘　要：随着技术变革，深层链接通过对网络信息进行再传播开创了新商业模式，打破了内容提供商与服务提供商之间的利益平衡。理论界与实务界对深层链接的侵权认定标准观点纷呈。基于对信息网络传播行为中"提供"概念的溯源与解释，"提供"实质上是不限定具体方式的传播行为。传播"效果"是传播权的根本烙印，以传播"效果"判定提供"行为"是信息网络传播权的内在要求。"将作品上传至服务器"既不是信息网络传播的充分条件，亦不是必要条件。我国多年相关司法实践已显示出，服务器标准俨然成为深层链接设链者的"避风港"。域外立法例与司法实践亦表现出，服务器标准是便于裁判的临时选择。实质呈现标准不会阻碍科技进步，反而是传播权适应技术变化的应然调整，且这避免了技术超越规范的尴尬局面。

关键词：信息网络传播权；提供；深层链接；服务器标准；实质呈现标准

Research on the Standard of Copyright Infringement Determination of Deep Links

Zhang Jingchen

Abstract：With the revolution in technology，deep links create a new business model through the re-communication of network information. This business model breaks the balance of interests between content providers and service providers. The theorists and practioners have put forward a variety of standards to judge whether the deep links infringe copyright or not. Based on the origin and explanation of the concept of "making a-vailable" in the information network communication，"making available" is in essence a communication behavior that is not limited to a certain way. Communication "effect" is the essential attribute of communication right. Judging the behavior of "making available" by communication "effects" is the inherent requirement of the right. "Uploading works to a server" is neither a sufficient condition nor a necessary condition for communication. Years of judicial practice in China has shown that the server standard has become a "safe harbor" for deep links setters. Foreign legislation and judicial practice also show that the server standard is a temporary option to facilitate judgement. The substantial presentation stand-

---

  * 本文获得 2020 年知识产权瓯越论坛征文一等奖。

 ** 张靖辰，男，厦门大学知识产权研究院法律硕士研究生，研究方向为知识产权法。

ard will not hinder the progress of science and technology；instead，it is a necessary adaption of the communication right to technological advance，and this will avoid the awkward situation of technology exceeding the legislation.

Key Words：the right of communication through information network；making available；deep link；server standard；substantial presentation standard

引　言

信息传播技术的三次重大变革，即印刷传播、电子传播与互联网传播技术的产生与发展，结合市场逐利要素，均搅动了著作权制度的稳定。网络链接技术的产生在促进信息网络传播、便于公众定位需求信息的同时，也降低了权利人对作品的控制能力。如此，技术进步下的深层链接应用逐渐模糊了"渠道"与"内容"的边界，打破了服务提供商与内容提供商之间的利益平衡链条，[①]对著作权保护产生了威胁。

传统意义上，网络链接服务主要依托于搜索引擎技术，而搜索引擎技术的出现也是网络技术发展的必然结果。网络链接服务及搜索引擎技术的特征在于仅提供获取信息资源的渠道，而非直接提供信息资源的内容，即通过关键词抓取相关目标网页并进行整理排序，进而向用户提供检索结果。根据上述链接服务的特征，可将网络链接分为普通链接与深层链接。普通链接为传统意义上的网络链接，信息均被提供于被链接网站内，被链接网站而非设链网站的链接地址直接显示在网络地址栏中，[②]即网页内容与网页地址相匹配。普通链接具有典型的引导性功能，可使公众明确知晓信息来源网站，其不仅便于公众获取信息，更益于信息传播，且形成了相对稳定的链接服务市场。

相对于普通链接，深层链接一般是指通过技术手段将被链网站上的内容显示在设链网站，并将被链网站的相关信息予以隐去的网络链接。公众点击设链者提供的链接以获取目标信息时，深层链接并非像普通链接一样进行完整的页面跳转，而是直接在设链网站界面下使公众获取目标信息。这在一定程度上减少了被链者的流量收益与身份认可。不仅如此，深层链接对目标信息的提供时常避免了一贯的信息储存行为，从而在法律适用层面上产生争议。早在18世纪人类进入成熟的商品社会时，对于作者而言，最主要的交换关系出现在传统的奖励制度之中。[③] 这一奖励制度下的交换关系在如今并未发生实质改变。深层链接依赖于低传播成本的商业优势，事实上已基于网络服务市场开创了新商业模式，成了作品传播的新行为载体。但这在一定程度上侵扰了原市场的稳定性与著作权法的价值目标和利益平衡，侵害了初始网络传播者的利益，减少了对权利人应有的奖励。

为避免奖励的流失，本文首先梳理分析理论界与实务界针对深层链接行为所提出的侵权认定标准；并回归我国信息网络传播权的概念缕析，以期正本清源；继而回顾反思我国司

---

① 孙那：《视频聚合盗链行为法律性质的再探讨》，载《法学论坛》2018年第5期。

② 王晋：《网络服务提供者著作权侵权责任研究》，知识产权出版社2016年版，第129页。

③ ［美］马克·罗斯：《版权的起源》，杨明译，商务印书馆2018年版，第28页。

法实践对深层链接行为侵权与否的态度更迭，提炼实践层面的现实需要；再通过对域外规范深层链接行为的考察，以作对比参考；最后在确定具体标准的基础上，进一步探讨法体系适用问题。

一、深层链接行为侵权认定标准评析

深层链接行为是否侵犯信息网络传播权在理论界与实务界颇具争议，因而产生了诸多判定标准。对此可划分为上位标准与下位标准。上位标准是直接基于法律规定，在基础层面上的侵权认定标准，包括法律标准与提供标准。二者难以直接适用，但对下位标准的司法适用作出了相较于法律更清晰的要求。下位标准是指在上位标准的基础上，更具诠释性与操作性的具体侵权认定标准，包括服务器标准、实质替代标准、实质呈现标准、用户感知标准和新公众标准。概言之，上位标准事实上是对下位标准遵循法律本意的一种强调。

（一）上位标准

法律标准是最早被提出的上位标准，是指具体行为是否构成信息网络传播权侵权行为，应当结合信息网络传播权的法定要件以及具体行为的法律特征进行判断，若具体行为满足"将作品置于信息网络中，使公众能够以个人选定的时间和地点获得"时，即构成信息网络传播行为。[①] 不过，提出法律标准的学者认为，对已经置于信息网络中的作品进行再传播不属于信息网络传播行为。这在服务器标准与实质呈现标准分庭抗礼的背景下，似乎表明法律标准的提出者预先地倾向于服务器标准。但这无可厚非，因为法律从来不是一成不变的。对不同阶段下法律要义的遵循始终是值得强调的。

随着理论界对法律标准难以发挥法律指引作用等质疑的提出，[②]有学者进一步提出了提供标准。提供标准是指，在法律标准的基础上，融入新用户感知标准的要素，一方面考察网络用户是否能够感知作品，即作品处于公众可获得的状态；另一方面考察行为人是否实施了作品提供行为，以二者结合作为判断行为人实施向公众提供作品的标准。[③] 提出提供标准的学者强调，提供标准本质上等同于法律标准，但其主张将提供标准作为下位标准而予以具体适用。毋庸讳言，虽然提供标准看似免除了对技术细节的拘泥，能够紧跟技术进步，但无法回避对"提供"行为作出解释的需要。而与此同时，下位标准的诸多争议事实上皆围绕于此。因此，提供标准实质上是法律本意强调的基础上，进一步聚焦了信息网络传播权侵权行为的核心问题——对"提供"行为的法律解释。从提供标准提出者对"提供"的解释来看，其认为通过"效果"考察"行为"是界定信息网络传播权侵权行为的必要进路。由此而言，提供标准似乎更贴切于用户感知标准、实质呈现标准等效果论的下位标准。

（二）下位标准

在下位标准层面，服务器标准是近年来我国司法实践的主流界定标准，其内核在于只有

---

① 孔祥俊：《网络著作权保护法律理念与裁判方法》，中国法制出版社 2015 年版，第 68 页。

② 冯晓青、韩婷婷：《网络版权纠纷中"服务器标准"的适用与完善探讨》，载《电子知识产权》2016 年第 6 期。

③ 刘银良：《信息网络传播权的侵权判定——从"用户感知标准"到"提供标准"》，载《法学》2017 年第 10 期。

行为人"将作品上传至服务器"中才可能构成信息网络传播行为。也即,由于深层链接行为不涉及上传作品于服务器,故应认定设链者系技术服务提供者而非内容服务提供者。采纳服务器标准的法院认为,深层链接行为不满足信息网络传播行为下"将作品上传至服务器中"这一构成要件,故不侵犯信息网络传播权。① 支持该标准的学者认为,深层链接行为属于信息网络传播服务行为,但并非信息网络传播行为;② 以及深层链接行为未提供"新作品",不满足"提供"要件,故不属于信息网络传播行为。③ 反对该观点的学者认为,基于早期信息网络传播行为需上传作品至服务器这一必要行为要件进行侵权认定,在客观上着实利于司法实践对侵权行为的审查,但其局限性也比较明显,即难以顺应技术变革所产生的新行为模式,进而逐渐失去适用的客观基础。④

实质呈现标准与服务器标准在学理讨论中针锋相对,指设链者在自己的网站上通过展示他人作品,以从作品的实质传播中获得收益,使用户无须访问被链网站即可获得作品,则设链行为构成信息网络传播行为。实质呈现标准的提出者认为,深层链接实质性地改变了作品呈现的方式,基于实质呈现标准可以使得著作权人对于其他作品提供者身份进行有效控制,而不再拘泥于设链者是否实质损害了被链接网站的利益,同时避免了用户感知标准的弊端。⑤ 为避免误读,需要释明的是,若拓展到深层链接行为之外的语境,将实质呈现标准中的"展示"理解为"传播效果"更为适宜。因为实质呈现标准的提出背景是,设链者通过深层链接在其网站展示或播放被链接网站作品。反对该观点的学者认为,实质呈现标准重市场效果而非行为特征,无法精准打击侵权行为,而且该标准在维护权利人利益的同时以放弃技术进步为代价,违背了优胜劣汰的市场法则。⑥ 实质替代标准与实质呈现标准相似但有所差异,指行为人通过深层链接等行为,所获得的收益或对权利人造成的损害与直接向公众提供作品的行为无实质差别,则构成信息网络传播行为。显而易见的是,以行为所带来的收益或损害而非行为的特征作为行为的认定标准违背了基本的法律逻辑,过度扩张了信息网络传播权的范围。⑦

与服务器标准和实质呈现标准的客观判断有所不同,用户感知标准侧重于主观判断。用户感知标准是指如果用户根据主观感受认为作品由设链网站所提供,则应当认定设链者实施了信息网络传播行为。⑧ 用户感知标准与实质呈现标准有一定的相似性,区分在于实质呈现标准侧重于相同的客观事实,而非侧重于用户的主观感受。用户感知标准在司法实践中也曾被适用,但其缺陷性非常明显,即不同的用户、网站、作品内容等因素决定了依据主

---

① 北京知识产权法院(2016)京73民终143号判决书。

② 王迁:《再论"信息定位服务提供者"间接侵权的认定——兼比较"百度案"与"雅虎案"的判决》,载《知识产权》2007年第4期。

③ 冯刚:《涉及深度链接的侵害信息网络传播权纠纷问题研究》,载《知识产权》2016年第8期。

④ 孔祥俊:《论信息网络传播行为》,载《人民司法》2012年第7期。

⑤ 崔国斌:《加框链接的著作权法规制》,载《政治与法律》2014年第5期。

⑥ 黄汇、刘家会:《网络聚合平台深层链接著作权侵权责任的合理配置》,载《当代法学》2019年第4期。

⑦ 北京知识产权法院(2016)京73民终143号判决书。

⑧ 王艳芳:《论侵害信息网络传播权行为的认定标准》,载《中外法学》2017年第2期。

观因素界定客观事实的可操作性较低,且难以界定公众主观感受而导致当事人举证困难等。

此外,值得一提的是新公众标准。新公众标准是欧盟法院另辟蹊径的结果,[①]指作品传播行为导致新的受众产生时,才构成《欧盟信息社会版权指令》第 3(1) 条所规定的"向公众传播"。[②] 欧盟法院提出该标准的理由在于,深层链接行为所传播的作品已事先存在于网络之中,所以该传播行为必须指向"新的公众"。但问题是该标准只有在作品初始传播的受众是有限的情况下才可有效适用。对于本就向不特定公众公开的作品,权利人会因此而失去对作品传播途径的控制能力。这也意味着行为人对完全公开的作品实施设链行为难以被认定为侵权,而设链者因此所获得的流量等商业利益却是客观存在的,即新公众标准并不能全面地保护权利人的权益。

下位标准均具有一定的合理判定逻辑,各标准的提出对于推动深层链接行为的规范化具有重要意义。通过梳理和比较,用户感知标准与新公众标准分别存在主观因素难以客观化呈现和作品传播受众范围界定过窄的实际困难,相较之,服务器标准或实质呈现标准更具有合理性。从服务器标准与实质呈现标准的具体适用来看,服务器标准具有较强的技术色彩,其适用模式是因"将作品上传至服务器",所以才可能构成信息网络传播行为。而实质呈现标准则注重具体行为是否产生同样的传播"效果",其适用模式是因深层链接行为实质上展示作品,所以构成信息网络传播行为。从事实逻辑上来看,无行为则无结果。"将作品上传至服务器"或许曾经是具体行为的必要条件,结果的必要前提,因此将其作为传播的一般规律并无不当。在传播技术的持续冲击下,这或许不是一成不变的。

二、对信息网络传播行为中"提供"的解释

从法哲学的角度来看,扩张"提供"的涵射范围可能违背著作权法激励创新的宗旨,但实践中深层链接这一行为本身就体现了传统信息网络传播权适用所引起的挑战。根据我国 2021 年《著作权法》第 10 条,信息网络传播行为的认定需满足向公众"提供"作品之要件,以及理论上各标准亦不约而同地将问题指向"提供"。因此,解释"提供"对这一争论的解决至关重要。

(一)对"提供"的溯源

从传播权的发展历史中可以窥见,著作权制度在随着传播技术的变化不断调整。著作权制度作为实现创作者、传播者与使用者之间利益分配的法律机制,如何实现利益分配的功能是解释"提供"内涵的方向。"提供"源自《世界知识产权组织版权条约》(以下简称"WCT")第 8 条中的"making available",即使公众具有交互式传播下可获得作品的可能性,[③]但不要求公众接触作品。WCT 第 8 条是《伯尔尼公约》有关传播权条款在网络信息时

---

① Nils Svensson v. Retriever Sverige AB,C-466/12,para.24-31.

② 《欧盟信息社会版权指令》第 3(1) 条规定:"成员国应规定作者享有授权或禁止任何通过有线或无线的方式向公众传播其作品的专有权,包括将其作品向公众提供,使公众中的成员在其个人选择的地点和时间可获得这些作品。"

③ 王迁:《网络版权法》,中国人民大学出版社 2008 年版,第 68 页。

代的延续和补充,①不过 WCT 未再延续《伯尔尼公约》以传播方式划定权利范围的方法,未再根据具体类型化的技术手段界定传播行为。②从 WCT 第 8 条的立法文本来看,"making available"所指的是一种状态,而非一种具体的行为。③同时,《关于文学和艺术作品保护若干问题条约实质性条款的基础提案》(以下简称"WCT 草案")指出,不应以传播技术手段限定权利人向公众传播权的范围。由此来看,WCT 第 8 条意在明确权利人有权向公众传播作品,但并不限定具体的传播技术手段。所以,从法律解释技术上来说,将"提供"解释为"不限定已知和未知技术手段的传播行为",也即传播"效果"是传播权的实质控制对象,既不违反利益衡量原则,也不违反自然正义原则。特别是在网络信息时代之下,对这一立意的释明和坚持是必要的。应当说,WCT 第 8 条的设立,本就顺应了技术变革,体现了传播权不以技术手段为限制的立法模式。在此基础上,可以明确"将作品上传至服务器"只是"提供"作品的行为方式之一,这一技术行为在时下传播技术语境中,对于传播行为而言既非充分亦非必要。

在明确国际法"提供"内涵的基础上,有必要在此回应"交互式传播"问题。有学者认为,深层链接行为系将已经处于公众可得状态下作品的再次呈现,不属于初次"为公众所得",故不属于"交互式传播",④进而论证深层链接行为并不侵犯信息网络传播权。值得一提的是,这一解释与欧盟的新公众标准有着相似的内核。这一观点来源于 WCT 草案对作品提供行为的解释。⑤但从草案的文本来看,"初始提供行为"所对应的乃是"设备或服务行为",也即,所谓"初始"并非意味着"第一次",而是意在强调"作品受提供的状态",对于深层链接这种再提供行为自然是涵盖于"作品受提供的状态"之中的。更何况 WCT 草案的这一措辞在最终文本中并未得到通过。而且,WCT 本身并未从权利属性之角度对何种权利涉及"交互式传播"进行定性,亦未以此限制成员国国内相关权利立法,而是允许成员国依各国实际情况来设定更符合国内实际情况的权利类型。⑥

(二)我国"提供"的意涵

进而需要解决的问题是,对我国立法中"提供"的解释。技术发展要求法官不得不"造法",但同时法官还受"于法无明文规定不得任意解释"的束缚。从我国相关规范发展

---

① 孙雷:《再读 WCT 第 8 条的启示与思考——写在 WCT 问世 20 周年》,载《中国版权》2016 年第 4 期。

② 如《伯尔尼公约》第 11 条之 2:"一、文学和艺术作品的作者享有下述专有权:1.许可以无线电广播其作品或以任何其他无线播送符号、声音或图像方法向公众发表其作品;2.许可由原广播机构以外的另一机构通过有线广播或无线广播向公众发表作品;3.许可通过扩音器或其他任何传送符号、声音或图像的类似工具向公众传送广播作品。"

③ Article 8 Right of Communication to the Public:…including the making available to the public of their works in such a way that members of the public may access these works from a place and at a time individually chosen by them.

④ 焦阳:《传播权视野下深度链接的定性问题研究》,载《中国版权》2016 年第 3 期;李欲晓:《深层链接与信息网络传播权关系之探析》,载《电子知识产权》2015 年第 10 期。

⑤ WCT 草案第 10 条:"构成向公众提供作品的行为关键是指作品的初始提供行为,而非提供服务器空间、通信链接、信号运输与路由等设备等设备或服务的行为。"

⑥ 王艳芳:《论侵害信息网络传播权行为的认定标准》,载《中外法学》2017 年第 2 期。

来看,我国《最高人民法院关于审理侵害信息网络传播权民事纠纷案件适用法律若干问题的规定》(以下简称《信息网络传播权司法解释》)第3条第2款对提供作品的方式作出扩大解释,①只要行为人将作品等置于信息网络中,使得公众能够在其个人选定的时间和地点获得作品等,就是实施"提供"行为。该条款表明,并非必须"将作品上传至服务器"才可满足"提供"这一行为构成要件。而是否能够达到"令公众在个人选定的时间和地点获得作品"的传播"效果"才是提供行为的外在表征。这与上文提到的国际法中"提供"的意涵相一致。

对此,有学者从分析传播行为基础的角度认为传播行为应基于客观上的传播源,即若被链者删除作品链接或转移链接,则设链者无从进行作品传播,客观上不具有传播源基础,故不属于传播。②可是,此处似乎在一定程度上混淆了复制行为与传播行为。复制件的存在可以保证传播行为的进行,但利用他人的复制件同样可以达到传播的效果。③而且,无论是我国现行立法,还是国际条约,均未要求传播行为需基于复制件或作品存在于服务器之中。正是因为忽视了信息网络传播行为中最重要的展示环节,④才导致了对传播行为客观效果的误读。

我国上述司法解释具有前瞻性,给网络时代的行为定性留下了足够的空间,为法官解释实质呈现标准的适用提供了充分的依据。但在该司法解释生效的背景下,司法实践中仍仅以服务器标准的"上传作品至服务器"要件来界定信息网络传播行为的侵权与否,这一坚守未充分考虑日新月异的技术变化,难以避免技术发展所带来的法律滞后问题。⑤甚至在司法实践中出现了法院一方面承认深层链接行为传播"效果"的存在,另一方面否认传播权侵权事实。⑥这一说理并不符合该司法解释的立法目的,并呈现了服务器标准即将受到突破的痕迹。质言之,基于对"提供"的概念考察,"将作品上传至服务器"既不是信息网络传播的充分条件,也不是必要条件。这一行为论的产生是技术发展限制下一种便于裁判的效率考量。

三、相关司法裁判观点更迭回顾与反思

以我国服务器标准的正式确立为分界线,可将我国有关深层链接的司法实践划分为早期阶段、中期阶段与后期阶段。

---

① 《最高人民法院关于审理侵害信息网络传播权民事纠纷案件适用法律若干问题的规定》第3条第2款:"通过上传到网络服务器、设置共享文件或者利用文件分享软件等方式,将作品、表演、录音录像制品置于信息网络中,使公众能够在个人选定的时间和地点以下载、浏览或者其他方式获得的,人民法院应当认定其实施了前款规定的提供行为。"

② 王迁:《论提供"深层链接"行为的法律定性及其规制》,载《法学》2016年第10期。

③ 刘银良:《信息网络传播权框架下深层链接的法律性质探究》,载《环球法律评论》2017年第6期。

④ 崔国斌:《得形忘意的服务器标准》,载《知识产权》2016年第8期。

⑤ 王艳芳:《〈最高人民法院关于审理侵害信息网络传播权民事纠纷案件适用法律若干问题的规定〉理解与适用》,载《中国版权》2013年第1期。

⑥ 北京市西城区人民法院(2018)京0102民初31760号判决书。

(一)早期阶段

正东、华纳、新力三唱片公司诉北京世纪悦博公司案①是我国早期探讨深层链接法律性质的代表案例。该案中被告在未经授权的情况下,通过深层链接选择、编排、整理了原告的歌曲文件以提供给用户下载。该案一审法院认为,被告对原告网站音乐作品设置的链接不属于链接导航服务,而是构成向公众传播作品的直接侵权行为。本案二审法院虽然维持了一审判决,但三份判决的说理部分略有差异。其中两份法院判决认为被告所实施的链接行为本质上仍属于链接导航服务,但是这一链接行为对侵权作品传播提供了通道和便利,因此判定被告构成间接侵权;而第三份判决则回归一审法院立场,认为被告构成直接侵权。相比之下,水星公司诉阿里巴巴公司案②中,阿里巴巴作为搜索引擎的提供者,设置了专门的音乐搜索服务,但是本案与正东唱片公司案的不同之处在于阿里巴巴仅提供歌曲的链接地址,非歌曲本身;且在歌曲下载页面明确显示歌曲来源网站,未使公众产生误认。在该情况下法院未认定阿里巴巴侵权。

早期链接作为网络导航服务而被正当使用,其促进作品传播,并有益于市场利益分配机制。但随着链接技术的发展,姑且不论深层链接是否属于信息网络传播行为,不可否认的是深层链接所能达到的市场效果与上传作品至服务器中进行传播的效果难以区分。比如,北京世纪悦博公司案中,用户在唱片公司网站与通过深层链接下载音乐作品并不会得到不同的结果。由于深层链接的隐蔽性及覆盖性,且不满足"上传作品至服务器"这一既有信息网络传播权的构成要件,一旦其偏离了技术服务的初衷,极易成为设链者规避侵权而谋取商业利益的工具。在设链者未经权利人许可的情况下,将对市场利益分配平衡产生影响。同时,由于在这一问题上司法裁判的不统一与不坚定,为后续我国具体案件裁判留下了不可靠的基础。

(二)中期阶段

服务器标准的正式确立是在泛亚公司与百度公司一案③中。值得说明的是,最高人民法院在考量适用服务器标准时释明:"网络上内容庞杂,数量巨大,搜索引擎服务旨在方便用户快捷、准确地找到其需要的内容,在目前的技术条件下,搜索引擎无法对所搜索内容的合法性,尤其是著作权方面的合法性进行预先判断,不能仅因为搜索结果中包含有侵权内容即认定其有过错,追究其侵权责任。"应当说,技术发展程度影响了服务器标准在该案中的适用。这同样也意味着,经过实质上的技术革新,在搜索引擎足以分辨所搜索内容的合法性问题时,服务器标准的适用基础或许不复存在。

技术发展本身具有迅速与不可预测的特征,不具有前瞻性的立法将导致新兴技术野蛮生长,从而使得技术规避造成网络环境下权利人权利保护的困境。④深层链接在腾讯公司诉易联伟达案⑤中进一步放大了其消极意义。在该案中,腾讯公司授权乐视网作品《宫锁连

---

① 北京市第一中级人民法院(2004)一中民初字第 400 号判决书,北京市第一中级人民法院(2003)一中民初字第 12189 号判决书,北京市第一中级人民法院(2004)一中民初字第 428 号判决书。

② 北京市第二中级人民法院(2007)二中民初字第 02629 号判决书。

③ 最高人民法院(2009)民三终字第 2 号判决书。

④ 姜福晓:《数字网络技术背景下著作权法的困境与出路》,知识产权出版社 2017 年版,第 82 页。

⑤ 北京知识产权法院(2016)京 73 民终 143 号判决书。

城》的独家信息网络传播权。易联伟达在未经授权的情况下在其经营的"快看影视"应用软件中提供了《宫锁连城》的播放链接,公众点击链接后可直接进入作品播放页面,同时显示作品来源为乐视网。腾讯公司主张易联伟达擅自对涉案作品的链接内容进行了编辑和处理,破坏了乐视网的技术保护措施,侵犯了腾讯公司的信息网络传播权。易联伟达抗辩其提供的是搜索链接服务,并非构成侵权。一审法院基于技术性发展而认定易联伟达构成侵权,判决其赔偿腾讯公司经济损失。而二审法院则仍坚持论证服务器标准的适用性,最终认为易联伟达未侵犯腾讯公司的信息网络传播权。

法律对行为性质的评价并非单纯考量客观手段,还应结合主观因素来综合认定。① 显而易见的是,易联伟达通过破坏腾讯公司对限定传播范围所设定的技术措施,使用深层链接将作品直接呈现在其网站内获取流量受益,其主观方面具有明显的不正当性。从破坏链接保护行为来看,链接导航服务的抗辩是无力的。服务器标准的法评价体系易于审判,但有失全面,未达到应有的利益平衡效果。可以说,技术发展初期适用服务器标准并无大碍,但从长远来看,该标准并不适应非服务本意的技术行为。

(三)后期阶段

在似乎有着一锤定音之效的易联伟达案对服务器标准进行再一次确立后,以深层链接"传播"作品而获得流量收益逐渐成为一种商业模式,且"服务器标准"亦直接成为相关纠纷中被告抗辩的"尚方宝剑"。比如,在周某诉聚效公司案②中,原告周某认为被告未经许可而擅自使用了原告享有著作权的多幅摄影作品。被告聚效公司直接辩称其网站上所呈现的图片属于深层链接,并强调图片深层链接是一种常见的产品形式,且已被多个法院司法判决认定为合法行为;以及提出认定信息网络传播行为应当坚持服务器标准,同时提交易联伟达案判决的部分节选。北京市西城区法院明确判断是否构成信息网络传播行为应依据服务器标准,该案链接因未对作品信息进行复制、存储,亦不能从技术上完全控制被链接网站的作品信息,因此应认定为技术服务。不过有趣的是,法院同时确认了深层链接客观上扩大了被链接作品的传播范围。相似地,在云上晴空公司案③中,被告云上晴空公司亦直接抗辩称信息网络传播权侵权界定标准必须坚持服务器标准。

从多年来深层链接行为相关纠纷的具体案情变化来看,深层链接的技术特征与商业效果在市场中也逐渐为经营者所熟知,从而使得深层链接的内在目的从链接服务演变为了上述案件中被告抗辩所称的"常见产品形式"。凭借上述涉案当事人之抗辩理由,难以排除行为人基于服务器标准言链接服务之虚,享传播利益之实。值得提问的是,服务器标准是否演化为了规避侵权的"避风港"? 而且,事实上目前司法界针对深层链接问题仍未达成统一观点。在深圳市快播科技有限公司诉深圳市市场监督管理局著作权行政处罚纠纷一案④中,广东省高级人民法院适用 2010 年《著作权法》第 48 条作出判决。而由于该案既不存在"避开或破坏基础措施",也不涉及"删除或改变电子信息",因此在实质层面广东省高级人民法

① 孔祥俊:《网络著作权保护法律理念与裁判方法》,中国法制出版社 2015 年版,第 157 页。
② 北京市西城区人民法院(2018)京 0102 民初 31760 号判决书。
③ 北京知识产权法院(2019)京 73 民终 1147 号判决书。
④ 广东省高级人民法院(2016)粤行终 492 号行政判决书。

院认为快播公司的深层链接行为侵害了腾讯公司的信息网络传播权。

目前,仅视频网站运营领域内,每年运营商对音视频采购、设备技术配置等支出高额成本,且因盗版等侵权行为导致运营商的正当利益遭受巨大损失。[①] 但我国主流司法对新型复杂技术下的纠纷恪守于服务器标准,认定设链者系渠道服务商而非内容服务商。[②] 由于未能秉持利益平衡态度对立法背后的逻辑观念作出解释,这导致新技术手段发展产生的市场利益失衡问题逐渐严重。特别是深层链接行为无须以"上传作品至服务器"为行为模式,这事实上所指向的是服务器标准的漏洞。设链者通过这一行为方式得以谋取不当利益,更通过法律滞后性将这一行为模式逐渐商业化。这在一定程度上违背了利益平衡原则与法律与技术的良性互动原则。[③] 原本通过著作权权利性质本身即可处理的问题,因技术因素的考量而复杂化,阻碍了权利保护。[④] 所以,若继续适用陷入技术手段泥沼的服务器标准,会进一步加剧市场利益的失调。

四、深层链接行为域外规制模式考察

尽管服务器标准并不完全符合我国立法上"提供"的内涵,以及该标准在商业实践中逐渐导致利益分配机制失调,但以此尚且不能充分说明实质呈现标准更符合制度发展的需要。因此,考察域外立法例,以及其对深层链接行为的规制进路或许是有所裨益的。虽然域外国家的立法习惯和方式与我国存在一定差异,但这并非意味着域外做法对我国而言水土不服,因为各国规制市场行为、平衡各方利益之本质目的是共通的。

(一)美国权利设定与规制进路

美国对服务器标准的适用是我国理论界支持该标准的主要论据之一。因此,着重考察美国司法实践是必要的。在考察美国对深层链接行为规制做法的同时,权利设定的考察亦显得尤为重要。

1.权利设定

美国未通过独立的子权利设定规制传播行为,而是以宽泛的权利类型进行替代。美国国会在1976年修订著作权法时充分考虑到了技术发展的不确定性,因此极大地扩宽了传播权的外延。对美国相关权利设定的立法条文按照文义解释,公开表演权与公开展示权的内核在于作品是否被"公开地表演或展示"(to perform or display the copyrighted work publicly),[⑤]其对技术行为要件采取了隐含式态度。从美国对"展示"(display)和"表演"(perform)的定义来看,[⑥]通过何种技术手段或方式(any other device or process)展示或表演作品并不是被关心的对象,是否达到了展示或表演的效果才是重心。这一效果论的选择或许并不能针对性地应对技术行为模式,却避免了既有立法与新技术手段之间的对抗。

---

① 孙那:《视频聚合盗链行为法律性质的再探讨》,载《法学论坛》2018年第5期。

② 崔国斌:《著作权法下移动网络内容聚合服务的重新定性》,载《电子知识产权》2014年第8期。

③ 孟兆平:《网络环境中著作权保护体系的重构》,北京大学出版社2016年版,第54页。

④ 赵俊梅:《聚合平台深度链接的法律适用问题》,载《法律适用》2018年第15期。

⑤ 17 U.S. Code § 106 - Exclusive rights in copyrighted works.

⑥ 17 U.S. Code § 101 - Definitions.

在美国修法前,1975 年 Aiken 案①中,Aiken 未经许可在经营场所播放他人音乐作品,在庭审中抗辩该举系本人欣赏而非商业表演。虽然法院在当时支持了 Aiken 的抗辩理由,但美国国会 1976 年对"公开"进行的解释实质地推翻了这一判决。"公开"是指"向公众开放的场合",这一界定当然地排除了家庭成员聚集等情形。而且,公开的界定范围相对宽泛,比如在 Redd Horne, Inc.案②中,Redd Horne, Inc.未经许可在私人影院中为消费者提供电影观赏,即便私人影院是极为私密的场所,但法院仍认定该案的作品提供行为属于公开表演。法院认为,"公开"与"非公开"的区别在于人员规模和人员组成,私人影院虽然增强了公众隐私性,但并非私有性,因此私人影院仍属公开场所。可以看出,美国对公开表演与公开展示的侵权判定,是通过"效果"考察"行为",以此有效应对和调整不同的技术手段和行为模式。

此外,在 CSC Holdings 案③中,涉及"传输"行为的界定,这一争议焦点与我国信息网络传播权下的"提供"行为界定存在相似的问题表征。被告 CSC 是一家提供有线电视系统的运营商,其向用户提供了有线电视回播服务,技术上是通过事先录制节目内容并在用户自行选定的时间点播时将录制内容传输给用户观看。Cartoon Network LP 因享有涉案作品的著作权主张 CSC 侵犯了其复制权和公开表演权。法院认为该案是否构成公开表演权侵权取决于对"传输"行为的界定。传输行为可以向不同的用户进行作品展示或表演,其核心要素在于受众群体为不特定的对象,而非传输场所或传输时间,进而认定 CSC 构成对涉案作品的公开表演。而我国法院对"提供"要件的界定路径是考察行为人是否"将作品上传至网络服务器",这一行为论在比较之下似乎表现出法评价重心的偏离。美国通过效果论的权利设定概括性地将可能出现的问题通过法律解释的方式予以解决,不仅平衡了多方市场主体利益,更是基于对新行为模式的适应性而保证了立法稳定。

2.规制标准

既然美国在权利设定时并未将技术手段纳入侵权界定标准的考察范围,而是以"效果"判断"行为",那么美国又为什么在深层链接问题上采取服务器标准呢?早期美国涉及深层链接的典型判例为 Perfect 10 v. Google, Inc.案④,美国联邦第九上诉巡回法院在该案中确立了服务器标准,这是我国理论界支持服务器标准的主要论据。该案中 Google 将第三方的网页与谷歌的链接合并在同一个窗口中,从而指示用户访问第三方的链接。这种链接设定的目的在于提供导航服务而非内容服务。法院认为 Google 并未储存第三方的作品,而是通过向用户提供缩略图的方式实现链接导航服务的目的,因此根据服务器标准 Google 并不构成侵权。而美国 1976 年的著作权法明确涵盖了现有或将有的技术媒介,故以行为要件来界定行为是否侵权的服务器标准与立法中的技术中立原则相冲突。⑤ 该冲突则为后期服务器标准被拒绝适用埋下了伏笔。

自 Perfect 10 案判决后,2007 年至 2017 年间几乎所有美国法院均适用了服务器标准,

① Twentieth Century Music Corp.v. Aiken, 422 U.S. 151,1975.
② Columbia Pictures Industries, Inc. v. Redd Horne, Inc., 749 F. 2d 154,3d Cir. 1984.
③ Cartoon Network LP v. CSC Holdings, Inc., 536 F. 3d 121,2d Cir. 2008.
④ Perfect 10, Inc. v. Google. Inc., 416 F. Supp.2d 828,C.D. Cal. 2006.
⑤ J. C. Ginsburg, L.A.Budiardjo, Embedding Content or Interring Copyright: Does the Internet Need the Server Rule, *The Columbia Journal of Law & the Arts*,2019,Vol.417,No.42,p.419.

许多美国法院认为同样能够获得传播效果的深层链接行为并不侵犯著作权所有者的权利。但该局面在 2017 年发生了转变。在 Leader's Inst., LLC v. Jackson 案①中,得克萨斯州北区地方法院明确拒绝适用服务器标准。本案被告引用 Perfect 10 案抗辩深层链接不构成侵权。但法院认为被告将原告网页整体内容进行嵌入而与 Perfect10 公司案存在显著区别。紧接着在 2018 年的 Goldman v. Breitbart News Network 案②中,纽约南区法院同样拒绝适用了服务器标准。纽约南区法院针对 Perfect 10 案而专门回应道:在整个立法文本以及立法历史中,皆没有发现拥有侵权图片副本(上传作品至服务器)是实施公开展示行为的前提要件。因此该案明确拒绝适用服务器标准,并对 Perfect 10 案中法院对著作权法的理解与解释表示怀疑。

在 Perfect 10 案初审时,加州中区法院除服务器标准还提出了嵌入标准(incorporation test),即通过嵌入链接的方式可能直接构成侵权。适用嵌入标准与服务器标准可以得出完全相反的判决结果。而审理法院最终选择服务器标准的理由在于,链接内容存储在计算机的服务器(或硬盘)或其他存储设备中时,才是符合著作权法的目的而"固定"在有形的表达媒介中的作品。不难理解的是,在当时的技术限制下,"将作品上传至服务器"成为传播作品的必要条件时,以其作为侵权认定因素并无不当,更何况以此不但便于审判,而且足以平衡传播利益与创作激励。但更显而易见的是,在技术超越这一阶段时,这一评价标准将不再具有全面性。可以释明,美国的这一发展过程与我国当下的状况颇为相似。

在这一意义上,虽然美国早期对公开展示权与公开表演权涵射范围的拓展已经包括了任何行为或技术手段,但选择服务器标准在当时的情况下,可以被理解为是一种不违反著作权法目的条件下的一种便于裁判与规范的经济考量。而在技术超越标准时,美国司法实践通过对立法进行解释及时地调整了裁判标准,以灵活地应对市场与技术变化,从而有效地解决了深层链接所导致的市场利益失衡问题。因此可以说,服务器标准并非不可适用,但需适可而止。将渠道与内容进行细致区分有利于法律的确定性,但是过度技术化所导致的就是技术进步与预期利益之间的平衡失调。③

(二)欧盟规制进路

在立法上,欧盟的"向公众提供权"与我国信息网络传播权的规定相似,但法律适用层面颇有不同。

对于深层链接问题,欧盟法院另辟蹊径开创了新公众标准。提出这一标准的案件是 Svensson 案④。该案中,被告 Retriever Sverige 通过深层链接在其运营的网站中向用户提供了原告记者 Sevensson 撰写的发表在 Göteborgs-Posten 报纸和网站上的新闻文章。原告认为被告的行为并非链接导航服务,侵犯了原告向公众提供作品的权利。欧盟法院为了分析本案提出的首要问题是,权利人以外的行为人设置作品链接是否构成"向公众传播"? 法

---

① Leader's Inst., LLC v. Jackson, No. 3:14-CV-3572-B, 2017 WL 5629514, N.D. Tex. Nov. 22, 2017.

② Goldman v. Breitbart News Network, LLC. 302 F. Supp.3d 585, S.D.N.Y. 2018.

③ 崔国斌:《著作权法下移动网络内容聚合服务的重新定性》,载《电子知识产权》2014 年第 8 期。

④ Nils Svensson and Others v. Retriever Sverige AB, Case C—466/12.

院认为,任何向公众传播作品的行为必须得到著作权人的授权,并应分别判断"传播作品"和"向公众传播"两个要素。在"传播作品"方面,由于不论公众是否点击链接,链接的设置足以使用户获得作品,所以链接的设置属于"传播"。欧盟法院的这一解释事实上采取了以"效果"判断"行为"的判断标准,即认可深层链接行为属于传播行为。换言之,通过何种技术手段并不是界定"提供"的考察对象。

而导致欧盟与中美南辕北辙的是欧盟法院对"公众"的解释,[①]即"公众"所指的是不确定的人,所以"公众"要件要满足最初提供行为没有覆盖到的公众,也即"新的公众"。由于本案中的链接不会导致新的公众获得作品,因而不属于"向公众传播"。由此认为本案深层链接行为并未侵权。这对于我国而言并不具有太大的借鉴价值。因为这一判断要素明显不具有普适性,其保护的对象是有限传播行为,如通过技术措施限制用户的数量和范围。而对于不限定传播范围的行为则难以适用该标准。依据新公众标准调整设链行为,不但会加重权利人设置技术保护措施的运营成本,而且在一定程度上会导致权利人不得不限制作品的传播范围,这实质上起到了阻碍智力成果传播与共享的效果。

五、具体标准的确定与适用

(一)具体标准的选择

上文提到,理论上服务器标准并不符合"提供"的内在要求,而实质呈现标准的以传播"效果"判断传播"行为"则与"提供"相切合,该标准更符合传播权的基本理念。

进而从实践需要来看,当今以直接访问或是通过网站直接展示来获取信息内容的方式大多已取代了传统技术下的通过拷贝或下载的方式。我国早在 2010 年适用服务器标准亦是因为网络技术的限制,使得提供作品需要将作品上传至网络服务器。[②]与美国相似,该标准的适用是由当时的技术环境造就的。但科技发展日新月异,服务器标准所依赖的技术手段已然发生改变,原有技术手段之外出现了其他可以达到同等效果的方式。从域外发展来看,美国在意识到科技变革后,毅然舍弃服务器标准,以及欧盟亦未将技术手段纳入对传播行为认定的考量。在未综合考虑设链者的行为效果与社会影响等多方面因素时,仅依据特定的技术手段进行法律评价难以达到满足社会期望与国情需要的目的,无法适应技术变化所引起的市场冲突。

---

① 《伯尔尼公约》第 11 条之 2 规定:"文学和艺术作品的作者享有下述专有权……许可由原广播机构以外的另一机构通过有线广播或无线广播向公众发表作品……"欧盟法院在 SGAE v. Rafael Hoteles 案中对"公众"作出了扩充解释:"虽然技术上缺乏更大范围的(重新)提供行为,但第三方以这种方式扩大潜在观众的范围(远远超出私人界限),从而获得经济利益。"但 SGAE 案所涉及的是广播权,这一对"公众"的解释在互联网作品传播案件中似乎更具有争议。比如在 ITV Broadcasting Ltd. v. TVCatchup Ltd. 案中,欧盟法院未再适用"新公众"要素。因为事实上,公众是相同的,需要被强调的是提供行为由权利人以外的行为人所实施。E.Arezzo, Hyperlinks and Making Available Right in the European Union-What Future for the Internet After Svensson?. *IIC-International Review of Intellectual Property and Competition Law*, 2014, No.5, p.534.

② 张玲玲:《深层链接服务提供者侵犯著作权的司法实践与思考》,载《苏州大学学报》2018 年第 3 期。

而以行为效果界定传播行为比依据行为方式具有更强的技术变化适应性。[①] 科技变化虽然改变了相关市场内行为人的具体行为方式,但同一市场内的行为效果依然大体不变。实质呈现标准以行为效果确实难以精准打击具体的不当行为,但恰恰是以行为效果进行界定,更适用于技术手段不断发展的背景。否则,仅针对行为方式而精准打击侵权行为,会导致行为人通过其他行为方式规避已有规定,这将不利于不当行为的规制,对著作权人的利益造成极大的威胁,更不符合行为与后果相符的原则。实现权利保护应当从立法目的出发,再兼顾权利项下的行为方式。

对此有学者认为,实质呈现标准会限制技术的更新迭代和创新发展。扩大权利范围而将本不应当涵射的行为纳入权利人的控制下确实会起到这一影响,但问题的关键是对技术不正当的使用行为进行规制是不是必要的。在服务器标准的适用下,设链者首先能够通过未经授权的内容来吸引用户至其平台,从而建立用户群体;设链者进而通过该商业模式将原本应属于被链者的流量转移至设链网站,从而减少被链者的流量收入,并挫败权利人的积极性;最后深层链接还激发了用户的期望,即用户会认为对互联网内容的访问和获取可以是免费的,或者应该是免费的,从而进一步打击创作者,进而抑制了技术研发。[②] 而反观实质呈现标准,该标准所限制的系以谋取不当利益的技术增生,该限制意义上的市场效果反而可以激励创新,促进正当技术革新,进而确保科技创新的健康发展。

还有学者认为,我国司法裁判突破服务器标准而适用实质呈现标准会缺乏法律依据。但如上文所提到的,《信息网络传播权司法解释》第 3 条第 2 款已明确"提供"不限于将作品上传至服务器,这为实质呈现标准的适用提供了充分依据。更何况,"提供"的内涵即在于涵盖所有已知和未知的行为模式,适用实质呈现标准恰是立法本意的体现。从长远角度来看,在立法已经对相关行为进行扩充后,采取实质呈现标准可更好地应对我国新增式立法所引起的法律滞后问题。在当下的语境中坚守服务器标准将使上述司法解释依然产生新增式立法的效果而失去其最重要的意义。

(二)具体标准的法律适用

上文提到,2021 年《著作权法》第 10 条与《信息网络传播权司法解释》第 3 条第 2 款已为实质呈现标准的法律适用提供了充分依据。但支持服务器标准的学者认为,通过《反不正当竞争法》第 2 条或 2021 年《著作权法》第 49 条对深层链接进行规制足已,故而对此作出说明。

其一,竞争法对权利人的保护并不充分,因为设链网站与被链网站之间或许并不具有竞争关系。而且竞争法更多地处于兜底与补充作用,需要法官结合待决案件事实进行自由裁量。[③] 以及实践中竞争法对权利人救济具有不确定性,其赔偿数额往往难以覆盖权利人的实际损失。[④] 所以直接依据竞争法调整链接行为看似可以实现规范效果并节约立法成本,但事实上或许并非如此。

① R. A. Reese, Copyright and Internet Music Transmissions: Existing Law, Major Controversies, Possible Solutions, *University of Miami law review*, 2001, Vol.237, No.55, pp.250-257.

② J. C. Ginsburg, L. A. Budiardjo, Embedding Content or Interring Copyright: Does the Internet Need the Server Rule, *The Columbia Journal of Law & the Arts*, 2019, Vol.417, No.42, p.431.

③ 曾凤辰:《深层链接、预防侵权成本与信息网络传播权的类推适用》,载《法治社会》2018 年第 5 期。

④ 谢兰芳、付强:《深度链接行为的侵权判定标准探讨》,载《知识产权》2016 年第 11 期。

其二,对于 2021 年《著作权法》第 49 条技术措施条款,一个答案显而易见的问题是,所有的权利人均会对其所设链接施加技术保护措施吗? 更何况,信息网络传播权是否受到保护并不以权利人是否实施防御措施为前提,换言之,技术措施条款与信息网络传播权保护并无直接关联。即便按照第 49 条的要求,权利人若对于深层链接行为完全依据该条寻求救济,将不得不对其链接施加保护性技术措施。作品在数字技术下本就已具有传播速度快与广的特点,加之第 49 条对技术保护措施的强调,这会直接地"激励"权利人付出设置技术措施的商业成本。而禁链技术的投入更有可能进一步催化不正当竞争,①且设链者成熟的深层链接技术、低廉的链接运营成本与被链者技术保护措施等成本支出似乎并不对等。

但这并不意味着在实质呈现标准下链接权利人不宜于依据第 49 条寻求救济。法律的交叉与重复在所难免,从法律适用上,第 49 条与第 10 条产生了法条关联问题,二者在深层链接问题上可能产生法条竞合情形。按照《立法法》规则,法条竞合时二者是"特殊法与一般法"规则的具体化体现。第 49 条相较于第 10 条属于特殊性事项而可以优先适用,但第 49 条适用于特殊情形,不应因其适用而排除基础性规定。

结　语

表面上,深层链接所反映的是法律解释与适用问题,但实质上其所内涵的是立法与技术的博弈。深层链接并不如无线技术、摄影技术对传播权的影响那样重大深远,但不得不承认的是其改变了网络中传统的作品传播方式。法律适用上的调整是对技术挑战的应然回应。从事实逻辑上来看,无论技术手段如何变化,其对行为效果的追求是等质的。服务器标准确实推动了技术发展,但牺牲了权利人对作品应有的控制能力。因此,面对技术冲击,应当采取技术中立的立法模式,从而实现信息网络传播权的前瞻性和适用便捷性。这一调整不失为我国传播权发展的有益尝试。

---

① 赵俊梅:《聚合平台深度链接的法律适用问题》,载《法律适用》2018 年第 15 期。

大数据商业秘密保护的理论基础

■ 王陈炜铭*

摘　要：数据经济时代，大数据成为企业的重要资产和竞争优势，我国《民法典》和司法实践均确认大数据受法律保护，理论和实务界开始将商业秘密制度纳为大数据保护的重要途径之一。但是，目前大数据商业秘密保护的理论基础较为薄弱，实践中企业寻求救济的依据和司法机关的裁判依据多援引《反不正当竞争法》一般条款。本文将从法经济学角度分析大数据保护适用侵权责任规则的合理性，寻求企业大数据权益维护需求与商业秘密规则的契合点，并预设商业秘密保护大数据的适用效果。再以公共政策伦理学分析商业秘密规则的价值，从商业道德角度证明商业秘密规则保护大数据具备道德伦理正当性，最终实现从理论上搭建并巩固大数据保护与商业秘密制度的联系，为企业寻求商业秘密路径维护大数据权益提供坚实的理论支撑，以指导未来大数据权益保护的实践。

关键词：大数据；企业数据；数据保护；商业秘密

Trade Secrets Protection of Big Data: The Theoretical Basis
Wang-Chen Weiming

Abstract：In the era of data economy, big data has become important assets and competitive advantages of enterprises. The Civil Code and judicial practice have confirmed that big data is protected by law, and the theorists and practitioners have begun to treat the trade secret law as one of the important ways of protecting big data. However, the current theoretical basis cannot support this idea well. In the past, the general principle of "good faith" did work somewhat when enterprises sought judicial reliefs. But nowadays, big data needs more precise protection. This article will analyze the rationality of the application of tort liability rules for big data protection from the perspective of law and economics, and seek the points where the company's big data rights protection needs meet the trade secret rules. Then it will preset the application effect of trade secrets law to protect big data. It will tell that it's rightful to protect big data by trade secrets law because this kind of protection meets the standards of the big data and business ethics. The article will finally build and consolidate the connection between big data and the trade secrets law, and guide the enterprises' practices of the protection of big data.

Key Words：big data; enterprise data; data protection; trade secrets

---

* 王陈炜铭，女，厦门大学知识产权研究院，法律硕士。

一、问题的提出

"大数据"是一种体量大、运行速度高、种类多且有价值的数据集合。数据经济时代,大数据利用信息的便利性建构起商业价值,成为企业重要的经营信息和竞争优势,为企业带来实际或潜在的经济利润、交易机遇等利益,大数据权益保护已成为理论热点。《国务院关于印发促进大数据发展行动纲要的通知》(国发〔2015〕50 号)提到,健全大数据安全保障体系,切实加强对涉及国家利益、公共安全、商业秘密、个人隐私、军工科研生产等信息的保护。学界亦普遍认为,从制度顶层设计和商业秘密制度的完整性来看,商业秘密保护企业大数据存在可行性。我国已发生多起涉大数据的不正当竞争案件,在新浪微博诉脉脉案中,新浪微博的《开发者协议》明确用户数据是微博的商业秘密,然而其并未以脉脉侵犯商业秘密为基础起诉,法院最终围绕《中华人民共和国反不正当竞争法》(以下简称《反不正当竞争法》)第 2 条的"商业道德"认定脉脉获取新浪微博用户信息的行为是不正当竞争行为。[①] 2019 年的"淘宝诉美景案"被誉为国内"大数据产品反不正当竞争第一案",[②]该案最终亦将淘宝的大数据产品归入与商业秘密并列的"无名权益"中,再次绕开了商业秘密规则而采用一般原则作为裁判依据。[③] 造成如此局面,除了案发当时的法律和司法解释未提供明确指引,还存在商业秘密制度的大数据适用缺乏充足理论依据的问题。构建大数据商业保护的坚实理论基础,具备企业权益保护的紧迫性,和司法裁判向商业秘密具体条文突破的必要性,对规范大数据竞争秩序、法律赋能大数据产业发展具有重要意义。

二、大数据保护规则的法经济学

(一)大数据的信息经济学

在财产关系领域,几乎所有的社会都承认私人在供私人使用的物品方面的私有财产权,人们也普遍存在保护私有权的需求。[④] 这引发了这样的疑问,何物能被私人占有? 大数据能够成为一种私有物吗?

在信息经济学当中,信息交易与一般私人物品的不同归因于信息的两个特征:一是信息的可信性;二是信息的非占有性。[⑤] 信息的非占有性意味着一个主体使用信息并不会阻碍其他主体使用,即排除他人使用信息的成本极高,信息的使用是非竞争性使用;信息被侵犯也不阻碍原占有人的使用;信息天然的传播性导致限制信息传播的成本极高,这促成了信息

---

① (2015)海民(知)初字第 12602 号民事判决书、(2016)京 73 民终 588 号民事判决书。

② 何渊主编:《数据法学》,北京大学出版社 2020 年版,第 150 页。

③ (2017)浙 8601 民初 4034 号民事判决书、(2018)浙 01 民终 7312 号民事判决书、(2019)浙民申 1209 号民事裁定书。

④ 〔美〕E. 博登海默:《法理学:法律哲学与法律方法》,邓正来译,中国政法大学出版社 2004 年版,第 292~293 页。

⑤ 〔美〕罗伯特·考特、托马斯·尤伦:《法和经济学》,史晋川、董雪兵译,格致出版社、上海人民出版社 2012 年第 6 版,第 105 页。

领域的"搭便车"行为。[①] 总而言之,信息的非占有性与公共物品的非排他性本质上是相同的。[②] 所以,信息需要被创新企业享受独占价值,却又需要保证广泛传播以激励更多的创新,使得创新企业获得竞争优势并创造出惊人的利润。

回到大数据。不难发现,数据完全具有信息的上述特征,因为数据是信息经济时代下的产物,大数据是数据经济的产物,在没有特别法律保护的情况下,难以阻止他人的不法使用。将大数据保护理解为信息权利保护更有助于探究适用于大数据保护的法律模式。

数据权利的正当性来自两个维度:一个维度是数据是来源于活动的内容记录而形成的"副产品",为了更好地进行大数据预测;另一个维度是数据反映的对象的特定权益是否应当被尊重。[③] 根据集合性数据权利理论,数据经济下关注的更多是能够用来分析和处理得出预测未来的结果的数据集合,即能够产生价值的应该是集合性数据资源,只有数据成为数据集才有更强烈的动力对数据资源进行确认和主张权利,尽管它们都是来自个人信息。[④] 大数据正是一种数据集合性资源,开始成为企业的竞争优势并为企业创造利润,应当为法律所尊重。[⑤]

我们先尝试使用财产规则来解释和描述因掌握大数据而享有的某些财产权益,使得大数据权益人能确保自己投入的数据价值挖掘成本是有回报的,以促进企业大数据创新。大数据是否需要知识产权法律制度为其设立一项财产权?财产权是一种排除他人使用某一资源而在法律上可被强制执行的权利,并因而无须与该资源的潜在使用人缔结合同即可禁止其使用,也包含将财产转让给他人的权利。[⑥] 假设大数据成为一种财产权,从静态方面来看,企业利用大数据获得商品或服务营销的优势从而获得利润;从动态方面来看,企业会因享有绝对的财产权而受到激励,从而促进企业自身和更多企业投资大数据的挖掘与利用。但是,大数据具备信息的上述特征,其在"公共领域"内的部分并不少,特别是大数据的原始数据可能全部来源于公共领域,所以大数据的潜在使用者是广泛的,让所有人通过严格的交易才可获取显然是不经济且不现实的。大数据的转让成本或许较为低廉,但是对于大数据本身的产权界定极为困难,产权救济的难度会导致交易成本高昂;为了抑制信息的自然传播属性,设立大数据的财产权保护成本高昂,但也因此降低了享有大数据财产权的企业采用更

---

① [美]罗伯特·考特、托马斯·尤伦:《法和经济学》,史晋川、董雪兵译,格致出版社、上海人民出版社2012年第6版,第105页。

② [美]罗伯特·考特、托马斯·尤伦:《法和经济学》,史晋川、董雪兵译,格致出版社、上海人民出版社2012年第6版,第105页。

③ 即互联网平台通过投入成本,通过用户协议组织和进行用户数据完整追踪,该维度侧重于数据的控制、生产与分配。胡凌:《论地方立法中公共数据开放的法律性质》,载《地方立法研究》2019年第3期。

④ 这并不意味着个人的信息和隐私权益不值得尊重,而是指尽管数据收集和使用者需要以尊重用户权利、合法合约收集和使用用户数据为前提,也应当允许数据集合拥有者享有与数据价值对应的财产权益,在追求数据集合的经济价值过程中并不排除对个人信息和隐私的保护。

⑤ 令人遗憾的是,现有的数据治理几乎完全聚焦在个人数据保护制度上,对于企业的数据权利保护尚处于使用原则性规定的状态;对于数据流动的规则聚焦在了数据流动的控制和监管上,而对数据的使用、共享和交易等相关法律规则较少。何渊主编:《数据法学》,北京大学出版社2020年版,第18~19页。

⑥ [美]威廉·M.兰德斯、理查德·A.波斯纳:《知识产权法的经济结构》,金海军译,北京大学出版社2016年第2版,第14页。

为先进的措施保护财产的激励。所以,漫无节制给予大数据财产权并不会产生其他私有物品财产权同样的有利效果。[①]

或许,大数据值得法律保护的是财产权益等法益,[②]这比设定财产权更适用于大数据。那么,保护大数据的法律制度需要具备什么样的功能? 首先,在使得掌握这项权益的企业享有一定权利的同时,[③]尽量使大数据交易和自由流通的成本更低;其次,开放特定渠道,在这些特定渠道下允许不同主体占有的大数据相同或相似,而不需要像著作权、专利权和商标权要求信息的"非显而易见性";再次,纵使大数据并不被认为是一种财产权,但因企业享有一定的合法权益,也可激励该企业挖掘和利用更多大数据;最后,保持大数据被共享、交易或通过其他方式流动的自由,这是竞争的基石,使垄断最小化。[④] 根据财产法的经济学原理,当法律应用在界定权的四个领域时,被统称为知识产权法,[⑤]而知识产权领域内有一项制度与大数据保护的制度需求高度契合,即商业秘密制度。通常来说,商业秘密项下讨论的是,以人们的隐私权和对物质财产享有的一般权利来保护知识财产,且商业秘密法的绝大部分并不创设知识财产权。[⑥]

(二)责任规则保护大数据的合理性

大数据适用财产权益等法益保护,且商业秘密亦被普遍认为是一项法益,这仅是基本的联系。[⑦] 要认定商业秘密规则适用于大数据保护,还需要利用责任规则建立大数据保护与商业秘密制度的联系。

我们假定,市场主体是理性的,他们能够计算其可获取的各种手段的成本和收益,从中选出最大净收益的选项,法律试图影响的对象必然是理性的人。[⑧] 侵权法是使所有人能够将事物用途的社会成本和收益予以内部化的法律的一部分,[⑨]我们可以试图从侵权法经济学当中寻找到最适用于大数据的侵权规制路径。

---

① 〔美〕威廉·M.兰德斯、理查德·A.波斯纳:《知识产权法的经济结构》,金海军译,北京大学出版社2016年第2版,第14~24页。

② 也包括本来应得却因侵权而导致损失的利益,如客户流量、重要的营销机会等,这在日本学界被称为"逸失利益"。

③ 为了表述便利,本文将大数据包含的各种"法益"统称为"权益"。

④ 〔美〕威廉·M.兰德斯、理查德·A.波斯纳:《知识产权法的经济结构》,金海军译,北京大学出版社2016年第2版,第24~29页。

⑤ 〔美〕罗伯特·考特、托马斯·尤伦:《法和经济学》,史晋川、董雪兵译,格致出版社、上海人民出版社2012年第6版,第104页。

⑥ 〔美〕威廉·M.兰德斯、理查德·A.波斯纳:《知识产权法的经济结构》,金海军译,北京大学出版社2016年第2版,第26页。

⑦ 有学者认为,虽然商业秘密因为《中华人民共和国民法典》而披上了知识产权的外观,但并未因此铸就专利权等典型知识产权,本文赞同该观点。李扬:《商业秘密法律保护中的几个基础性问题》,载《科技·知产财经》第6期,http://www.ipeconomy.cn/index.php/mobile/News/magazine_details/id/2055.html,下载日期:2021年3月17日。

⑧ 〔美〕罗伯特·考特、托马斯·尤伦:《法和经济学》,史晋川、董雪兵译,格致出版社、上海人民出版社2012年第6版,第219~220页。

⑨ 〔美〕罗伯特·考特、托马斯·尤伦:《法和经济学》,史晋川、董雪兵译,格致出版社、上海人民出版社2012年第6版,第178页。

首先,从事故的社会成本角度考量。企业要预防大数据被侵害的预防水平 x 与被侵害事故概率 p 呈负相关。[①] 预防水平需要企业投入预防成本 wx;如果大数据被侵害了,企业将面临预期伤害成本 $p(x)$。预防成本的提高,意味着预防水平的提高,也意味着预期伤害成本的下降。将大数据企业的预防成本和预期伤害成本相加可得事故预期社会总成本 $wx+p(x)$,[②]各要素关系如图 1 所示。法律需要为企业的预防工作设定一个效率标准,如果企业预防大数据被侵害的水平小于有效水平,预防的边际社会成本就会小于边际社会收益,效率标准就会要求更高的预防水平;反之,预防水平超越了有效水平,效率标准就会要求企业采取稍低的预防水平,促使企业减少预防成本的投入。[③] 当企业的预防成本达到有效水平,即达到效率标准时,企业的事故预期社会总成本将达到最小化,也即 wx+p(x) 的最低点位置。[④]

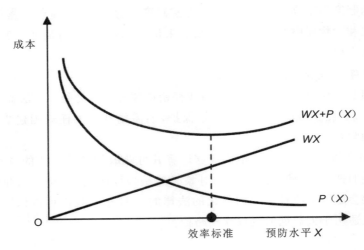

图 1 大数据被侵害时的预期社会成本关系图

其次,学者探究发现,如果仅仅是大数据权益企业采取侵权预防措施,在无过错责任原则下,[⑤]被侵权企业具有有效激励,但对侵权人产生的激励并非最有效率。[⑥] 所以,侵害人与被侵权人的双边预防能为双方提供有效预防激励,而过失责任原则正好能够给侵害人和被

---

① 关于事故发生概率 p,需要说明的是,虽然现实中许多企业并不能准确地估算概率,但这其实是企业内部决策者的能力问题。p 在本文中仅以一般理性人角度作抽象理解。

② [美]罗伯特·考特、托马斯·尤伦:《法和经济学》,史晋川、董雪兵译,格致出版社、上海人民出版社 2012 年第 6 版,第 188~189 页。

③ [美]罗伯特·考特、托马斯·尤伦:《法和经济学》,史晋川、董雪兵译,格致出版社、上海人民出版社 2012 年第 6 版,第 190 页。

④ [美]罗伯特·考特、托马斯·尤伦:《法和经济学》,史晋川、董雪兵译,格致出版社、上海人民出版社 2012 年第 6 版,第 189~190 页。

⑤ 西方称为"严格责任原则"。

⑥ [美]罗伯特·考特、托马斯·尤伦:《法和经济学》,史晋川、董雪兵译,格致出版社、上海人民出版社 2012 年第 6 版,第 193~194 页。

侵权人提供有效率的预防激励。[①] 现在我们从对侵权人预防激励的角度分析。侵权人预防水平以 x' 表示,事故发生概率为 p,预防成本为 wx',总预期成本包括预防成本和预期伤害成本 $wx'+p(x')A$,以 x^* 表示有效率的法定预防水平标准,各要素关系如图 2 所示。有效的预防水平应当与标准水平相等或超越标准水平的状态,以确保预防有效。但是,侵权人是理性的,只要其预防水平达到法定的 x^* 的有效值,侵权人的侵权责任为 0,那么将预防成本控制在 x^* 上后便不会再有提高其预防水平的动机了。[②]

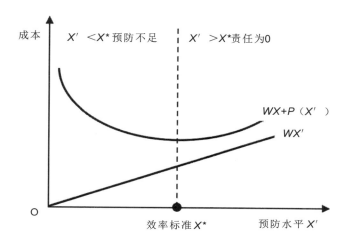

图 2　过失责任原则下的大数据被侵害的预防激励关系图

过错责任原则除了上述的简单过错责任原则,还有与有过失原则、相对过失原则和与有过失抗辩的严格责任原则。[③]学者的研究表明,无论何种过失责任原则,任何一种形式都能够为侵权者和被侵权者提供有效预防激励。

最后,将责任规则代入大数据中。大数据本身能够创造社会价值,但是应当允许数据企业通过各种途径和方式进行低成本的、充分的数据收集和价值挖掘;[④]并由企业自身采取一定措施,一方面预防其侵害原数据主体隐私、预防其行为会侵害其他企业的数据权益、预防其危害竞争秩序;另一方面预防自己的大数据遭受侵害。当潜在的侵权人不愿意付出自行

---

　　①　因为潜在的侵权人和被侵权人都采取了防御措施,其实在总体效率上很可能其中一方的预防已经可以阻止侵权事故发生。但是,侵权法规制的情形正是双方共同协商达成合约的成本很高的情况,双方并没有机会发现对方也采取了预防措施,所以需要双方都进行预防,降低事故发生概率。[美]罗伯特·考特、托马斯·尤伦:《法和经济学》,史晋川、董雪兵译,格致出版社、上海人民出版社 2012 年第 6 版,第 198 页。

　　②　[美]罗伯特·考特、托马斯·尤伦:《法和经济学》,史晋川、董雪兵译,格致出版社、上海人民出版社 2012 年第 6 版,第 194~196 页。

　　③　与有过失原则下,有过失的侵权人可以通过证明被侵权人的预防措施低于法定标准来规避侵权责任;相对过失责任原则下,双方对侵权责任承担分配责任;与有过失抗辩的无过错责任原则下(或称为"过错推定责任原则"),不论被侵权人的预防水平如何,只要被侵权人无过错,侵权人就应当承担责任;被侵权人有过失,侵权人则无须承担责任。[美]罗伯特·考特、托马斯·尤伦:《法和经济学》,史晋川、董雪兵译,格致出版社、上海人民出版社 2012 年第 6 版,第 196~200 页。

　　④　何渊主编:《数据法学》,北京大学出版社 2020 年版,第 31 页。

收集数据的成本或者自行开发衍生数据的成本时,其花费更多的预防侵害他人权利的成本便不经济,实施非法或者违约行为侵害企业大数据的概率就会升高。当潜在的被侵权人估错侵权发生概率,或者为预防大数据被侵害所采取的保密措施成本投入不足时,遭遇侵权的概率也会升高。只有侵权事故的发生方启动大数据侵权纠纷侵权救济,这样的规则符合大数据保护需求。

商业秘密法主要规范的是企业具有商业利益的商业实践行为,商业秘密法的来源之一正是侵权法,[①]违反合同义务在我国的《反不正当竞争法》中被纳入侵权行为之一。商业秘密侵权行为的归责原则正是过错责任原则,这与前文探索的大数据侵权规制路径的结果是吻合的。我国《反不正当竞争法》第32条规定了商业秘密侵权案件的举证责任包含几个预设:首先,无论原告的预防水平如何,只要证明其采取了保密措施并表明秘密被侵犯,被告的信息就面临被认定为侵权信息的可能,这与"简单过错责任原则"接近。其次,只要被告能够证明,原告对其主张的信息并未采取符合法定的"合理""相应"的保密措施,就可能将涉案信息排除在商业秘密范围之外,那么纠纷即止步于大数据是否构成商业秘密的认定上,该举证责任形式与"与有过失责任原则"接近。最后,只要原告举证证明其被侵权以及条文列举的部分事实,被告若不能排除自身嫌疑则面临被认定侵权的风险,这与"与有过失抗辩的严格责任原则"接近。大数据权益主体的需求更侧重于被侵权时能够保障其获得赔偿等侵权损害救济,这正是商业秘密法律制度能够完成的任务。[②] 这表明,商业秘密侵权责任规则的制定基本上符合过错责任规则的基本原理,能够为被侵害大数据的企业提供有效预防激励,从而达到权益保护的效果。

综上,本文在大数据权益保护的法律规制路径中,选择对大数据侵权行为追究侵权责任,以商业秘密保护大数据符合该路径选择。

三、权益归属企业的合理性

前文提到,个人和企业都是数据权益主体。但是,本文确定大数据商业秘密的权益归属于企业。这主要依托于大数据权益归属的理论基础。

(一)大数据权益归属的理论基础

大数据权益归属的理论基础主要包括发展的数据财产化理论、传统的劳动创造产权理论和"数据作为资产"理论。[③]

---

① [美]罗伯特·考特、托马斯·尤伦:《法和经济学》,史晋川、董雪兵译,格致出版社、上海人民出版社2012年第6版,第104页。

② 商业秘密保护大数据的任务是要使大数据侵权规制达成上述的激励效果,考虑法律为大数据提供的保护是否能够保证被侵权人能够获得完全赔偿,能否设定一种最符合效率的谨慎水平标准。这涉及大数据秘密侵权的归责原则问题、赔偿计算问题和企业采取保密措施的"合理性"认定问题。这将在后文中继续展开探讨。

③ 理论基础涉及"数据财产权",是学者为了迎合数字经济发展以数据为客体创设出的新型权利,虽与本文认同数据是权益的观点不同,但有助于探讨大数据商业秘密的权属问题,遂将其纳入理论基础范围。

第一，莱斯格数据财产化理论的发展理论。莱斯格数据财产化理论学者通过法经济学分析得出结论，认为将数据所有权赋予数据用户才更有效率。[1] 但是有学者认为，随着数据经济的发展，许多数据从业者以数据活动为业，他们在数据经济活动过程中通常也形成数据库、数据平台和数据决策等各类数据资产，且从业者通过数据应用和交易实现数据资产的使用价值或交易价值，取得效益或收益。[2] 数据从业者的中心地位日益凸显，数据财产化理论应当朝着反映数据经济的双向结构和动态开展的关系本质、切合数据从业者处于重心驱动位置的实际特点、满足数据从业者作为经济关系重要一方的结构性需求等方向发展。[3] 在设立新型数据财产权时，应当由法律赋予数据经营者数据经营权和资产权，数据经营者可以基于经营权对他人数据以经营为目的而从事各种活动；可以基于资产权对自己合法数据活动形成的数据集合或其他产品占有、使用、收益和处分。[4] 该发展理论对探讨大数据秘密权益归属的意义在于，新型数据财产权在权利主体的考量上认识到企业在数据经济活动中的重心位置、比传统更强调企业对数据财产权益的需求。并且，在该发展理论中的数据财产权将个人对个人信息的财产权和数据企业的财产权分离，企业对于其合法活动形成的数据集合享有资产权。这对大数据秘密权益归属于企业的观点形成了一个"举重以明轻"的效果。

第二，传统的劳动创造价值理论。该理论认为，个人对基础数据享有所有权，[5]企业对增值数据享有所有权。[6] 将数据处理者的数据增值活动视为劳动，将被处理过的基础数据增值后的结果数据，而数据的挖掘、收集、存储、处理、分析、加工编辑等行为就是创造性过程，是最具商业价值的行为，所以数据处理者享有经个人数据主体同意基于基础数据进行劳动创造而产生的增值数据所有权。[7]

第三，"数据作为资产"理论。该理论将数据视为用户消费的自然产物，双方因互联网合同产生关系，用户的行为为企业普遍地监管，数据为企业普遍收集处理和使用，以换取免费享受互联网服务，所以应当被企业所收集。该理论其实是为人工智能取代传统劳动工人做准备的，降低工人在数字经济中的价值创造作用，鼓励他们在数据经济之外寻找劳动者的尊严。[8] 在该理论的支持下，可以将大数据视为一种资产，用户对其个人数据的控制视为一种与企业为其提供服务的对价进行交换，其中大数据是企业提供的服务之一。另外，企业进行大数据服务所付出的成本可能高于用户放弃个人数据控制的成本。所以，在互联网服务领

① J. Kang, Information Privacy in Cyberspace Transactions, *Stanford Law Review*, Vol.50, No.4, 1998.p.1259.

② 龙卫球：《数据新型财产权构建及其体系研究》，载《政法论坛》2017年第4期。

③ 龙卫球：《数据新型财产权构建及其体系研究》，载《政法论坛》2017年第4期。

④ 龙卫球：《数据新型财产权构建及其体系研究》，载《政法论坛》2017年第4期。

⑤ 基础数据即个人数据，即所有足以对主体构成识别的数据。丁道勤：《基础数据与增值数据的二元划分》，载《财经法学》2017年第2期。

⑥ 增值数据主要是指数据处理者对网络用户从事各种活动进行搜集整理等增值处理行为产生的各种数据，如搜索引擎记录、电子商务记录、用户使用习惯、潜在用户群等。丁道勤：《基础数据与增值数据的二元划分》，载《财经法学》2017年第2期。

⑦ 丁道勤：《基础数据与增值数据的二元划分》，载《财经法学》2017年第2期。

⑧ I. A. Ibarra, L. Goff, D. J. Hernandez, J. Lanier & E. G. Weyl, Should We Treat Data as Labor? Moving beyond "Free", *Aea Papers and Proceedings*, 2018, Vol.108, pp.39-40.

域,企业收集的用户数据以及进行大数据分析的增值利益应当为企业所专有。

上述三种理论基础中,莱斯格数据财产化理论的发展理论和传统的劳动创造价值理论都认同个人数据权益和企业数据权益二元划分的观点;特别是被收集、存储、处理、分析的数据集合,均明确归属于企业的数据资产,而不属于用户个人。"数据作为资产"理论更是认为在互联网服务中,用户数据与企业互联网服务已然因互联网服务协议形成对价关系,用户数据成为企业的天然资产,大数据作为用户数据的产物更是为企业所有。

第四,缩小思考维度可以寻找到一些其他补充因素,如当大批量的数据集合,特别是衍生数据被侵害时,行为危害的直接法益是企业的竞争利益,更严重的后果直接影响至企业的经营活动,保护企业的大数据可以帮助企业正当维权、尽快恢复经营。促进大数据流动和大数据技术创新的号召对象主要是企业,只有保护了企业的大数据权益才能促进企业创新。

关于商业秘密的归属,本文将大数据保护需求的主要语境放置于市场经营活动和商业竞争中,即从事商品生产、经营或者提供服务的"经营者"之间的大数据资源争夺和利用。因掌握大数据的经营者大多是企业,本文以"企业"替代广义的掌握大数据的"经营者"或"商事主体"。①

需要注意的是,政府对大数据的利用并不在本文的市场竞争语境中,大数据能带来商业利益,但需要排除政府利用大数据违背其职能的公共性而不当限制商业信息流通和不当获取利润的可能性,所以大数据商业秘密与公权力机关当然无关。

(二)具体的企业类型

在数据法律关系中,除了作为数据主体的自然人外,还有数据控制者和数据处理者。② 通常意义上,互联网企业在提供服务的过程中必须先获取大量的个人信息,从智能手机到服务器集群,类似于谷歌、Facebook、阿里巴巴、腾讯等,它们是典型的数据控制者。③ 按 GDPR 规定参考理解,数据处理者是为数据控制者处理个人数据的自然人、法人、公共机构、行政机关或其他非法人组织,受数据控制者委托为其提供辅助服务,可能是单纯的数据处理相关的科技公司,如常见的云服务商。在大数据时代,还有一类特殊主体是数据经纪商,承担着将企业大数据打包整合再与其他数据需求方实现数据交易的功能。

实践中商业交易是复杂的,所以数据控制者再细分还可以分为数据收集者和数据使用者。如果数据使用者自行收集数据,那么数据的收集和使用者是同一企业,该企业便是大数据的权益主体。如果数据使用者委托其他企业收集数据,那么实际实施数据收集工作的企业应当定位为"数据处理者",即收集工作包含在处理中;而数据使用者为大数据的实际控制者,是大数据权益主体。

从功能上来看,纵使数据处理者和经纪商负有保密大数据的义务,但其赚取利润的方式

---

① 美国的《加州消费者隐私法案》(*The California Consumer Privacy Act of* 2018)认为企业是指为股东或其他所有人的利润或经济利益组织或经营的独资企业、合伙企业、有限责任公司、协会或其他法律实体。

② 数据法律关系是指在收集、存储、处理、使用、共享、传输及交易等数据活动中产生的数据关系。何渊主编:《数据法学》,北京大学出版社 2020 年版,第 80 页。

③ 我国立法用语有"网络服务提供者""网络运营商""电子商务经营者""个人信息控制者"等。何渊主编:《数据法学》,北京大学出版社 2020 年版,第 93 页。

并不来自由大数据带来的商业机遇优势,而是来自与数据控制者的合约获得的对价,或者是将大数据视为一般的商品享受交易差价;另外,其采取保密措施是为了履行来自合约的保密义务,否则可能需要承担违约责任,即使大数据意外泄露也不会让其因此丧失大数据蕴含的商业机遇。所以处理者和经纪商可能成为侵害大数据商业秘密的主体,但其掌握的大数据商业秘密权益并不为之享有。

综上所述,大数据商业秘密的权益归属于处于实际数据控制者地位的企业(通常为互联网企业)。大数据可以适用于企业产品开发、客户体验、提升运营效率、推动企业创新等,为企业带来实际的或潜在的财产收益、竞争优势等利益。

四、商业秘密法经济学的大数据适用

(一)侵犯商业秘密的基本规则

我国商业秘密规则主要规定在《反不正当竞争法》中。《反不正当竞争法》第 9 条列举了商业秘密侵权的行为,从法律规制路径来看,商业秘密法主要规范的是企业具有商业利益的商业实践行为,其阻挡了信息的传播,允许生产者独占使用信息的价值,但占有人的使用或者受益权利并不享有绝对排他性,而是在其他主体侵害大数据时以商业秘密为依据追究侵权人的侵权责任。[①] 在商业秘密的规则保护下,企业的大数据权益能够处于较为安全稳定的状态,并使这样的安全感延伸至大数据的交易中,这是法律的安全价值。

从商业秘密法来源于合同法与侵权法的角度来看,[②]商业秘密制度包含来自合同法的规则和侵权责任的规则,它们存在于商业秘密制度正是为了追寻共同的信息自由与安全流通的目标。在合同法规则下,《反不正当竞争法》第 9 条第 3 项将"违反保密义务或者违反权利人有关保守商业秘密的要求,披露、使用或者允许他人使用其所掌握的商业秘密"作为侵权行为之一,说明企业与雇员的保密协议、竞业禁止协议,以及与合作伙伴、交易伙伴等的保密协议,可以保护大数据免于被雇员侵犯,或防止被委托的数据处理组织、交易的对方当事人泄露,可以处理私人协议中交易成本较低的合约关系。在侵权责任法规则下,处理的是私人交易成本较高的关系,《反不正当竞争法》第 17 条明确侵犯商业秘密给他人造成损害的应当依法承担民事责任,即侵权人应当赔偿受害者因被窃取大数据的损害。另外,在商业秘密制度下,反向工程和自主研发等行为被排除在侵权认定之外,保密协议、合约也被排除在不正当获取认定之外,意外泄露被排除在法律救济之外,[③]能够激励企业以更严谨的预防措施保护其大数据,如对员工进行更为细致的筛选和甄别,使用更为有效的云储存限制访问、加密措施等。这是法律的正义、平等和自由价值。

从竞争规则角度来看,为大数据竞争形成安全稳定的秩序是商业秘密制度追求正义的

---

① [美]罗伯特·考特、托马斯·尤伦:《法和经济学》,史晋川、董雪兵译,格致出版社、上海人民出版社 2012 年第 6 版,第 104～106 页。

② [美]罗伯特·考特、托马斯·尤伦:《法和经济学》,史晋川、董雪兵译,格致出版社、上海人民出版社 2012 年第 6 版,第 106 页。

③ 《最高人民法院关于审理侵犯商业秘密民事案件适用法律若干问题的规定》第 6 条、第 14 条。

体现。法律规范关注的是保护人们免受侵略、抢劫和掠夺,是法律的管辖范围。即使经济秩序在法律秩序下仍会被干扰,但是法律能使这样的干扰及其恢复可预测、可调整。① 《反不正当竞争法》第 2 条第 2 款正说明,商业秘密法能为大数据参与市场竞争提供一项形式保护,阻止潜在侵权人扰乱市场竞争秩序,损害其他经营者或者消费者的合法权益。这是法律的秩序价值。

(二)商业秘密保护大数据权益的适用效果

数据法学的基本原则是平衡原则。大数据保护不应当采取私主体权益最大化,或数据传播、经济发展绝对化这样“二选一”的模式,而必须遵循私主体的数据权益保护和促进数据流动和数据经济发展的平衡原则,这是数据法学的首要核心议题。② 知识产权法的根本性问题正是知识产权创造者的私人利益与信息自由流通的社会利益平衡问题,整个知识产权法在价值构造上表现为一系列的平衡模式和与此相适应的制度安排,③商业秘密法律制度也是对各种相关利益进行统计分析并最终综合平衡后的结果。④

结合大数据发展及保护的平衡原则,以及商业秘密制度项下的法经济学基础,以商业秘密保护大数据能够促成以下平衡。

1.保护权利人秘密信息与鼓励其他主体创新的平衡

这对平衡涉及商业秘密保护对社会发明创造产生的影响。商业秘密保护制度能够提供给权利人以专利保护制度以外的填补保护,使企业对享有的大数据相关的权益获得更多保护的可能性。如果说专利制度能够同时鼓励发明创造活动和鼓励信息公开披露,那么商业秘密则鼓励其他发明人的重复发明。⑤

根据前文所述的大数据定义与特征,任何拥有收集和分析数据能力的企业都可以获取相似度极高的大数据集,这意味着数据集合本身容易被获取;且商业秘密只能为大数据提供非绝对排他性的弱保护,并允许他人通过反向工程和自主研发收集、分析、处理数据。而我们知道,建立数据集和衍生数据之间的可视化数据联系的量化分析工具、软件以及用于运行的编程代码也可能构成技术秘密,而且相关技术方案、运行器械还可能申请专利保护。这些客体的联系非常紧密,也是大数据价值得以实现的必备工具。但不可否认的是,大数据和工具是分别独立的客体。

正因如此,商业秘密制度能够促成这样一种证明:数据分析工具、技术方案和运行工具的发明已经存在,并且大数据并非显而易见地值得受到法律的强保护,这会提高人们重新发明的可能性、降低人们重新发明的预期成本。⑥ 如果重新发明失败了,说明他人并非能够轻

---

① [美]E.博登海默:《法理学:法律哲学与法律方法》,邓正来译,中国政法大学出版社 2004 年版,第 227~240 页。

② 何渊主编:《数据法学》,北京大学出版社 2020 年版,第 4 页。

③ 冯晓青:《知识产权法的价值构造:知识产权法利益平衡机制研究》,载《中国法学》2007 年第 1 期。

④ 宋建宝:《美国商业秘密的法律保护》,法律出版社 2019 年版,第 34 页。

⑤ [美]威廉·M.兰德斯、理查德·A.波斯纳:《知识产权法的经济结构》,金海军译,北京大学出版社 2016 年第 2 版,第 436~437 页。

⑥ [美]威廉·M.兰德斯、理查德·A.波斯纳:《知识产权法的经济结构》,金海军译,北京大学出版社 2016 年第 2 版,第 433 页。

易收集、处理和分析同样群体的数据和数据集合,正好证明企业的大数据具有一定的秘密性特征;[①]如果重新发明成功了,正好能与商业秘密不禁止反向工程和自主研发行为的规则对应,说明重新收集和处理大数据并非资源浪费,因为它需要投入的成本足够适当以至于重新发明人能够接受这样的获取方式。[②] 所以,大数据商业秘密的弱保护,会激励各互联网或数据企业重新发明数据分析技术方案和运行机器,也会促进算法、代码的个性化发明,而不是去窃取他人的成果。换言之,商业秘密保护为竞争企业带来的激励是,不会让下一个大数据企业的努力都是徒劳的,至少它新收集的数据集和新获得的衍生数据能够获得商业秘密保护,新研发的技术方案和运算工具能够获得专利或技术秘密的保护;[③]同时,也不会让上一个企业的大数据丧失获得商业秘密保护的资格、让其他工具发明丧失获得专利或技术秘密保护的资格。

2.大数据秘密性与信息公开的平衡

大数据需要被部分公开,也需要被部分保密。即便原始数据来自公共领域、大数据的衍生结果需要公开,也不可否认大数据是企业不愿意完全公开、需要投入保密成本的客体,也是其他主体渴望获得的、需要花费一定成本才可从公共领域获得的竞争资源。根据我国《最高人民法院关于审理不正当竞争民事案件应用法律若干问题的解释》第 13 条的规定,客户名称、地址、联系方式以及交易的习惯、意向、内容等构成的信息属于特殊客户信息,区别于相关公知信息,汇集众多的特殊客户信息可以构成商业秘密。基于此,用户信息即便是公开的,但是数据集合的大体量特征相当于给信息加密,可构成商业秘密。况且,大数据通常不仅是简单的数据集合,其匿名化处理结果、分析结果更有成为商业秘密的资格。

在信息公开方面,数据垄断是一种大数据秘密性过度保护的结果,需要将大数据的商业秘密保护调节至避免数据垄断的程度,将大数据的商业秘密法律制度与反垄断制度结合使用,这是大数据保护的制度需要,并非推翻大数据适用商业秘密保护的依据。

针对认为大数据被商业秘密保护导致其他企业需要重新收集,可能会造成的资源浪费的观点,本文同样认为这是可以由企业之间自由协商或者通过其他低成本方式获取到大数据集合解决,并不能因此否定商业秘密的可适用性。

3.雇主的商业秘密权利和雇员的职业自由权利的平衡

雇佣关系对商业秘密扩散有影响,商业秘密制度在保护企业的商业秘密权益和保护企业员工的工作自由和发展权利进行了平衡。根据商业秘密的竞争法规则,负有保密义务的人如果违反保密义务擅自披露或使用企业秘密信息,属于侵犯企业商业秘密的行为。但是,如何保护商业秘密持有企业的反不正当竞争的权利,使其在员工离开后保持有创造的动力,又不限制员工的经济流动性、与新企业讨价还价的权利,一直是相关案件审理面临的困境。在著名的 Wexler v. Greenberg 案中,COHEN 法官认为在即使雇员个人因为与雇主的保密

① [美]威廉·M.兰德斯、理查德·A.波斯纳:《知识产权法的经济结构》,金海军译,北京大学出版社2016 年第 2 版,第 433 页。

② [美]威廉·M.兰德斯、理查德·A.波斯纳:《知识产权法的经济结构》,金海军译,北京大学出版社2016 年第 2 版,第 432 页。

③ [美]威廉·M.兰德斯、理查德·A.波斯纳:《知识产权法的经济结构》,金海军译,北京大学出版社2016 年第 2 版,第 436 页。

义务约定在某种程度上承担了被契约限制未来的风险,法院也会根据雇主的保护需要和对雇员的限制,仔细审查契约是否合理。① 前员工将大数据披露予新的竞业企业有损于原企业,因为基础的数据集往往就蕴含着被分析后产生的价值,反映在实际案例中,企业特别在意对自身获取的数据的保密,同时又有获取其他企业收集的数据的欲望。披露行为极容易完成,披露后果较严重。但是,当前企业的大数据是根据个体数据实时收集并经过分析后得出衍生结果,时效性极强,过于苛责披露大数据本身的行为似乎意义不大。而用不同的代码编写方式和模型建构方式形成的算法等量化分析工具本身就可能构成更高价值的商业秘密,能够接触到大数据集合及其析出结果的工作人员也有很大可能是掌握核心算法技术的人员,这类员工离职后的披露行为会对企业造成更大的威胁。此时,企业如果寻求商业秘密的法律保护,要判断选择何种方式更有利于企业利益和信息自由流通的平衡,究竟是以大数据作为保护客体,还是以量化分析工具作为客体。

各种利益的平衡带来的是社会共同福利的增长。保有大数据权益的自由、数据流通自由、个人生存发展自由,权益安全、竞争秩序安全,并不是被无限承认和绝对保护的。在私主体权利和社会福利之间创设一种适当的平衡是有关正义的主要考虑之一。创造大数据、挖掘大数据、运用大数据再创新,都是为了促进信息经济和数据文明的建设和发展,也是为了更好的发明、创作等被制造出来。在数据经济文明建设中,商业秘密制度有机会,也有能力促进大数据私主体努力与社会努力之间的积极互动关系。②

综上所述,在法经济学视野下,商业秘密制度能够促进大数据经济的多重平衡,实现大数据权益保护、大数据侵权行为规制、大数据市场秩序安全多效合一,亦能促进大数据相关技术创新、数据交易流动、人才发展。商业秘密保护大数据具备法经济学基础。

五、公共政策伦理学基础

公共政策的背后是政策分析的文化背景,反映了一个国家的价值观和伦理判断。在政治学领域,伦理理论在公共政策中的适用是基础性的,比制定公共政策更进一步的立法活动也普遍有伦理学的参与和引导。所以,在探究大数据的商业秘密保护时,将政策伦理纳入考量未尝不可。

公共政策分析中的伦理学包含道德和利益的价值选择。根据前述分析,企业具备大数据利益诉求,而市场具备发展和秩序诉求、个人具备隐私诉求。公共政策需要在这些互相竞争的价值中作出一定的配比。根据商业秘密制度适用于大数据的多重平衡效果:一方面,我们可以假定商业秘密制度设计背后的伦理理论是符合道德和利益的平衡考量的,大数据被纳入商业秘密法规制是大数据保护的应有之义;另一方面,也正是大数据技术的创新发展,催生了以理论分析法律制度价值取向的需求。

---

① Wexler v. Greenberg, 399 Pa.569,160 A.2d 430,1960.
② 〔美〕E.博登海默:《法理学:法律哲学与法律方法》,邓正来译,中国政法大学出版社2004年版,第322～329页。

在伦理学的三个学派中,能够调和道德与利益冲突的流派是决疑论,[①]该理论的支持者认为在调整利益关系时应当避免抽象的判断,而是在包含道德选项的利益冲突时加重道德判断的权重。[②]决疑论秉持的价值观是社会公认的价值观;其道德分析工作的核心准则是从仔细评估一个事实开始,再上升到一般原则,而不是演绎性地从原则到事实;具体工作方式通常是着眼于一种特定行为与一个普遍的道德准则之间的关系进行价值判断。例如,在大数据技术创新、运用领域拓宽的今天,决疑论者需要质疑:在认定大数据技术可行、可获得利益的同时,在道德上是否适用? 在什么程度上适用?[③]

将决疑论代入商业秘密制度中思考。法律默认潜在侵权者、被侵权企业和用户都是理性的,认同社会公认的价值观,即通常所说的“一般理性人”。将大数据代入商业秘密法当中,所谓“一般理性”就包括多重内涵:首先,理性用户有基本的自行衡量数据被收集利用的风险和利益的能力,可以自主决定是否同意企业协议以享受服务;其次,理性的数据企业有能力预估大数据被侵害的风险,尽到保管大数据秘密的基本注意义务,采取基本的措施以保护好大数据权益,并遵守大数据商业道德做到不侵害用户的隐私;最后,理性的竞争对手有基本的道德认知能力,通过正当方式参与市场竞争、获得利润,而不通过非法或违约方式获取大数据秘密。

从商业秘密的具体规则来看,法律列举了侵权行为,这意味着立法者认为这些行为已经构成了“不道德”,符合决疑论具体工作方式;法律条文采取了详细列举的规定方式,正好便于法官在个案认定行为时能够适用到具体的法律条文,符合决疑论的道德分析核心准则;而《反不正当竞争法》一般条款的原则性道德准则,一方面有助于法官认定行为侵权时的法理证成,另一方面又能为法官进行法律漏洞填补提供原理依据,符合决疑论中以原则为逻辑终点的观点。

综上所述,在为大数据保护的政策考量上,宜采用能够全面协调道德与利益的“决疑论”伦理分析方式。商业秘密制度符合“决疑论”,以商业秘密保护大数据具备公共政策伦理基础。

六、商业伦理道德基础

(一)大数据的伦理要求

数据法学的主要理论是由保密性理论、信息隐私权理论和信息自决权理论组成的,这些理论基础的组合也描绘出了数据权利的主要变化,由隐私权起源,从隐私权到信息或数据权利,

---

① 前两个学派分别是义务论和功利主义,目标都是服务于个人的福利,义务论更具有平等主义倾向,功利主义强调效率,二者均有一定的片面性。

② 〔美〕罗伯特·海涅曼等:《政策分析师的世界:理性、价值观念和政治》,李玲玲译,北京大学出版社2011年第3版,第78页。

③ 〔美〕罗伯特·海涅曼等:《政策分析师的世界:理性、价值观念和政治》,李玲玲译,北京大学出版社2011年第3版,第78～80、85页。

从私权又发展为一项基本权利。① 可见,研究大数据的法律保护绕不开数据法学最基本的议题——个人隐私,这是数据伦理中的主要内容,大数据保护的规范应当遵循其伦理要求。

大数据的伦理要求应当从两方面平衡展开:

1.个人隐私与信息公开的平衡

大数据要求信息的快速流动以实现数据共享,加快社会生产。在人们的普遍观念中,大数据的运用与个人隐私保护是对立的。然而,我们需要明确,管理大数据并不意味着封锁个人数据,处于共享状态的个人数据也并不意味着个人"一丝不挂"。②

首先,大数据时代的数据流动是必然的,个人信息的记录当然地增加,也正在促进社会生活的转型和人们的隐私观念,对数据流动的社会治理需求也随之增加,大数据时代的隐私保护法律将会越来越发达。但是,如果个人信息(隐私)保护规则仅仅被理解为是保密个人信息的能力,这很可能也会变成快速发展数据经济的阻碍,因为这样的规则直接从源头上扼制了数据流动。要让规则能够符合社会发展需求并且有效保护个人隐私,需要转变的观念是,"隐私保护"是以道德的管理方式传递社会所需的信息,使得信息的流转符合商业道德。③

其次,应当破除"隐私权二元化"的成见。④ 持有这样的观点会削弱人们对大数据的信任,原始数据的收集难度加大,大数据难以起到应有的作用。应该认识到,个人信息被共享了之后也应该能够保持"机密"状态,如通过协议让医疗数据收集者对患者数据保持机密,通过证据规则规定办案人员保护当事人数据等,这是规则的功能所在。法律规范的构成更不可采取"二元"思路,仅因为私人数据处于共享状态就使其丧失保护资格。大数据伦理要求隐私规则应与大数据分析的快速发展保持一致。⑤

2.大数据对个人影响的利弊平衡

大数据能够使个体在大数据时代享受到更好的服务。但是,大数据的运用意味着个人标签或用户画像数字化,大数据的预测和推断在不断促使个体定义方式的转变,人们逐渐由自我定义走向数据定义,定义结果看似科学、客观且公正,但这也导致了个体的思考决策逐渐依赖于数据的分析结果,陷入了被动接受某种身份定义的境地。我们需要警惕独家大数据对个体完全的思维控制而导致的"行为歧视""大数据杀熟"等不良效果,所以法律规则需要强调数据的共享和传播,以及大数据运算的透明度,使大数据对个体行为作出真正"明智"的引导。

---

① 发展为基本权利的如美国的宪法性信息隐私权和德国的信息自决权。何渊主编:《数据法学》,北京大学出版社 2020 年版,第 32～40 页。

② N. M. Richards & J. H. King, Big Data Ethics, *Wake Forest Law Review*,2014,Vol.49,No.2,p.409.

③ N. M. Richards & J. H.King, Big Data Ethics, *Wake Forest Law Review*,2014,Vol.49,No.2,pp.419-422.

④ 即信息一旦被同意共享了,则数据就不再是私人的、隐私将被曝光 N. M. Richards & J. H. King, Big Data Ethics, *Wake Forest Law Review*,2014,Vol.49,No.2,p.410.

⑤ N. M. Richards & J. H. King, Big Data Ethics, *Wake Forest Law Review*,2014,Vol.49,No.2,pp.413-419.

(二)商业道德要求

在不公平竞争中,因为道德感的增强和提升,盛行一种信念,即商业社会必须依靠比道德谴责更为有效的保护手段才能抵制某些应受指责的毫无道德的商业行为。但是,这并不意味着道德要退位,反而需要商业道德的自律性来为法律的他律性进行补充。[①]

根据开明利己主义道德哲学,商业道德必须同时融入经济理性和道德理性,即不能排除行为主体的利己本性,但同时要求顾及他人利益,实现经济利益最大化目标与商业社会的道德价值观的融合,这样的商业道德才能为商业社会的行为主体所接受和遵循。[②] 换言之,行为主体需要以让他人收益作为实现自己最终利益目标的手段。这样一种商业伦理学已经成为商业社会广为接受的价值标准。

体现在知识产权领域,由于知识产权同时具有私权性质和公共利益性质,纵使《与贸易有关的知识产权协议》(简称 TRIPs 协定)非常注重私权保护,但也在文件第 7 条规定了"承认保护知识产权的诸国内制度中被强调的保护公众利益的目的,包括发展的目的与技术目标","知识产权的保护与权利行使,目的应在于促进技术的革新、技术的转让和技术的传播,以有利于社会经济福利的方式促进技术知识的生产者与使用者互利,并促进权利与义务的平衡"来对知识产权保护目的进行全面定位。在第 8 条中也规定了成员国可以采取必要的保护公共利益的措施,防止权利人滥用知识产权,这也是知识产权保护的重要原则。

体现在竞争法领域,在我国的司法实践中,北京市高级人民法院在"百度诉 360 插标案"审理中创新性地提出的"非公益必要不干扰"的新规则,针对当前频繁涌现的插标、修改搜索引擎下拉提示词、过滤及屏蔽广告等"干扰"其他软件正常运行的行为,只有为了保护用户、网络安全等社会公共利益目的,以及为了经营者的长期发展目的且合理的干扰才属于合法的干扰。[③]

具体到商业秘密领域,一方面,在 E. I. Du Pont De Nemours Powder Co. v. Masland 案例中,Holmes 法官认为,本案的出发点不是财产法,而是原被告双方或其中一方的保密关系,即被告可以拒绝原告的"财产",但不能拒绝原告的"信任",被告接受了原告的信任而得知了商业秘密、处于保密关系当中。这就表明,法律对商业秘密交易中的诚实信用原则提出了基本要求,即被告不得以欺诈手段滥用原告对他的信任。[④] 通过确保商业秘密在市场交易过程中双方主体的诚信,在保护商业秘密持有者的财产权益的同时能够从商业秘密制度的角度维护市场公平竞争秩序,拓宽商业道德的适用范围。另一方面,我国《民法典》第 964 条规定,技术转让合同和技术许可合同可以约定实施专利或者使用技术秘密的范围,但是不得限制技术竞争和技术发展,交易主体之间的约定可能因为限制竞争和发展而被认定为无效。

---

① [美]E.博登海默:《法理学:法律哲学与法律方法》,邓正来译,中国政法大学出版社 2004 年版,第 396 页。

② 黄武双:《经济理性、商业道德与商业秘密保护》,载《电子知识产权》2009 年第 5 期。

③ 吴太轩、史欣媛:《互联网新型不正当竞争案件审理中商业道德的认定规则研究》,载《现代财经(天津财经大学学报)》2016 年第 1 期。

④ E. I. Du Pont De Nemours Powder Co. v. Masland, 244 U.S. 100, 1917, p.102.

大数据时代,大数据发展可以通过商业秘密道德的实践满足其所追求的伦理要求。在知识产权法下,允许国家采取必要的措施防止大数据权利人滥用数据,以追求权利人的经济效益、社会效率和社会福利最大化。在竞争法规则下,通过诚实信用原则和其他公认商业伦理规制大数据交易主体的"保密关系",并排除该保密关系限制竞争和发展的合法性,维护大数据竞争秩序的稳定。

(三)商业道德的大数据适用

以商业秘密保护大数据能够满足大数据发展要求的两对平衡:

回应大数据伦理之一的个人隐私与信息公开平衡要求,商业秘密保护大数据可能实现个人信息保护与企业数据权益的平衡。

国家在一般情况下不允许以私人财产利益入侵信息安全,但是,企业会声称提供了比竞争对手更好的隐私保护措施,其每项产品都可能涉及对客户数据的收集、存储和使用,以保护个人隐私作为竞争优势吸引更多用户。[①] 从用户的角度来看,其在互联网中的一举一动都为企业的大数据分析提供了丰富的原始素材,被企业收集了个人信息就意味着个人隐私可能被监视。实践中不乏个人信息被盗取、贩卖的案例,所以,用户的信息被公开予大数据企业,很可能也会因为企业的内部人员或其他人的违法犯罪而暴露至更广泛的场合。但是,用户信息确实需要被一定程度公开,如用户的学历、性别、评价信息、浏览记录等,大数据分析后的用户偏好习惯结果也需要公开,这是大数据企业收集大数据的目的,也是互联网企业及其合作伙伴建立合作关系的原因。

要化解上述情况的利益冲突,需要商业秘密制度发挥作用。商业秘密制度为企业大数据提供保护,在法律上证实大数据能为企业带来竞争优势和经济效益,同时要求收集数据的企业、交易的大数据接收方尽到保管个人数据的义务,而不是在被侵害者面对个人信息被他人利用高科技泄露时手足无措。换言之,信息公开一方面表现在用户信息公开予企业;另一方面表现在因企业采取了保密措施,而保护用户信息得以较安全地公开披露。正是因企业大数据权益受到商业秘密法的保护,从而激励企业采取保密措施保护个人信息及隐私。

回应大数据伦理之二的大数据对个人影响的利弊平衡要求,商业秘密制度可能实现数据垄断与企业自身权益的平衡。

大数据的原始数据集的获取成本是较低的,来源的重合度较高,但是每个数据企业的分析能力和方式不同,对数据来源和集合都相近的大数据的处理结果不同,用户的使用、消费的体验感也不同,更对应用大数据的小微企业的决策活动产生了重大影响。如果大数据垄断于个别龙头企业,那么人们的生活将会陷入非常集中的"信息茧房"当中,在算法的霸权下,人们对于数据巨头的演算结果无能为力,依赖数据平台的普通实业经营者也只能依赖这样的结果提供产品和服务。而商业秘密制度确认大数据的经济价值,促进企业之间大数据的共享与交易,同时也允许其竞争企业以自行开发研制或者反向工程等方式获得大数据,或者低成本购买其他企业收集的基础大数据集再自行分析后产出衍生结果,能够避免数据的过度集中、数据垄断,避免大数据单一结果对个人产生过于偏

---

① F. Gurry, Intellectual Property in a Data-Driven World, *Wipo Magazine*, 2019, No.5, p.5.

颇的影响。

综上,商业秘密制度能够在实现企业大数据权益保护的同时保护用户个人隐私,同时避免大数据导致用户陷入"非理性"境况,推动大数据经济在数据伦理的轨道上运行。以商业秘密保护大数据具备商业道德基础。

(四)大数据商业秘密道德伦理的可视化

个人利益和社会利益在发生冲突时,需要通过颁布一些评价各种利益的重要性和提供调整这种利益冲突标准的一般性规则,[1]商业秘密法律正是起到了调整大数据经济利益关系一般性规则的作用。但是,立法是一般性和指向未来的,所以一项成文法规可能不会满足于解决一起已经发生利益冲突的具体案件,[2]在大数据纠纷发生时,必须依据具体案件事实,判断被诉侵犯大数据行为是否符合商业道德、数据伦理,裁定相互对立的主张中何种主张应当得到承认。如果认定其行为系侵犯大数据商业秘密的行为,意味着该行为连最低限度的商业伦理标准都达不到。基于对社会公共利益的考量,要看大数据行业的商业习惯,还要看大数据行业的一般人的容忍和接受程度。将满足这两个条件的标准量化成可视的参照依据,可以分为两类:

第一类是法律规定的道德原则。诚实信用原则不仅是商事主体实行商业行为的首要原则,更是审判机关用来完成新型民事案件法律解释所使用的主要原则。除了《反不正当竞争法》第 2 条,在《最高人民法院知识产权案件年度报告(2010)》中,[3]最高人民法院的观点表明,商业道德是以诚实信用原则为核心构建起来的一系列商业惯例、交易习俗等行为规范的总称,正体现了经济理性和道德理性的双重含义,实践中大多数法官以行为是否违反商业道德来认定被诉行为是否构成不正当竞争。[4] 违反诚实信用原则,如违反法定或约定的保密义务使用、披露和允许他人使用大数据秘密的行为,即违反了商业道德的商业秘密侵权行为。

第二类是行业自律规则。"诚实信用原则"对于司法裁判终究是一把"双刃剑",在解释为提供予大数据商业秘密终极保护之外,还可能被歪曲为以道德为由的逆向不正当竞争,裁判结果充满不确定性。相较于此,如果能援引大数据行业自律规则,根据某行为违反了大数据行业规则的禁止性规定,可作为判断行为违反了商业道德的参考,只要该大数据符合商业

---

① 〔美〕E.博登海默:《法理学:法律哲学与法律方法》,邓正来译,中国政法大学出版社 2004 年版,第414 页。

② 〔美〕E.博登海默:《法理学:法律哲学与法律方法》,邓正来译,中国政法大学出版社 2004 年版,第416 页。

③ 对于竞争行为尤其是不属于《反不正当竞争法》第二章列举规定的行为的正当性,应当以该行为是否违反诚实信用原则和公认的商业道德作为基本判断标准;在《反不正当竞争法》中,诚实信用原则主要体现为公认的商业道德;商业道德所体现的是一种商业伦理,是交易参与者共同和普遍认可的行为标准,应按照特定商业领域中市场交易参与者即经济人的伦理标准来加以评判。参见《最高人民法院知识产权案件年度报告(2010)》。

④ 如在"腾讯诉 360 公司不正当竞争案"中,法院指出"该案中被告 360 的行为是否构成不正当竞争,关键在于该行为是否违反了互联网行业公认的商业道德","搜狗诉腾讯篡改浏览器设置案""百度诉 360插标案"等亦采取了同样的审判路径。吴太轩、史欣媛:《互联网新型不正当竞争案件审理中商业道德的认定规则研究》,载《现代财经(天津财经大学学报)》2016 年第 1 期。

N

秘密要件,就有助于法官判定被诉行为是否侵犯了商业秘密。

目前,我国发布的数据行业的自律规则有《线下大数据行业自律公约》《中国大数据行业自律公约》《中国数据分析行业自律公约》《电信和互联网行业网络数据安全自律公约》《网络数据和用户个人信息收集、使用自律公约》《数据流通行业自律公约》,关于数据或网络平台的自律规则有《关于平台经济领域的反垄断指南》《网络直播和短视频营销平台自律公约》《互联网搜索引擎服务自律公约》《互联网终端软件服务行业自律公约》《中关村数海大数据交易平台规则(征求意见版)》《贵阳大数据交易所 702 公约》,国际上的有 robots 协议等。①

当然,运用行业自律规则判断是否违背商业道德,必须受到严格限制。只有具有市场合理性的、各互联网联合签署并形成公约形式或者行业长期反复实践的行业普遍遵守的规则,而且只有违反禁止性的行业规则才可直接作出违反商业道德的判断。②

结　语

商业秘密保护大数据具备法经济学基础、公共政策伦理学基础和大数据商业伦理基础,以商业秘密制度保护企业大数据具备合理性和正当性。2020 年 3 月,党中央和国务院《中共中央、国务院关于构建更加完善的要素市场化配置体制机制的意见》中再次提到大数据发展需要加强对政务数据、企业商业秘密和个人数据的保护,这意味着商业秘密保护企业大数据符合政策指引趋势。在 2020 年最高人民法院发布的《商业秘密民事规定》中,"数据"已被纳入商业秘密内涵范畴,这为企业寻求商业秘密保护大数据权益提供了直接依据,司法裁判亦能够运用明确的法律解释规则为企业提供准确且稳定的司法救济。大数据的商业秘密保护兼具理论和制度基础,有待具体实践进一步累积经验事实,对企业合法权益保护、规制侵犯大数据的行为、维护大数据竞争秩序和促进大数据产业创新发展具有重要意义。

---

① 又称网络爬虫扫除规范、爬虫协议、机器人协议,不是正式的规范,而是互联网行业约定俗成的规则。违反该协议的著名案例有 BE 违规抓取 eBay,百度诉奇虎 360 违反 Robots 协议抓取、复制其网站内容侵权一案等。

② 吴太轩、史欣媛:《互联网新型不正当竞争案件审理中商业道德的认定规则研究》,载《现代财经(天津财经大学学报)》2016 年第 1 期。

论网络直播著作权侵权领域替代责任规则的引入

███ 张奉祥*

摘　要：我国现阶段司法实践中,存在部分涉网络直播著作权侵权案件的裁判观点相互冲突、未能达成一致裁判思路的困境。欲解决这一困境,须借助替代责任的归责思路。作为传统民法制度,替代责任规则已由美国相关司法判例延伸适用至著作权法领域。在网络直播著作权侵权领域构建替代责任规则有助于合理分配现阶段网络直播领域著作权侵权纠纷中各方的风险负担。适用替代责任规则的关键在于准确认定直播平台与主播方之间的关系,法院应充分考量涉案侵权直播成果的权利归属,双方从直播侵权行为中获取经济收益的性质、分配模式与比例等,以及直播平台对于直播侵权行为的控制力,以避免因盲目适用替代责任规则造成直播平台审查义务的不当扩张。

关键词：网络直播著作权侵权；替代责任；直播平台

Research on the Introduction of Vicarious Liability Rules in the Field of Copyright Infringement of Webcast

Zhang Fengxiang

Abstract：In the current judicial practice of our country，there are some conflicts in the judgment of copyright infringement cases involving webcast，and there is no consensus on the judgment ideas. In order to solve this dilemma，we must resort to the idea of vicarious liability rules. As a traditional civil law system，the vicarious liability rules have been extended to the field of copyright law from the relevant judicial cases in the United States. The construction of vicarious liability rules in the field of copyright infringement of webcast can help to reasonably distribute the risk of all parties in the copyright infringement disputes in the field of webcast at the present stage. The key to the application of vicarious liability rules is to accurately identify the relationship between the webcast platforms and network anchors. The court should fully consider the ownership of the infringement webcasting results involved in the case, the nature, distribution mode and proportion of the economic benefits obtained from the webcasting infringement，and the control power of the webcasting platform over the webcasting infringement，so as to avoid the blind application of vicarious liability rules to the improper expansion of the review obliga-

---

* 张奉祥,男,北京韬安律师事务所律师助理,中国政法大学法律硕士。

tion of the webcast platforms.

Key Words：copyright infringement of webcast；vicarious liability rules；webcast platforms

一、问题的提出：网络直播著作权侵权责任认定的裁判困境

随着网络直播行业的兴盛发展，司法实践中出现了越来越多网络直播领域著作权侵权纠纷的司法实例。其中，以"恋人心案"①、"小跳蛙案"②等为代表的部分案例，因其裁判思路和责任认定结果的不一致，引发了学界及实务界关于直播平台对主播方直播著作权侵权行为的责任承担问题的争议。

（一）以"恋人心案""小跳蛙案"为例

1."恋人心案"裁判认定：直播平台因其协议约定构成直接侵权

以"恋人心案"为例，审理法院根据涉案事实认定：未经许可在直播中演唱原告音乐作品的行为，并将直播画面上传存储于直播平台的行为均是由涉案主播本人作出。但鉴于涉案直播平台斗鱼公司和主播签订的《斗鱼直播协议》中约定"直播方在斗鱼公司平台提供直播服务期间产生的所有成果的全部知识产权、所有权及相关权益，由斗鱼公司享有"，因此斗鱼公司并非通常意义上的网络服务提供者。根据权利义务相一致的原则，法院据此认定斗鱼公司是本案被诉直播侵权行为的侵权主体。

2."小跳蛙案"（二审）裁判认定：直播平台因违反审查义务构成帮助侵权

无独有偶，在"小跳蛙案"中，一审法院同样基于涉案直播平台斗鱼公司和主播签订的《斗鱼直播协议》中关于"所有直播成果知识产权均归斗鱼公司享有"的权利归属约定，认定斗鱼公司应当承担侵权责任。但本案二审法院则又纠正了一审法院"以直播平台与主播笼统约定直播内容著作权归属于直播平台就认定直播平台构成直接侵权"的做法，认为斗鱼公司未尽到审查义务，未能对涉案直播内容进行审查，从而侵犯原审原告的信息网络传播权。

3.上述两则案例的裁判思路比较

虽然上述两案例中，法院均得出了直播平台应承担著作权侵权责任的裁判结果，但细究其裁判思路及最终责任认定的结果，会发现二者大相径庭。

"恋人心案"中，法院在判决说理部分明确指出"斗鱼公司不能援引《最高人民法院关于审理侵害信息网络传播权民事纠纷案件适用法律若干问题的规定》第 8 条第 2 款、第 3 款之规定免责"。结合该两款规定内容可知，一审法院认为对于斗鱼公司的侵权责任承担问题无须考虑其主观上是否具有过错，并且明确认定斗鱼公司不符合网络服务提供者的主体身份。而共同侵权的间接侵权责任须以行为人具有主观过错为前提，由此可见，本案中一审法院最终认定斗鱼公司的侵权责任类型为直接侵权责任。

而在"小跳蛙案"中，虽然一审法院与"恋人心案"判决持一致的裁判思路，但在二审判决

---

① 北京互联网法院（2018）京 0491 民初 935 号民事判决书。
② 北京知识产权法院（2020）京 73 民终 1253 号民事判决书。

中却被二审法院认为是"论述瑕疵"并相应予以"纠正"。二审法院仍沿袭了审理一般网络服务提供者侵害著作权纠纷的传统审判思路,认定斗鱼公司因其未能尽到审查义务构成侵权。因此,二审法院的观点是认为斗鱼公司因其违反了审查的作为义务而与主播的直接侵权行为构成共同侵权,故斗鱼公司的侵权责任实质上是一种共同侵权的间接侵权责任。

(二)上述两类裁判思路的各自困境

上述两则案例分别代表了司法实践中两类对于直播平台著作权侵权责任的认定思路:一是依据侵权直播成果著作权归属的协议约定认定直播平台构成直接侵权;二是沿袭网络服务提供者的通常责任认定思路,认定直播平台因其不作为的帮助侵权行为构成间接侵权责任。但上述两类裁判思路均存在一定的不合理性,主要包括以下几点:

1.直接侵权的裁判思路:难以认定直播平台实施了直接侵权行为

再以"恋人心案"与"小跳蛙案"一审为例,两案中,涉案直接侵权行为均应当为主播在直播过程中未经著作权人许可擅自表演音乐作品的行为,以及后续主播上传含有该侵权表演内容的直播成果的行为。而这两项直接侵权行为的实施主体均是主播本人,而非斗鱼公司。因此,两案一审法院均认定"主播不应是本案被诉侵权行为的侵权主体",斗鱼公司构成直接侵权的观点难以成立。

也可能是意识到其论述存在前述缺陷,虽然最终认定斗鱼公司构成直接侵权,但在"恋人心案"中审理法院又部分笔墨强调论述了斗鱼公司作为直播平台的审查义务,认为斗鱼公司"逃避审核、放弃监管,放任侵权行为的发生",似乎是为最终认定斗鱼公司构成侵权的裁判结果以佐证支撑。然而这部分论述实质体现的是间接(帮助)侵权责任的认定思路,恰恰与前部分关于斗鱼公司构成直接侵权的论述有所矛盾。

2.间接侵权的裁判思路:难以认定直播平台具有主观过错

"小跳蛙案"二审法院以斗鱼公司未能妥善履行审查义务为由认定其承担共同侵权的间接侵权责任。但该裁判思路亦存在如下问题。共同侵权的间接侵权责任要求责任主体对于其间接侵权行为须具有主观过错,而在网络直播的情境下,直播平台客观上难以在直播过程中及时有效地预判、控制主播的行为。因此,如果主播在直播期间的表演或其他行为涉及侵害他人著作权利,此种情形下认定直播平台具有主观过错就欠缺一定的合理性,有违公平原则。

基于前文所述,该两类裁判思路均存在一定的缺陷与弊端,并且彼此的弊端恰恰需通过对方裁判思路才能得以避免。例如,相较于直接侵权的裁判思路,间接侵权的裁判思路就无须对直播平台的所谓"直接侵权行为"进行论证;相较于间接侵权的裁判思路,直接侵权的裁判思路则避免了须对直播平台具有主观过错进行认定的困境。

在以上述两案为代表的此类案件中,若审理法院欲作出直播平台承担侵权责任的裁判结论,且该结论在法理、逻辑层面仍能自洽,则应然的裁判思路是:主播方在直播过程中实施著作权直接侵权行为,应当由直播平台对主播方的直接侵权行为承担责任,且无须考量直播平台对该直接侵权行为是否存在主观过错。在这一裁判思路下,直播平台实际上承担的既非直接侵权责任,也并非共同侵权的间接责任:该裁判思路显然应当依托于替代责任理论方能实现。

二、著作权侵权替代责任的理论基础及司法实践

(一)替代责任的理论渊源

无论大陆法系还是英美法系,替代责任相关制度均首先创设于传统民法领域。在大陆法系的法律传统中,替代责任(vicarious liability)是指对他人侵权行为造成的损害或对本人管领的物件造成的损害所承担的侵权赔偿责任。[①] 而在英美法系侵权行为法创设的替代责任制度专指"对他人的侵权行为承担责任"[②]。早期的替代责任制度产生于代理关系与雇佣关系中,指被代理人应就其授权的代理人基于代理事项所实施的侵权行为承担责任,雇主对于其雇员在雇佣期间内基于雇佣事项所实施的侵权行为承担责任。因此,替代责任早期亦被称为"雇主责任"。

我国现行法律体系中并不存在以"替代责任"作为明确法律概念的立法,但在传统民法法律体系中,关于监护人责任、用工责任、医疗损害责任等的相关立法规定实质上均是我国替代责任制度的体现。

(二)美国版权法中替代责任规则的司法实践

在著作权领域,美国版权法关于替代责任制度的立法及司法实践较为发达。替代责任是美国版权法上与引诱侵权和帮助侵权并列的一种责任形式。[③] 当被告有权利和能力控制他人的直接侵权行为,同时与直接侵权行为有明显而直接的经济利益联系时,被告要为他人的直接侵权行为承担替代责任。[④]

1963 年的 Shapiro 案[⑤]是美国首次在著作权法领域适用替代责任规则的司法实例。该案中,由于音像制品连锁店的承租者未经音乐作品著作权人 Shapiro 的许可,擅自制作侵犯 Shapiro 著作权的盗版录音制品,Shapiro 将该音像制品连锁店的经营者(出租者)作为被告提起诉讼,要求其承担侵权责任。最终法院认定被告应对承租者的侵权行为承担替代责任,理由在于被告作为该连锁店的经营者和出租者,其有能力制止承租者的直接侵权活动且实际直接从这种侵权活动中获取了经济利益。2001 年的 Napster 案[⑥],美国法院则将替代责任规则延伸适用到了网络著作权领域。法院同样认定,作为网络服务提供商的 Napster 公司有能力及权利控制、制止直接侵权人的侵权活动,并从侵权活动中直接获取了经济利益,故应当对直接侵权人的侵权行为承担替代责任。

(三)我国著作权法领域替代责任规则的立法及司法现状

我国著作权法领域对于替代责任理论及规则的立法及司法实践则较为有限。《信息网络传播权保护条例》(以下简称《条例》)第 22 条规定了网络服务提供者在提供信息存储空间服务时的间接侵权责任免责事由,其中第 4 款规定,如网络服务提供者"未从服务对象提供

---

① 吴汉东:《侵权责任法视野下的网络侵权责任解析》,载《法商研究》2010 年第 6 期。
② 张新宝:《中国侵权行为法》,中国社会科学出版社 1998 年版,第 158 页。
③ 崔国斌:《网络服务商共同侵权制度之重塑》,载《法学研究》2013 年第 4 期。
④ Shapiro, Bernstein&Co., Inc. v. H. L. Green Company, Inc., 316F. 2d 304, 307, 1963.
⑤ Shapiro, Bernstein&Co., Inc. v. H. L. Green Company, Inc., 316F. 2d 304, 307, 1963.
⑥ A&M Records, Inc. v. Napster, Inc., 239 F. 3d 1004, 1024, 2001.

作品、表演、录音录像制品中直接获得经济利益",则不承担赔偿责任;《最高人民法院关于审理侵害信息网络传播权民事纠纷案件适用法律若干问题的规定》(以下简称《规定》)第9条第1款、第11条分别规定,基于网络服务提供者"提供服务的性质、方式及其引发侵权的可能性大小,应当具备的管理信息的能力",或者其"从网络用户提供的作品、表演、录音录像制品中直接获得经济利益的",均应当对他人的直接侵权行为负有监管义务。这些条文一定程度上是替代责任规则在我国著作权法领域的立法体现。

但前述条文对于著作权侵权替代责任规则的立法构建并不完善。首先,除第4款外,《条例》第22条的其他条款均是关于网络服务提供者在共同侵权情形下间接侵权责任的免责事由规定;除第1款外,《规定》第9条的其他条款均是关于如何认定网络服务提供者是否构成间接侵权责任中的"应知"要件。因此间接侵权责任与替代责任的条款规则杂糅于一处,法理、逻辑上均不通顺。其次,由于《条例》第22条本是对间接侵权责任免责事由的规定,因此对其中第4款的条文表述进行文义解释,反而可能导致如下的理解与适用:一旦网络服务提供者"从他人的直接侵权行为中直接取得经济利益",则应当认定其承担侵权责任。如此一来,就无疑架空了对间接侵权责任认定时网络服务提供者的主观过错要件,过度扩大了网络服务提供者审查义务的边界。究其原因在于该条文对替代责任构成要件的规定不够全面、明晰,忽略了网络服务提供者是否有控制他人的直接侵权行为的能力。

由于立法的缺失,致使司法实践中法院难以在著作权侵权领域中直接适用替代责任进行裁判,但部分著作权侵权案件的裁判仍能体现法院对替代责任构成要件等因素的采纳与考量。以(2018)粤0305民初15249号案[①]为例,在综艺节目或晚会中歌手未经许可演唱他人音乐作品的著作权侵权案件类型中,法院通常会依据涉案综艺节目或晚会的出品方、组织方是该综艺节目或晚会的著作权利人为由,认定其应当替代演唱歌手成为涉案演唱歌曲的侵权行为的责任承担主体。此外,"恋人心案""小跳蛙案"一审裁判均以"直播平台享有直播成果著作权属"的涉案协议约定为依据认定直播平台对主播方的直播侵权行为承担责任,一定程度上亦可视为是将替代责任规则引入著作权侵权领域的司法尝试。只是如前文所述,受限于相关立法有待完善,两案裁判思路仍存在一定的问题,未能做到准确认定、区分替代责任与帮助侵权责任二者的界限。

基于前文所述可见,我国著作权法领域对于替代责任规则的引入较为有限,有待完善,这也造成部分网络直播著作权侵权案件中,法院无法直接援引立法认定直播平台承担替代责任。因此,若想在网络直播著作权侵权案件中适用替代责任规则进行规制,就须先行论证于该领域适用替代责任规则的正当性及可行性。

三、网络直播著作权侵权领域引入替代责任规则的正当性

如前文所述,在部分涉网络直播著作权侵权案件中,须借助替代责任的归责思路方能实现此类案件的合理裁判。但囿于我国著作权法领域的相应立法尚有待完善,使得在适用替代责任规则规制网络直播著作权侵权行为时应首先论证其正当性,除非具有相应的正当性

---

① 广东省深圳市南山区人民法院(2018)粤0305民初15249号民事判决书。

或必要性,否则就不应适用替代责任规则予以规制。

(一)部分直播平台实质干预主播的直播活动

对于责任主体而言替代责任是较为严苛的归责制度,要求责任主体对他人的侵权行为承担责任,就必须充分论证说明其对于他人的直接侵权行为具有监管、阻止乃至代为承担相应不利后果的义务。而根据权利义务一致性的原则,之所以该主体须对他人的侵权行为承担替代责任,往往是由于它们对直接侵权人和侵权行为具有某些对应的强势权利。结合现阶段我国网络直播行业的现状,部分直播平台就对其平台上的某些特定主播及其直播活动具有极强的控制权利,并且已实质影响干预了主播方自由地进行直播创作活动。这种干预主要体现在以下方面。

1.直播成果著作权属均归直播平台所有

现阶段行业实践中,部分直播平台会采取协议方式与主播方约定,主播方基于该平台生成的直播成果的全部著作权利归直播平台独立享有。基于这一行业现状的事实基础,该情形下直播平台和主播方不应简单地视为直播平台向主播方提供网络服务,而是更近似于著作权法领域的委托创作关系:直播平台"委托"主播方在其平台上进行直播创作活动,相应生成的直播成果的著作权由直播平台独立享有,只是形式上双方并未作出委托与受托的明确意思表示。此种情形下,主播方的直播创作活动是基于直播平台的意志进行的,因此直播平台应当对此种情形下的直播侵权行为及相应直播成果造成的侵权后果负责。

需要说明的是,此种情形下也存在主播方的直播活动侵犯他人人格权益的可能,但主播方侵犯人格权的直播侵权行为通常并非完成直播平台"委托"的直播创作活动所必然涉及的事项,因此直播平台不应对主播方侵犯他人人格权益的直播侵权行为承担替代责任。

2.直播平台对于主播方的直播活动具有强势的干预、把控权限

现阶段行业实践中,直播平台通常处于绝对的强势地位,直播平台会对特定主播方的直播活动进行干预和把控。例如在特定时间节点要求主播方按照其指定的主题进行直播,或者主播方拟进行直播的直播方案、流程文件等须事先经直播平台审核认可后方可进行。此外,实践中一些强势的直播平台有权通过账号分级标准对主播方创作产生的直播成果进行评判、定级,并据此确定主播方能够从该直播成果中分配取得的经济收益金额。更有甚者,部分直播平台可以依据平台规则对主播方及其创作的直播成果采取相应的奖惩措施,并相应调整其他方面的平台资源倾斜(如主播方账号等级、账号权限以及对该账号的推广支持、导流力度等)。

在上述情形下,直播平台对他人的直播活动具有强势的干预权限。同样基于权利义务一致性的原则,这些举措在扩大强化直播平台控制、干预权利的同时,无形之中也为其设立了对等的义务。当相应主播方的直播成果侵犯他人著作权时,直播平台就应当对其承担不利后果,对该直播侵权行为承担替代责任。

3.签约模式下直播平台与主播方构成劳务关系

虽然签约模式更多见于主播经纪公司、MCN 机构和主播方之间,但实践中也确实存在部分直播平台会签约特定主播方在其平台上进行直播,并且双方约定以按月结算的方式向主播方支付直播报酬。在这种签约模式下,主播方在直播平台上进行的直播活动应视为其为直播平台提供的劳务,主播方依据其提供的劳务(直播活动)获取相应的经济报酬。同时

在这种签约模式下,直播平台与主播方通常还会以协议方式约定主播方在该平台上的所有直播成果之著作权利及相关权益均由直播平台独立享有,主播方应当遵守直播平台的各项管理规定等。基于这些事实,可以认定直播平台与主播方之间已实质具备构成劳务关系的各项要件。并且在司法实践中,已存在生效裁判文书认定前述情形下直播平台与主播方之间构成劳务关系。①

以上行业实践相关事实均表明,在特定的事实背景下,直播平台对于主播方的直播行为具有超出一般网络服务提供者所能具有的关联性与控制力,这为对其适用替代责任规则提供了正当性理由。

(二)替代责任有助于实现实质正义及合理分配风险负担

在通常的网络直播著作权侵权场景下,直播平台具有更强的风险承担能力和资力,而主播方的赔付能力相对较弱。如果适用一般侵权责任进行认定,则直播侵权行为的赔偿责任应当由直播方自行承担,但这也意味着存在因主播方欠缺相应赔付能力而使被侵权人无法及时、妥善获得救济的风险。而替代责任规则本身的正当性基础就在于风险分担理论:经营者的经营活动增加了他人的财产风险,让经营者而不是无辜受害者为该风险承担责任,能够促使经营者采取有效措施避免不必要的损失;同时,经营者也能有效地转嫁侵权成本,让它承担责任显得公平合理。②因此,替代责任规则兼具实质正义和合理风险分配的双重属性。

承担替代责任后的直播平台能够通过与主播方的内部途径及时追偿,这是外部的被侵权人无法做到的。如果不适用替代责任,被侵权人只能通过诉请主播方和直播平台承担连带责任的方式维权,但这只会徒增维权成本,且对于预防侵权的意义不大。

因此,从法经济学和社会成本最小化的角度出发,对特定事实场景下的网络直播著作权侵权案件适用替代责任规则将更有助于实现法的实质正义,以及案件中各方风险、法律责任的合理分配。

四、替代责任规则在网络直播著作权侵权领域的构建与适用

欲实现法院能够在此类案件司法裁判中顺利、准确地适用替代责任规则,应当从以下方面进行替代责任相关规则的构建。

(一)完善替代责任规则的相关立法

完善替代责任规则的相关立法能够从根本上实现侵权行为人与责任承担主体的分离,并将传统民法中的替代责任规则扩张适用于网络直播著作权侵权及其他适合的独立缔约方领域。

尽管司法实践中已有部分法院于著作权侵权领域适用替代责任规则的在先判例,但鉴于我国采用的是大陆法系,这些在先判例对于在后的类案审理并不具有直接的法律效力,并且我国成文法体系要求人民法院在司法裁判时必须援引法律依据。因此,笔者建议有关立

① 陕西省西安市中级人民法院陕01民特172号民事裁定书。
② A. C. Yen, Third-Party Copyright Liability after Grokster, *Mninesota Law Review*, 2006, Vol.184,No.91, p.219.转引自崔国斌:《网络服务商共同侵权制度之重塑》,载《法学研究》2013年第4期。

法、司法部门可以借由《民法典》、2020 年版《著作权法》发布、生效之际，通过发布相关司法解释文件、进行立法释义等方式，为法院在司法裁判中适用替代责任规则提供相应援引依据。而在进行相关立法及司法解释时，相关部门应当重视替代责任规则的独立制度价值，将其与共同侵权的间接侵权责任相区分，避免《条例》《规定》条文中将二者杂糅一处的立法情形。

（二）直播平台适用替代责任的构成要件

个案裁判中，法院最终是否应认定涉案直播平台承担替代责任，有赖于法院结合案件事实予以司法裁判。根据相关司法实践，各学界及司法实务界普遍认可替代责任的适用要件应当包括：(1)责任主体因他人的侵权行为直接取得经济利益（直接获益要件）；(2)责任主体对他人的侵权行为具有控制权利及能力（控制力要件）。

回归网络直播著作权侵权领域，法院在网络直播著作权侵权案件中应当遵循以下构成要件认定涉案直播平台是否需承担替代责任：

1.涉案直播平台是否满足直接获益要件

直接获益要件由美国版权法的相关司法实践所确立。若直播平台基于主播的直播侵权行为直接取得了经济收益，自然会增强其承担替代责任的正当性和合理性。

但需要明确的是，直播平台本就是通过为他人进行直播活动提供有偿的平台服务，因此，不能仅因其从中获得了经济收益就一概地适用替代责任，而应当正确认定这一构成要件：若直播平台基于侵权直播成果取得的经济利益仅相当于其提供平台服务的等额对价，此种情形下直播平台对于主播的直播侵权行为仅在合理范围内负有注意、审查义务，也仅在违反注意、审查义务时承担共同侵权的间接帮助侵权责任。但如果直播平台享有直播成果的著作权利，那么其基于主播方直播活动取得的经济利益，性质上可视为直播平台因享有直播成果的著作财产权而取得的相应收益。此种情形下，直播平台基于直播成果取得的经济利益不能简单视地为其对主播方提供网络服务的等偿对价。又或者是，相较于主播方，直播平台对于直播侵权行为取得了极高比例的收益分配，则亦会相应补强对其适用替代责任的正当性和合理性。同时，直接获益的范围应当仅包括直播平台基于直播著作权侵权事实所获得的直接利益，不包含其提供正常平台服务所获得的一次性或定期收益。[①]

2.涉案直播平台是否满足控制力要件

对直播平台适用替代责任规则时还应考量其对于他人直播侵权行为的控制力程度。相较于其他方面，这一构成要件引发了较多争议：部分学界观点认为直播活动过程不可控，因此直播平台对于主播方的直播行为并不具有控制力，因而不具有适用替代责任的前提条件。

诚然，因直播活动本身具有实时性的特点，使得直播平台难以对他人正在进行的直播侵权行为进行迅速的反馈与矫正。但是，替代责任规则对于控制力要件的程度要求并非极端，其并不要求直播平台对他人的侵权直播行为必须达到近乎操纵性质的即时控制，且客观而言这样极端的控制要求也是无法实现的，任何主体均不可能完全操控另一主体的行为。因

---

① Perfect 10, Inc. v. Giganews, Inc., 847 F.3d 657 (9th Cir. 2017). 转引自朱开鑫:《网络著作权间接侵权规则的制度重构》，载《法学家》2019 年第 6 期。

此,替代责任的控制力要件只要求责任主体对他人的侵权行为的控制力具有一定的相当性,能够在一定程度上对他人侵权行为进行监督、阻止即可。以美国版权法司法实践中的Shapiro案[①]为例,涉案音像制品连锁店的经营者亦并非能够完全操纵直接侵权人的行为,但不影响法院对于其替代责任控制力要件的认定。

直播平台替代责任的控制力要件并非仅仅指直播平台对于他人直播活动在事实层面的控制能力,还应包含直播平台具有对他人直播行为进行监管、干预的正当性权利这一含义。恰如监护人客观上也无法达到完全操纵、控制被监护人侵权行为的程度和效果,但其在侵权行为尚未发生时,即对被监护人具有教育、规范其行为的正当性权利。相对地,根据权利义务一致性原则,被监护人的行为致他人损害的,监护人理应承担相应的替代责任。网络直播著作权侵权领域亦是如此,如果直播平台对主播方的直播活动具有较强的干预、控制权利,或是二者之间存在雇佣、劳务关系的,则可以认定其符合替代责任的控制力要件。

(三)引入替代责任规则时应注意的其他问题

1.与间接(帮助)侵权责任规则的衔接适用

在网络直播著作权侵权领域引入替代责任规则并非意味着放弃间接侵权责任规则进行司法裁判。正如上文所述,当直播平台作为普通网络服务提供者时,仍应当坚持适用间接侵权责任规则对其是否构成共同侵权(帮助侵权)进行认定。因此,替代责任规则的引入并不会,也不应致使法院在网络直播著作权侵权案件中放弃间接侵权责任这一有效的规制路径。相反,引入替代责任规则对于司法裁判而言无疑增加了一项裁判思路,特别是针对具有某些特殊事实情形的网络直播著作权侵权案件,替代责任规则将会充分发挥其独有的制度价值。

因此,替代责任规则和间接侵权责任规则在逻辑层面上是并行不悖的,二者均存在各自的适用场景,不应对二者有所偏废。

2.避免不当扩张直播平台的义务范围

前文已论述现阶段的网络直播行业实践中,部分直播平台对于主播方及其直播行为具有极强的控制权利,存在适用替代责任对其进行规制的必要。但需要指出的是,除去前述特殊情形外,通常情形下,直播平台对于普通的主播用户仍属于网络服务提供者身份,其对于主播用户使用其直播平台服务(直播行为)具有一定的监管、审核义务;但由于此时直播平台对普通主播用户的直播成果不享有权益,或者其从中取得的经济利益仅是作为其提供平台网络服务的对价,因此,此时直播平台的监管、审核义务十分有限。对于仅作为普通网络服务提供者的直播平台,司法裁判者不应苛责其履行过高的监管、审核义务。如果对这种情形下的直播平台错误地适用替代责任规则,将导致日后直播平台必须加强对直播用户的直播行为的监管、审核力度才能够免于替代责任的严苛规制,这无异于变相地、无差别地扩大了所有场景下直播平台的监管、审查义务边界,适得其反。

结　论

基于现阶段我国的网络直播行业实践,存在部分直播平台对于主播方的直播活动、直播

---

① Shapiro, Bernstein&Co., Inc. v. H. L. Green Company, Inc., 316F. 2d 304, 307, 1963.

成果具有极强的控制力及收益分配权益,引入替代责任规则对此类网络直播著作权侵权案件进行规制将更有利于更准确地认定、划分各主体之间的侵权责任边界,也有助于解决司法实践中此类案件无法形成统一裁判规则的困境。

著作权侵权领域引入、适用替代责任规则并非毫无先例可循,美国版权法领域对于替代责任规则的适用具有较为发达的立法及司法实践经验,我国《信息网络传播权保护条例》第22条第4款的规定则是我国著作权法领域对于替代责任规则的立法尝试。因此,在网络直播著作权侵权领域中引入替代责任规则已具有一定的正当性及可行性。同时,笔者建议相应层级的立法、司法机关可以借《民法典》与新《著作权法》生效、发布之际,通过进行立法释义、发布司法解释等方式,为法院日后在司法裁判中适用替代责任规则提供援引依据。

能否在网络直播著作权侵权领域准确适用替代责任,关键在于准确把握、认定直播平台和主播方及其直播侵权行为之间的关系:如果涉案直播平台同时满足本文第四部分所论述的替代责任的全部构成要件,则涉案直播平台应当对该直播侵权行为承担替代责任;反之,则不应滥用替代责任对其进行规制。

事实上,替代责任规则的适用主体范围并不应仅局限于直播平台:如在网络直播著作权侵权案件中,并非直播平台,而是主播方另行签约的经纪公司符合前述替代责任规则的构成要件,则涉案直播侵权行为的替代责任之承担主体应为该经纪公司。因此,法院在适用替代责任规则时应严格依照替代责任的构成要件对案件事实进行准确认定,避免因滥用替代责任规则导致不当扩张直播平台审查、监督义务的范围。

附　　录
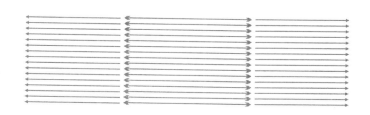

《中外知识产权评论》格式规范

（2014 年 11 月 1 日版）

为统一来稿格式，特制订本规范。

一、书写格式

1. 来稿由题目、作者姓名、摘要、关键词、英文题目、英文姓名、英文摘要和英文关键词、正文构成（依次按顺序）。

2. 须提供作者简介｛姓名、出生年份〔如（1975—　　）〕、工作单位、学历、职称、研究方向等｝。作者简介，请以脚注方式（编号为星号的上标"*"）注明。如若为基金项目或资助成果，请注明项目或课题的级别、正式名称和编号（用圆括号注明正式编号）。

3. 正文各层次标示顺序按一、（一）、1、（1）、①、A、a 等编排。

二、字体、字号、行距等

论文中文题目采用三号黑体，中文摘要和关键词均采用五号宋体；正文部分统一采用小四号宋体，其中一级标题须加粗，其余各级标题无须加粗；英文均采用 Times new roman 字体，英文题目为三号，英文摘要和关键词用五号。

题目中若有副标题，副标题用四号仿宋，中文作者署名用小四号楷体。

除中英文题目须居中外，各级标题均无须居中。

行距：全文行距须统一，段前 0 行、段后 0 行、1.5 倍行距。

三、注释

无须单列"参考文献"，注释中包括"参考文献"，两者合二为一、混合编号，严格依照正文中出现的先后顺序来计码。

1. 注释采用带圆圈的数字字符，如①（上标形式），采用页下计码制（脚注），每页重新记码。注释码一般置于标点符号之后。

2. 引用中文著作、辞书、汇编等的注释格式为：

（1）刘志云：《当代国际法的发展：一种从国际关系理论视角的分析》，法律出版社 2010

年版,第1~2页。(注意:连续页码的注释法)

(2)王彩波主编:《西方政治思想史——从柏拉图到约翰·密尔》,中国社会科学出版社2004年版,第211、215、219页。(注意:非连续页码的注释法)

(3)姚梅镇:《国际投资法》(高等学校文科教材),武汉大学出版社1989年修订版,第×页。——不是初版的著作应注明"修订版"或"第2版"等。

(4)中国对外贸易经济合作部编:《国际投资条约汇编》,警官教育出版社1998年版,第8页。

(5)非连续引用同一本著作者,请列出所引用著作的详细要目。

3.引用中文译著的注释格式为:

(1)[美]詹姆斯·多尔蒂,小罗伯特·普法尔茨格拉夫著:《争论中的国际关系理论》(第五版),阎学通、陈寒溪等译,世界知识出版社2003年版,第×页。

(2)联合国跨国公司与投资公司:《1995年世界投资报告》,储祥银等译,对外经济贸易大学出版社1996年版,第×页。

4.引用中文论文的注释格式为:

(1)陈安:《中国涉外仲裁监督机制评析》,载《中国社会科学》1995年第4期。

(2)白桂梅:《自决与分离》,载《中国国际法年刊》1996年卷,法律出版社1997年版,第51页。

(3)徐崇利:《美国不方便法院原则的建立与发展》,载董立坤主编:《国际法走向现代化》,上海社会科学院出版社1990年版,第×页。

(4)非连续引用同一篇文章者,请列出所引用文献的详细要目。

5.引用中译论文的注释格式为:

樱井雅夫:《欧美关于"国际经济法"概念的学说》,蔡美珍译,载《外国法学译丛》1987年第3期。

6.引用外文著作等注释格式为:

(1)I. Seidl-Hohenveldern, *International Economic Law*, 2nd ed., Martinus Nijhoff, 1992, p. 125.(注意:书名为斜体)

(2)Chia-Jui Cheng (ed.), *Clive M. Schmittoff's Select Essays on International Trade Law*, Kluwer, 1998, pp.138-190.[注意:编著应以"(ed.)"标出;外文注释的页码连接号为"-"]

(3)前后连续引用同一本著作者,用"*Id.*, p.3."

《中外知识产权评论》编辑部